ESTUDOS SOCIOLINGUÍSTICOS E O CONTATO LINGUÍSTICO ENTRE LÍNGUAS MINORITÁRIAS NO CONTEXTO BRASILEIRO

Editora Appris Ltda.
1.ª Edição - Copyright© 2025 dos autores
Direitos de Edição Reservados à Editora Appris Ltda.

Nenhuma parte desta obra poderá ser utilizada indevidamente, sem estar de acordo com a Lei nº 9.610/98. Se incorreções forem encontradas, serão de exclusiva responsabilidade de seus organizadores. Foi realizado o Depósito Legal na Fundação Biblioteca Nacional, de acordo com as Leis nᵒˢ 10.994, de 14/12/2004, e 12.192, de 14/01/2010.

Catalogação na Fonte
Elaborado por: Dayanne Leal Souza
Bibliotecária CRB 9/2162

E822e 2025	Estudos sociolinguísticos e o contato linguístico entre línguas minoritárias no contexto brasileiro / Organizadores Antonio Carlos Santana de Souza ... [et al.] . – 1. ed. – Curitiba: Appris, 2025. 235 p. ; 23 cm. – (Coleção Linguagem e Literatura). Vários autores. Inclui referências. ISBN 978-65-250-7659-1 1. Contato linguístico. 2. Sociolinguística. 3. Línguas minoritárias. I. Souza, Antonio Carlos Santana de. II. Título. III. Série. CDD – 418.007

Livro de acordo com a normalização técnica da ABNT

Appris editorial

Editora e Livraria Appris Ltda.
Av. Manoel Ribas, 2265 – Mercês
Curitiba/PR – CEP: 80810-002
Tel. (41) 3156-4731
www.editoraappris.com.br

Printed in Brazil
Impresso no Brasil

Antonio Carlos Santana de Souza
Cristiane Schmidt
Neide Araujo Castilho Teno
Marcelo Nicomedes dos Reis Silva Filho
(org.)

ESTUDOS SOCIOLINGUÍSTICOS E O CONTATO LINGUÍSTICO ENTRE LÍNGUAS MINORITÁRIAS NO CONTEXTO BRASILEIRO

Appris
editora

Curitiba, PR
2025

FICHA TÉCNICA

EDITORIAL   Augusto Coelho
Sara C. de Andrade Coelho

COMITÊ EDITORIAL   Ana El Achkar (Universo/RJ)
Andréa Barbosa Gouveia (UFPR)
Antonio Evangelista de Souza Netto (PUC-SP)
Belinda Cunha (UFPB)
Délton Winter de Carvalho (FMP)
Edson da Silva (UFVJM)
Eliete Correia dos Santos (UEPB)
Erineu Foerste (Ufes)
Fabiano Santos (UERJ-IESP)
Francinete Fernandes de Sousa (UEPB)
Francisco Carlos Duarte (PUCPR)
Francisco de Assis (Fiam-Faam-SP-Brasil)
Gláucia Figueiredo (UNIPAMPA/ UDELAR)
Jacques de Lima Ferreira (UNOESC)
Jean Carlos Gonçalves (UFPR)
José Wálter Nunes (UnB)
Junia de Vilhena (PUC-RIO)

Lucas Mesquita (UNILA)
Márcia Gonçalves (Unitau)
Maria Aparecida Barbosa (USP)
Maria Margarida de Andrade (Umack)
Marilda A. Behrens (PUCPR)
Marília Andrade Torales Campos (UFPR)
Marli Caetano
Patrícia L. Torres (PUCPR)
Paula Costa Mosca Macedo (UNIFESP)
Ramon Blanco (UNILA)
Roberta Ecleide Kelly (NEPE)
Roque Ismael da Costa Güllich (UFFS)
Sergio Gomes (UFRJ)
Tiago Gagliano Pinto Alberto (PUCPR)
Toni Reis (UP)
Valdomiro de Oliveira (UFPR)

SUPERVISORA EDITORIAL   Renata C. Lopes

PRODUÇÃO EDITORIAL   Bruna Holmen

REVISÃO   Pâmela Isabel Oliveira

DIAGRAMAÇÃO   Andrezza Libel

CAPA   Eneo Lage

REVISÃO DE PROVA   Jibril Keddeh

COMITÊ CIENTÍFICO DA COLEÇÃO LINGUAGEM E LITERATURA

DIREÇÃO CIENTÍFICA   Erineu Foerste (UFES)

CONSULTORES   Alessandra Paola Caramori (UFBA)
Alice Maria Ferreira de Araújo (UnB)
Célia Maria Barbosa da Silva (UnP)
Cleo A. Altenhofen (UFRGS)
Darcília Marindir Pinto Simões (UERJ)
Edenize Ponzo Peres (UFES)
Eliana Meneses de Melo (UBC/UMC)
Gerda Margit Schütz-Foerste (UFES)
Guiomar Fanganiello Calçada (USP)
Ieda Maria Alves (USP)
Ismael Tressmann (Povo Tradicional Pomerano)
Joachim Born (Universidade de Giessen/ Alemanha)

Leda Cecília Szabo (Univ. Metodista)
Letícia Queiroz de Carvalho (IFES)
Lidia Almeida Barros (UNESP-Rio Preto)
Maria Margarida de Andrade (UMACK)
Maria Luisa Ortiz Alvares (UnB)
Maria do Socorro Silva de Aragão (UFPB)
Maria de Fátima Mesquita Batista (UFPB)
Maurizio Babini (UNESP-Rio Preto)
Mônica Maria Guimarães Savedra (UFF)
Nelly Carvalho (UFPE)
Rainer Enrique Hamel (Universidad do México)

Dedicamos esta obra a todas as comunidades minorizadas do Brasil.

AGRADECIMENTOS

Agradecer às pessoas que fazem parte da jornada de trabalho que resultou neste livro é uma mistura de "preciso dizer o quanto vocês são especiais pra mim" com "que eu não me esqueça de ninguém".

De alguma maneira, preciso começar, e não há como não iniciar agradecendo a uma força invisível chamada Deus. Tenho fé e sou grato pelo dom da vida que me concedeu.

À minha mãe e ao meu irmão, que sempre me apoiaram moralmente a estudar. Mesmo quando não tinham muito de onde tirar, fizeram um esforço sobre-humano para bancar meus materiais escolares, e assim consegui ser aprovado na melhor e maior universidade pública do Brasil, gratuita e de qualidade, a Universidade de São Paulo (USP). Sem esse apoio inicial eu jamais poderia chegar a uma pós-graduação, mestrado, doutorado, pós-doutorado e bolsa produtividade. Vocês são, sem dúvidas, minha maior inspiração. Amo vocês.

Quero registrar também os sinceros agradecimentos à professora Maria Vicentina de Paula do Amaral Dick, que me iniciou na Ciência Linguística. A destacada trajetória acadêmica da professora Vicentina já é reconhecida por todos, porém esse seu lado humano disposto a colaborar e incentivar é um privilégio acessível a poucos.

Da mesma forma, agradeço ao professor Ataliba Teixeira de Castilho, pesquisador em que me inspiro em todos os momentos da minha carreira.

Agradeço em especial aos meus orientadores de mestrado e doutorado, respectivamente, professora Margarida Maria Taddoni Peter, pelo convívio desde a Iniciação Científica da FFLCH-USP, e professor Cléo Vilson Altenhofen, pela ressignificação do que é pesquisa de campo em Sociolinguística. Obrigado a todos pelos vários "empurrões". Muito obrigado!

À Capes e ao CNPq, pelas bolsas de estudos concedidas ao longo da minha formação acadêmica.

Obrigado, meus queridos amigos, Marcelo Nicomedes, Marcelo Módolo, Marcelo Krug, Mourivaldo, Neide, dentre outros.

Devo incluir aqui também os professores Waldemar Ferreira Neto e José Luiz Fiorin que, durante os cafés entre um trabalho de campo e outro, me ajudaram nas reflexões acadêmicas. Em diferentes momentos vocês estiveram presentes: nas comemorações, nos trabalhos de campo, nas conversas sobre Linguística (nas conversas fúteis também) e nos dias em que eu estava desanimado e achando que nada daria certo.

Aos quilombolas que entrevistei ao longo de 30 anos de pesquisa acerca de Comunidades Quilombolas, que confiaram em falar sobre seu cotidiano com um desconhecido e colaboraram indicando outros quilombos para participarem das pesquisas, obrigado! Sem vocês lá no início, principalmente na Comunidade Quilombola do Cafundó, este livro não seria possível.

Aos colegas do NUPESD e Lalimu, por compartilharem, nesse ambiente acadêmico, pesquisas, informações, colaborações, cafés, experiências...

E por último, mas não menos importante, meu amor, minha companheira de pesquisa e esposa, Cristiane Schmidt, e ao nosso filho, Lucas Benjamin, fruto deste amor e parceiro nas pesquisas de campo e eventos frequentados pelos seus pais. Não tenho palavras para dizer o quanto você e o nosso Benjamin fazem a diferença na minha vida. Amo vocês. Hoje, amanhã, para sempre!

Este projeto teve apoio financeiro da Fundect, TO número156/2024.

PREFÁCIO

Existindo há muitos anos e tendo surgido com o desejo de alguns linguistas (Marcel Cohen, Tullio Mauro, William Labov e Mark Halliday) empenhados em refletir sobre a "sociedade da linguagem" e sobre os registros de seus resultados de estudos, levantar hipóteses ou chegar a conclusões que considerassem a distribuição da língua no espaço social e físico, a Sociolinguística constituiu-se como um campo de trabalho eficiente e eficaz com a língua natural. Esse trabalho tem proporcionado, aos outros campos multi-inter-transdisciplinares da Linguística, materiais significativos para o entendimento da língua como essencialmente variável nas sociedades naturais e institucionais, por meio do seu uso real, além de contribuir para a percepção das diferentes relações sociais-culturais-econômicas que permeiam as diferentes realizações que a língua em seu uso real nos apresenta.

Nesse processo de desenvolvimento, materializado em muitas fases que vão se redefinindo tomando como suporte um rigor metodológico, que conduz a uma consolidação científica, a Sociolinguística trilha outros caminhos, na tentativa de responder a questões hodiernas da realidade, realidade essa que é resultado das profundas e sucessivas transformações por que passa o mundo e que lhe atribuem uma outra configuração. Assim, a Sociolinguística adiciona a seu primeiro e mais importante parâmetro, o social, o controle de outras variáveis linguísticas que possibilitam ver o falante situado, também, no espaço geolinguístico. Assim, o ponto de vista social (diastrático, diageracional, diassexual, diafásico) é ampliado com o acréscimo do parâmetro diatópico. Também busca registrar o conhecimento metalinguístico dos falantes, e não para por aí, uma vez que amplia seu âmbito de interesses e se volta, também, para a investigação dos contatos intra e interlinguísticos.

Este livro, resultado do trabalho de vários pensadores-pesquisadores em seus grupos de pesquisa que cobrem o vasto território brasileiro com pesquisas de diferentes dimensões nacional, regional, estadual, é uma mostra relevante do processo de consolidação da Sociolinguística como mais um campo de conhecimento e de pesquisa acadêmica no Brasil.

José de Ribamar Mendes Bezerra
Professor Associado II
Docente Permanente PGLETRAS/CCH
Universidade Federal do Maranhão

SUMÁRIO

INTRODUÇÃO...13

ELEMENTOS LINGUÍSTICOS IBÉRICOS ENTRE A POPULAÇÃO NEGRA NA NOVA HOLANDA (1614-1664) 19
Jeroen Dewulf

VARIAÇÃO LINGUÍSTICA E CONDICIONAMENTO SOCIAIS NAS COMUNIDADES AFRO-BRASILEIRAS DO RIO GRANDE DO SUL 61
Antonio Carlos Santana de Souza

O PORTUGUÊS E O *HUNSRÜCK* EM CONTATO: ESTUDO DE CASO NA COMUNIDADE DE DEZ DE MAIO (PR) 89
Cristiane Schmidt

ESTUDO DO LÉXICO: USO DE NEOLOGISMOS E DE EMPRÉSTIMOS LINGUÍSTICOS A PARTIR DA ESCRITA DIGITAL 107
Elza Sabino da Silva Bueno
Neide Araújo Castilho Teno
Leonardo Araújo Ferreira

O LIVRO DIDÁTICO DO ENSINO MÉDIO: NO CAMINHO PARA UMA COMPREENSÃO CONSISTENTE DA VARIAÇÃO LINGUÍSTICA? 119
Elaine Peixoto Araújo
Marcelo Nicomedes dos Reis Silva Filho

A INFLUÊNCIA DO VÊNETO NO PORTUGUÊS EM UMA SITUAÇÃO DE CONTATO 139
Katiuscia Sartori Silva Cominotti

POLÍTICAS PÚBLICAS DE ENSINO: UM ESTUDO SOBRE O PROCESSO DE OFICIALIZAÇÃO DA LIBRAS NO BRASIL.................................155
Alessandra Figueiredo Kraus Passos
Joelma Aparecida Bressanin

SÓCIO-HISTÓRIA DO CONTATO ENTRE O VÊNETO E O PORTUGUÊS: UM ESTUDO DE CASO 171

Ludimilla Rupf Benincá

VARIAÇÃO LINGUÍSTICA NO PORTUGUÊS BRASILEIRO: ALGUNS TRAÇOS DE REGIONALISMO 197

Joana Margarete Saldivar Cristaldo Lera
Rosimar Regina Rodrigues de Oliveira

A VARIAÇÃO LINGUÍSTICA NO FALAR DA COMUNIDADE QUILOMBOLA CAMPINA DE PEDRA, NO MUNICÍPIO DE POCONÉ-MT 213

Jocineide Macedo Karim

SOBRE OS AUTORES 229

INTRODUÇÃO

Em uma definição mais restrita, pode-se definir contato linguístico como a utilização de mais de uma língua num mesmo espaço ao mesmo tempo. A história dessa realidade multilingual tem sido um fator preponderante para estudos em diferentes programas de pós-graduação, suas implicações no domínio das questões socioculturais. Os estudos que ora vimos desenvolvendo envolve situações de conquistas, de bilinguismo, de línguas minoritárias que contornam a história social-política-linguística da língua portuguesa entre outras línguas.

Ao refletir acerca do contato linguístico (doravante CL), importante pensar em contatos de pessoas de diferentes culturas, gênero ou etnias, pois as línguas entram em contato porque pessoas estão em contato. Assim, o enfoque do CL são os indivíduos, os grupos de indivíduos, os diferentes contextos sociais, os imigrantes e o desempenho uns sobre os outros quando em contato. E dentro desse escopo de línguas de contato encontramos questões relacionadas à Sociolinguística, uma área já consolidada nos estudos das variações linguísticas, e o reconhecimento da diversidade linguística.

Quando destacamos a coexistência entre duas ou mais línguas, estamos pensando em indivíduos que dominam mais de uma língua em contexto social (plurilinguismo)[1] ou em contextos específicos como o familiar.

> Considerando-se a possibilidade de uma comunidade linguística fragmentar-se em outras comunidades linguísticas menores, percebemos que tal situação oferece ao usuário da língua condições de transitar a um só tempo por vários grupos linguísticos, isto é, experimentar as variações estabelecidas em seu código linguístico ou utilizar, em caso de comunidade plurilíngue, mais de um sistema de signos linguísticos (Ferraz, 2007, p. 44).

Importante sinalizar a questão geográfica do Mato Grosso do Sul, mormente a proximidade da fronteira Brasil/Paraguai, o contato com paraguaios, bolivianos, e as várias línguas de imigração favorecendo o

---

[1] Essa terminologia trata uma proposta efetivada a partir da Carta Europeia do Plurilinguismo, disponível em: https://www.observatoireplurilinguisme.eu/images/Charte/Charteplurilinguisme_ptV2.13.pdf. Acesso em: maio 2023. Onde se lê "plurilinguismo a utilização de várias línguas por um indivíduo; tal noção se distingue da de multilinguismo, que significa a coexistência de várias línguas num grupo social".

crescimento do convívio com variedades de contato fronteiriço, línguas crioulas alóctones, bem como inúmeras línguas de herança praticadas no cotidiano da fronteira. Assim, estamos situando um contexto multicultural mais específico com grande contingente de habitantes indígenas e imigrantes europeus, espaço propício para estudos sociolinguísticos, etnolinguísticos, dialetológicos, entre outros.

Nesse viés do contato entre diferentes línguas é que esta obra reúne vários estudiosos que desenvolvem pesquisas nos diferentes contextos e situações de contato, entre elas podemos destacar as variedades nacionais, regionais entre outros estratos linguísticos, como as línguas em situação minoritária e a língua de sinais. Os capítulos apresentados fazem parte de projetos de pesquisas sobre a Variação Linguística e sobre o Contato Linguístico em suas diferentes vertentes com a finalidade de refletir sobre a língua portuguesa e as línguas minoritárias faladas em áreas geográficas distintas.

Ao constituir um panorama linguístico no Brasil, Ferraz (2007) proporciona uma especial atenção às línguas minoritárias, línguas indígenas e línguas dos imigrantes em território brasileiro, fazendo referência que *povos imigrantes* não se restringe aos de origem europeia ou asiática e inclui os africanos como imigrantes forçados. Fato digno de nota trata da influência das línguas africanas no contexto de Mato Grosso do Sul, denominado de Território dos Quilombolas nas seguintes localidades: Furnas de Dionísio (município de Jaraguari), Furnas de São Sebastião da Boa Sorte (Corguinho), Furnas de São Miguel (Maracaju), Picadinha (Dourados), Tia Eva e Buritis (Campo Grande), trazendo contribuições importantes para os estudos do contato linguístico e das línguas minoritárias.

Esta obra apresenta traduções, resultados de pesquisas e estudos de fenômenos de contato linguístico vinculados a diferentes Programas de Pós-Graduação em Linguística, reunindo pesquisadores, mestrandos, doutorandos, discentes de iniciação científica em torno de temáticas que tratam da linguagem. O título do livro, *Estudos Sociolinguisticos e o Contato Linguístico entre Línguas Minoritárias no Contexto Brasileiro*, justifica-se por reunir esses resultados de pesquisas e de estudiosos de diferentes instituições de ensino, a saber: University of California, Berkeley/USA, Uems, UFMA, UFPA, Unemat, UFMS, Ufes, Unifesspa. Por isso trata-se de uma obra que abrange temáticas sobre línguas.

Importante saber que o Brasil possui mais de 330 línguas (274 línguas indígenas, de acordo com o IBGE, e mais de 56 línguas de imigração, além da Língua Brasileira de Sinais (Libras)). Segundo Karen Pupp Spinassé (2021), temos um cenário de variedades faladas em comunidades quilombolas e comunidades de povos ciganos, de línguas estrangeiras (refugiados) que circulam no território nacional por diversos motivos. Esta obra, de certo modo, traz para o leitor essa amálgama de variedades linguísticas. Temos que considerar que a UEMS faz fronteira com Brasil/Paraguai, e nesse espaço fronteiriço encontra-se o contato de fronteira, o que resulta no surgimento de novas variedades.

O primeiro capítulo, "Elementos linguísticos ibéricos entre a população negra na Nova Holanda (1614-1664)", de Jeroen Dewulf, apresenta uma série de fontes primárias que revelam traços de elementos linguísticos ibéricos na fala de membros de um grupo de sujeitos negros escravizados e livres na Nova Holanda. O leitor vai encontrar traços em um contexto atlântico mais amplo, conectando a Nova Holanda à África Central e ao Nordeste do Brasil, com especial atenção à linguagem, à cultura e à religião. Uma reflexão necessária sobre as informações para pesquisas futuras por parte de linguistas.

O segundo capítulo, "Variação linguística e condicionamento sociais nas comunidades afro-brasileiras do Rio Grande do Sul", de Antonio Carlos Santana de Souza (Uems), traz dados de seu doutoramento envolvendo a temática da dialetologia e analisando variantes do português falado em comunidades afro-brasileiras do RS, colocando em evidência os fatores socioculturais envoltos na formação e desenvolvimento de grupos minoritários, em sua integração social e na sua situação atual. A pesquisa desenvolvida reflete o estreito e indissolúvel vínculo existente entre a língua e a cultura de uma sociedade, permitindo aguçar nossa compreensão da realidade étnica, social, cultural e linguística desse tipo de organização de um grupo minoritário em ilhas linguísticas, no RS.

O terceiro capítulo, "O Português e o *Hunsrück* em contato: estudo de caso na Comunidade de Dez de Maio/PR", de Cristiane Schmidt (UFMS/Unemat), traz para o leitor estudos acerca de fenômenos linguísticos e como ponto de partida discorre sobre diferentes objetos, tais como a variação, a mudança, o contato entre línguas (contato linguístico) e o bi/multilinguismo. Sob a perspectiva teórica e metodológica a Sociolinguística, analisa a língua e sua relação com a sociedade, mostrando que o fenômeno linguístico sofre a influência dos aspectos sociais, culturais, identitários, econômicos, étnicos, religiosos e políticos.

O quarto capítulo, "Estudo do Léxico: uso de neologismos e de empréstimos linguísticos a partir da escrita digital", dos estudiosos Elza Sabino da Silva Bueno (Uems), Neide Araújo Castilho Teno (UEMS) e

Leonardo Araújo Ferreira (UEMS), caminha pelos estudos do léxico analisando a presença de neologismos e empréstimos linguísticos a partir da escrita digital sob a perspectiva dos estudos variacionista e do léxico. Assim, o estudo considera as unidades lexicais que englobam a tecnologia e a comunicação virtual como um suporte para compor um glossário. Ademais, o grau de formalidade (discurso formal ou informal) não foi levado em consideração, tendo em vista que as palavras neológicas do contexto digital expressam diálogos informais do cotidiano de seus usuários.

O quinto capítulo, "O livro didático do ensino médio: no caminho para uma compreensão consistente da variação linguística?", de Elaine Peixoto Araújo (PPGL/Unemat) e Marcelo Nicomedes dos Reis Silva Filho (UFMA), analisa a coleção *Multiversos Linguagens* e aponta no estudo que os fenômenos relacionados à variação linguística foram apresentados de uma maneira que subsidia o ensino da variação e das práticas de linguagem. No entanto há de se registrar a ausência do conceito de variação linguística propriamente dito, que se constituiria um importante elemento introdutório aos estudantes de ensino médio.

O sexto capítulo, "A influência do *Vêneto no* Português em uma situação de contato", de Katiuscia Sartori Silva Cominotti (Ufes), traz um referencial da Sociolinguística, na vertente do Contato Linguístico, para analisar informantes mais jovens de uma comunidade de São Bento de Urânia, no município de Alfredo Chaves – ES, uma comunidade que pertence à sede do município, porém distante do centro da cidade, e se caracteriza por ser um lugar de difícil acesso. A finalidade do estudo concentra em conhecer o porquê o Vêneto está deixando de ser falado por essa comunidade, uma vez que trata de uma comunidade descendente de imigrantes do Vêneto, Itália.

O capítulo sétimo, "Políticas Públicas de Ensino: um estudo sobre o processo de oficialização da Libras no Brasil", de Alessandra Figueiredo Kraus Passos (Unemat) e Joelma Aparecida Bressanin (Unemat), aborda acerca do processo de oficialização da Libras e suas condições de produção, sua historicidade para entender o funcionamento das políticas públicas de ensino relativas à educação especial para surdos, no Brasil. Toma como pressupostos teórico-analíticos os estudos realizados pelo viés da História das Ideias Linguísticas na sua relação com a Análise de Discurso. O texto reflete sobre as condições de produção que proporcionaram o processo de oficialização da Libras, a partir do discurso da criação do Ines, enquanto espaço legitimado para oficialização dos meios pelos quais essa construção acontece.

ESTUDOS SOCIOLINGUÍSTICOS E O CONTATO LINGUÍSTICO ENTRE LÍNGUAS
MINORITÁRIAS NO CONTEXTO BRASILEIRO

O oitavo capítulo, "Sócio-história do contato entre o Vêneto e o Português: um estudo de caso", de Ludimilla Rupf Benincá (Ufes), analisa a trajetória dos Benincà (Pietro Benincà e Matilde Biz), que saíram da comarca de Follina, em Treviso, na região do Vêneto, em 1879, e se mudaram para o estado do Espírito Santo. As narrativas do estudo relatam a dimensão da extensão da emigração na Itália, já que no Brasil temos mais de quatro vezes mais membros com esse sobrenome do que na Itália, seu berço. Um estudo que fala da língua Vêneto, costumes, gerações e contato linguístico.

O nono capítulo, "Variação linguística no português brasileiro: alguns traços de regionalismo", de Joana Margarete Saldivar Cristaldo Lera (Uems) e de Rosimar Regina Rodrigues de Oliveira (Unifesspa/Unemat), é um estudo de resgate por meio do encontro com as origens e a demonstração da variedade que compõe os sujeitos de uma comunidade do RS. O estudo parte da análise da crônica "Sexa", do autor Luís Fernando Veríssimo, natural do estado do Rio Grande do Sul, sob viés da Sociolinguística, com foco nas discussões sobre as variações linguísticas e o preconceito linguístico.

O décimo capítulo, "A variação linguística no falar da comunidade quilombola Campina de Pedra, no município de Poconé-MT", de Jocineide Macedo Karim (Unemat), trata do estudo do Estágio de Pós-Doutorado realizado na Universidade Estadual de Mato Grosso do Sul. Realiza um estudo sobre os quilombos do estado de Mato Grosso, comunidade quilombola Campina de Pedra localizada no município de Poconé-MT. O corpus analisado forma entrevistas de seis habitantes nativos da cidade de Poconé, que fazem parte da comunidade quilombola Campina de Pedra, descrevendo sobre a comunidade e apresentando o relato sobre o número de habitantes e o esforço deles em permanecer nas terras.

Os organizadores

REFERÊNCIAS

FERRAZ, Aderlande Pereira. O Panorama Linguístico Brasileiro: a coexistência de línguas minoritárias com o português. **Filol. Linguíst. Port.**, n. 9, p. 43-73, 2007.

SPINASSÉ, Karen Pupp. Prefácio. *In:* SAVEDRA, Mônica; ROSENBERG, Peter (org.). **Estudos em Sociolinguística de Contato.** São Carlos: Pedro & João Editores, 2021. 341 p.

ELEMENTOS LINGUÍSTICOS IBÉRICOS ENTRE A POPULAÇÃO NEGRA NA NOVA HOLANDA (1614-1664)[2]

Jeroen Dewulf

Tradução de
Daniele Angélica Borges Foletto
Priscila Borges Coutinho

INTRODUÇÃO

É bem conhecida a presença de elementos portugueses e espanhóis nas línguas crioulas que se desenvolveram em antigas colônias holandesas nas Américas, mais notavelmente no caso do saramacano, falado no Suriname, e do papiamentu, falado nas ilhas de Bonaire, Curaçao e Aruba. É menos conhecido, no entanto, que vestígios de elementos linguísticos ibéricos também podem ser encontrados na antiga colônia holandesa na ilha de Manhattan e nos territórios vizinhos. No contexto da minha pesquisa sobre negros escravizados e livres na Nova Holanda, e após a conquista inglesa da colônia em 1664, em Nova York e Nova Jersey (Dewulf, 2017), descobri uma série de fontes intrigantes em relação ao uso da linguagem. Eu anteriormente publiquei um artigo sobre a importância da língua holandesa para a comunidade negra (Dewulf, 2015). Aqui, pretendo enfocar o espanhol e o português.

A presença de elementos ibéricos entre os membros da comunidade negra na Nova Holanda é importante, considerando que os acadêmicos interessados na disseminação de elementos linguísticos ibéricos nas Américas tendem a se limitar à América Latina e ao Caribe. Como este artigo mostrará, há boas razões para também prestar atenção às influências ibéricas na América do Norte, especialmente no século 17. Além disso, uma teoria frequentemente usada sobre a origem do papiamentu e dos elementos linguísticos ibéricos nas línguas crioulas surinamesas — nomeadamente, a presença de senhores de escravos judeus sefarditas de língua portuguesa e/ou espanhola — não se aplica a essa colônia, onde o tamanho da comunidade judaica era

---

[2] [1]Esta é uma tradução para o português do MS 511: "Elementos Linguísticos Ibéricos entre a População Negra na Nova Holanda", publicada no Volume 34-1 da Primavera de 2018 do *Journal of Pidgin and Creole Languages*. Publicado com permissão.

insignificante. Também é intrigante o fato de que a esmagadora maioria dos negros na Manhattan do século 17 se originou da África Central, onde nenhuma língua crioula de base portuguesa se desenvolveu.

Como a escassez de fontes sobre a população negra na Nova Holanda torna impossível chegar a quaisquer respostas conclusivas, tentarei reconstruir o uso da língua da comunidade negra da colônia com base em uma análise cuidadosa das fontes históricas. Começo com uma visão geral das informações históricas sobre as operações de comércio de escravos pela Companhia Holandesa das Índias Ocidentais (WIC) para e a partir de Nova Holanda e, subsequentemente, analiso dados sobre as origens dos negros que viveram naquela colônia holandesa do século 17. Em seguida, apresento uma série de fontes primárias que revelam traços de elementos linguísticos ibéricos na fala de certos membros desse grupo. Finalmente, discuto esses traços em um contexto atlântico mais amplo, conectando a Nova Holanda à África Central e ao Nordeste do Brasil. Pretendo prestar atenção não apenas à linguagem, mas também à cultura e à religião. Concluo com uma breve reflexão sobre como as informações assim reunidas poderiam ser úteis para pesquisas futuras por parte de linguistas.

1 ESCRAVIDÃO NA NOVA HOLANDA[3]

A primeira referência à presença de africanos escravizados na Nova Holanda data de 1628, quando Jonas Michaëlius, pastor da Igreja Reformada Holandesa em Nova Amsterdã, a capital da colónia, se referiu em uma de suas cartas a suas "escravas angolanas" (Hastings; Corwin, 1901-1916, I, p. 62). Outras fontes parecem confirmar indiretamente a presença de escravos em Manhattan no final da década de 1620. Em 1644, por exemplo, Willem Kieft, diretor da Nova Holanda, concedeu "meia liberdade" a vários escravos do sexo masculino por terem "servido à Companhia por dezoito ou dezanove anos" (O'Callaghan, 1868, p. 36-37). Se essas datas estiverem corretas, isso implicaria que esses homens haviam chegado à Nova Holanda em 1625 ou 1626, a menos que tivessem trabalhando anteriormente para o WIC em outra colónia holandesa. Em 1663, três escravas foram alforriadas por terem servido à Companhia "desde 1628" (Eekhof, 1913, I, p. 159).

---

[3] As seções I-III deste artigo resumem as descobertas que eu apresentei anteriormente em meu livro *The Pinkster King and the King of Kongo* (Dewulf, 2017, p. 35-48) e atualizam essas descobertas com alguns dados novos.

ESTUDOS SOCIOLINGUÍSTICOS E O CONTATO LINGUÍSTICO ENTRE LÍNGUAS
MINORITÁRIAS NO CONTEXTO BRASILEIRO

Semelhante ao famoso grupo de africanos vendido por um corsário holandês na Virgínia em 1619 — que durante muito tempo eram
considerados os primeiros escravos a chegar na América do Norte —,
os primeiros africanos escravizados na Nova Holanda presumivelmente
foram capturados em navios ibéricos (Deal, 1993, p. 163). No entanto nem
todos eles foram necessariamente trazidos para a Nova Amsterdã por corsários holandeses. Em 1642, por exemplo, os corsários franceses do navio
La Garce trouxeram um pequeno número de africanos escravizados de
origem desconhecida para a Nova Holanda (O'Callaghan, 1867, p. XXIII).

De acordo com Heywood e Thornton (2007, p. 26), mais escravos
foram trazidos para a Nova Holanda em apoio ao programa de patronato,
pelo qual investidores privados receberam lotes de terra sob a condição
de ajudarem a povoar a colônia. No Artigo XXX da 'Carta de Liberdades
e Isenções' (1629), o WIC prometeu de fato aos patronos (proprietários
de terra) que "se esforçaria para fornecer aos colonos o maior número de
negros possíveis", e, em Artigo XXXI do seu (sem data) 'Novo Projeto de
Liberdades e Isenções', que cada patronato seria distribuído com "doze
homens e mulheres negros entre os negros que foram encontrados em
navios capturados" (Laer, 1908, p. 153; O'Callaghan; Fernow; Brodhead,
1853-1887, p. 9). Pode-se duvidar, no entanto, que os proprietários tenham
recebido tal apoio. A suposição de Heywood e Thornton de que Michael
Pauw recebeu um grupo de 50 escravos em 1630 para o seu patronato
em Pavónia é baseado em um mal-entendido. Esses escravos foram, de
fato, enviados no navio *De Bruynvisch* de Recife, no Brasil Holandês, para
Pavónia, mas este último não era o assentamento de Pauw na margem
oeste do rio Hudson. Em vez disso, eles foram enviados para outra Pavónia,
o patronato de Pauw em Fernando de Noronha (Laer, 1908, p. 155-156;
Richshoffer, 1930, p. 63).[4]

Embora o foco das operações de escravos da WIC fosse, na época,
claramente orientado para a colônia holandesa no Brasil, os planos para
enviar um pequeno número de escravos para a Nova Holanda já existiam.
Em 1644, por exemplo, a Companhia considerou o envio de "uma boa
porção de... negros" para impulsionar a produção agrícola da colônia na
América do Norte para que "uma grande quantidade de provisões pudesse
ser exportada para o Brasil" (O'Callaghan; Fernow; Brodhead, 1853-87, p.

---

[4] Gostaria de agradecer a Jaap Jacobs por sua ajuda na identificação desse transporte de escravos. Fernando
de Noronha permanecera desocupado até que os holandeses o estabeleceram quando invadiram o Brasil
(1630–1654). Depois que os holandeses abandonaram a ilha, ela foi tomada pelos franceses até que foi con-
quistada pelos portugueses em 1737. Hoje ela pertence ao Brasil.

152). No entanto as hostilidades com os portugueses no Brasil holandês, começando em 1642 no Maranhão e se espalhando rapidamente para Pernambuco, interromperam esses planos.

Como resultado dos combates, cerca de 450 soldados da WIC fugiram do Maranhão e chegaram a Curaçao entre dezembro de 1643 e junho de 1644. Como a pequena ilha era incapaz de fornecer comida suficiente para um grupo tão grande de homens, muitos deles seguiram o capitão J(oh)an de Vries a Nova Holanda, onde se necessitava de soldados urgente após uma revolta feita pelos indígenas. De Vries foi acompanhado por sua "swartinne" (mulher negra) brasileira e pelo menos uma escrava chamada Elary, Elara, ou Elaria [Elária] d'Crioole (Laer, 1974, III, 228-229; Laer, 1974, IV, p. 333). Não se sabe se o outro escravo de De Vries na Nova Holanda, Paolo [Paulo] de Angola, também o acompanhou do Maranhão. Não há indicações de que outras autoridades do WIC também trouxessem escravos do Brasil. Como os documentos se referem a esse grupo como "todos os funcionários da Companhia", parece improvável que um grande número de escravos acompanhasse esses homens do Brasil (Gehring; Schiltkamp, 1987, p. 30-43).

Enquanto isso, a revolta portuguesa causou problemas crescentes no Brasil Holandês. Os 406 escravos de Luanda, que chegaram a Recife em julho de 1645 no navio *Overijssel*, não puderam ser vendidos devido à instabilidade no distrito de plantação (Ratelband, 2000, p. 22). Mesmo assim, pressionados pelos custos da alimentação dos escravos que esperavam o embarque, os funcionários da WIC em Luanda continuaram enviando novos escravos para o Recife. No entanto, quando a *Caritas* e o *Vlucht* chegaram em novembro com outros 600 escravos de Luanda, a maioria daqueles do *Overijssel* ainda não tinham sido vendidos. Para piorar a situação, a guerra também começou a interromper o fluxo de provisões para Recife, o que deu ao Alto Conselho outra opção senão pedir a Luanda para não enviar novos escravos. Além disso, os escravos do Golfo do Benim não deveriam mais ser enviados para o Brasil, mas sim para São Tomé (Wiesebron, 2013, p. 228-230; Ratelband, 2000, p. 212).

As autoridades holandesas em Recife também enviaram cerca de 850 dos escravos recém-chegados para Fernando de Noronha, na esperança de que "a empresa não terá mais a obrigação de alimentá-los" (Ratelband,

ESTUDOS SOCIOLINGUÍSTICOS E O CONTATO LINGUÍSTICO ENTRE LÍNGUAS
MINORITÁRIAS NO CONTEXTO BRASILEIRO

2000, p. 224-225).[5] Quando perceberam que não havia comida suficiente na ilha para tantas pessoas, as autoridades acabaram decidindo tentar vender alguns desses escravos no Caribe. Durante a jornada, uma epidemia de varíola entrou em erupção a bordo do Tamandaré, causando a morte de 217 dos 474 escravos. A maioria dos sobreviventes foi vendida na ilha de Barbados, enquanto os restantes foram levados para Nova Holanda (Wätjen, 1921, p. 314; Stockes, 1922, IV, p. 106).

O sucesso financeiro dessa operação fez com que a Companhia considerasse o envio de mais escravos de Luanda para a Nova Holanda. Em 1647, diretores do WIC escreveram ao sucessor de Kieft, Petrus Stuyvesant, "vimos que mais negros poderiam ser vantajosamente empregados e vendidos lá [do que] o navio que Tamandaré trouxe. Vamos cuidar para que [no futuro] um maior número de negros seja levado para lá" (Gehring, 2000, p. 5). A crise em curso no Brasil também levou a WIC a desistir de seu monopólio nas operações de comércio de escravos e a declarar que "todos os habitantes das Províncias Unidas poderão viajar para a cidade de São Paulo de Luanda para trocar escravos por mercadorias que eles trouxeram" (Ratelband, 2000, p. 259-260). Em 1648, a WIC também incentivou os colonos na Nova Holanda a "embarcarem seus próprios produtos... para o Brasil e Angola, para que os navios que retornassem pudessem pegar frete do Brasil, mas os que retornassem de Angola irão trazer negros para trabalhar na agricultura" (Gehring, 2000, p. 55). A reconquista portuguesa de Luanda e São Tomé em 1648 e a iminente queda do Recife parecem ter frustrado tais planos. Em 1654, no entanto, dois comerciantes de Amsterdã obtiveram permissão do WIC para comprar escravos na África e vendê--los na Nova Holanda. No verão de 1655, seu navio Wittepaert chegou a Manhattan com 300 escravos do Golfo da Guiné (Gehring, 2003, p. 34). No entanto, mais tarde, Stuvyesant reclamou que esses escravos haviam sido "exportados daqui sem que a honrada Companhia ou os habitantes desta província tivessem obtido qualquer receita ou benefício", o que indica que a maioria desses africanos, se não todos, acabaram em outras partes da América do Norte (Gehring, 1995, p. 70).

---

[5] Segundo Calado (2004, II, p. 198-199), um padre português que viveu no Recife durante a ocupação holandesa, nem todos esses homens eram escravos. Ele afirma que alguns eram soldados do Reino do Congo, enviados ao Brasil para ajudar os holandeses na luta contra os portugueses. Quando os holandeses perceberam que esses soldados congoleses não estavam acostumados a guerrear com armas, eles supostamente os enviaram para Fernando de Noronha.

Enquanto isso, o risco de perder o Brasil e o espectro da falência forçaram a WIC a declarar em 1653 que "os negros capturados em navios inimigos" poderiam ser vendidos em "tais lugares, como os compradores escolhessem" (Gehring, 2000, p. 227). Essa decisão de se aventurar em novos mercados de escravos também se aplicou à infraestrutura remanescente de comércio de escravos da WIC na África. Embora essa infraestrutura, em tempos passados, servisse quase exclusivamente para fornecer mão de obra para as plantações de cana-de-açúcar no Brasil Holandês, a WIC agora a utilizava para fornecer escravos a qualquer um que estivesse disposto a pagar. Ironicamente, a mesma WIC originalmente criado para combater o inimigo espanhol acabou tornar-se o principal fornecedor de escravos para as possessões espanholas nas Américas.

No contexto dessa nova política, Curaçao adquiriu importância estratégica para a WIC como um centro de distribuição para dezenas de milhares de africanos escravizados que seriam vendidos na América espanhola e no Caribe. Até 1645, a ilha estava sob a jurisdição do Brasil Holandês, mas, após a eclosão da rebelião no Brasil, Curaçao passou a ser governada a partir da Nova Holanda. Essa transição coincidiu com a nomeação de Stuyvesant, que de 1642 a 1644 foi o diretor de Curaçao, como o novo diretor-geral da Nova Holanda e das possessões caribenhas. Stuyvesant coordenou as operações de comércio de escravos com Matthias Beck, vice-diretor de Curaçao, de 1655 até 1668. Tais operações não eram novas. Já em 1638, a WIC enviara o navio *De Hoop* da Nova Holanda para Curaçao para buscar "gado, sal ou escravos" (Eekhof, 1913, II, p. 150). Não se sabe se *De Hoop* retornou com escravos da ilha das Antilhas, mas o fato de um dos escravos da Nova Holanda, Jan Creoly, ter sido preso por abuso infantil em 1645 e ter confessado atos anteriores enquanto vivia em Curaçao confirma que escravos daquela ilha foram levados para Manhattan (Laer, 1974, IV, p. 326-328). O caso Gallardo também revela uma estreita cooperação nas operações de comércio de escravos entre as duas colônias holandesas. Em 1652, um grupo de 44 escravos a caminho da Jamaica, então ainda uma colônia espanhola, para Cuba no navio espanhol *San Antonio* foram capturados.

Enquanto isso, a revolta portuguesa causou problemas crescentes no Brasil Holandês. Os 406 escravos de Luanda, que chegaram a Recife em julho de 1645 no navio *Overijssel*, não puderam ser vendidos devido à instabilidade no distrito de plantação (Ratelband, 2000, p. 22). Mesmo assim, pressionados pelos custos da alimentação dos escravos que esperavam o embarque, os funcionários da WIC em Luanda continuaram enviando novos escravos para o Recife. No entanto, quando a *Caritas* e o *Vlucht* chegaram em novembro com outros 600 escravos de Luanda, a maioria daqueles do *Overijssel* ainda não tinham sido vendidos. Para piorar a situação, a guerra também começou a interromper o fluxo de provisões para Recife, o que deu ao Alto Conselho outra opção senão pedir a Luanda para não enviar novos escravos. Além disso, os escravos do Golfo do Benim não deveriam mais ser enviados para o Brasil, mas sim para São Tomé (Wiesebron, 2013, p. 228-230; Ratelband, 2000, p. 212). As autoridades holandesas em Recife também enviaram cerca de 850 dos escravos recém-chegados para Fernando de Noronha, na esperança de que "a empresa não terá mais a obrigação de alimentá-los" (Ratelband, 2000, p. 224-225).[6] Quando perceberam que não havia comida suficiente na ilha para tantas pessoas, as autoridades acabaram decidindo tentar vender alguns desses escravos no Caribe. Durante a jornada, uma epidemia de varíola entrou em erupção a bordo do Tamandaré, causando a morte de 217 dos 474 escravos. A maioria dos sobreviventes foi vendida na ilha de Barbados, enquanto os restantes foram levados para Nova Holanda (Wätjen, 1921, p. 314; Stockes, 1922, IV, p. 106).

O sucesso financeiro dessa operação fez com que a Companhia considerasse o envio de mais escravos de Luanda para a Nova Holanda. Em 1647, diretores do WIC escreveram ao sucessor de Kieft, Petrus Stuyvesant, "vimos que mais negros poderiam ser vantajosamente empregados e vendidos lá [do que] o navio que Tamandaré trouxe. Vamos cuidar para que [no futuro] um maior número de negros seja levado para lá" (Gehring, 2000, p. 5). A crise em curso no Brasil também levou a WIC a desistir de seu monopólio nas operações de comércio de escravos e a declarar que "todos os habitantes das Províncias Unidas poderão viajar para a cidade de São Paulo de Luanda para trocar escravos por mercadorias que eles trouxeram" (Ratelband, 2000, p. 259-260). Em 1648, a WIC também incentivou os colonos na Nova Holanda a "embarcarem seus próprios produtos... para o Brasil e Angola, para que os navios que retornassem pudessem pegar frete do Brasil, mas os que retornassem de Angola irão trazer negros para trabalhar na agricultura" (Gehring, 2000, p. 55). A reconquista portuguesa

---

[6] Segundo Calado (2004, II, p. 198-199), um padre português que viveu no Recife durante a ocupação holandesa, nem todos esses homens eram escravos. Ele afirma que alguns eram soldados do Reino do Congo, enviados ao Brasil para ajudar os holandeses na luta contra os portugueses. Quando os holandeses perceberam que esses soldados congoleses não estavam acostumados a guerrear com armas, eles supostamente os enviaram para Fernando de Noronha.

de Luanda e São Tomé em 1648 e a iminente queda do Recife parecem ter frustrado tais planos. Em 1654, no entanto, dois comerciantes de Amsterdã obtiveram permissão do WIC para comprar escravos na África e vendê--los na Nova Holanda. No verão de 1655, seu navio Wittepaert chegou a Manhattan com 300 escravos do Golfo da Guiné (Gehring, 2003, p. 34). No entanto, mais tarde, Stuyvesant reclamou que esses escravos haviam sido "exportados daqui sem que a honrada Companhia ou os habitantes desta província tivessem obtido qualquer receita ou benefício", o que indica que a maioria desses africanos, se não todos, acabaram em outras partes da América do Norte (Gehring, 1995, p. 70).

Enquanto isso, o risco de perder o Brasil e o espectro da falência forçaram a WIC a declarar em 1653 que "os negros capturados em navios inimigos" poderiam ser vendidos em "tais lugares, como os compradores escolhessem" (Gehring, 2000, p. 227). Essa decisão de se aventurar em novos mercados de escravos também se aplicou à infraestrutura remanescente de comércio de escravos da WIC na África. Embora essa infraestrutura, em tempos passados, servisse quase exclusivamente para fornecer mão de obra para as plantações de cana-de-açúcar no Brasil Holandês, a WIC agora a utilizava para fornecer escravos a qualquer um que estivesse disposto a pagar. Ironicamente, a mesma WIC originalmente criada para combater o inimigo espanhol acabou tornando-se o principal fornecedor de escravos para as possessões espanholas nas Américas. No contexto dessa nova política, Curaçao adquiriu importância estratégica para a WIC como um centro de distribuição para dezenas de milhares de africanos escravizados que seriam vendidos na América espanhola e no Caribe. Até 1645, a ilha estava sob a jurisdição do Brasil Holandês, mas, após a eclosão da rebelião no Brasil, Curaçao passou a ser governada a partir da Nova Holanda. Essa transição coincidiu com a nomeação de Stuyvesant, que de 1642 a 1644 foi o diretor de Curaçao, como o novo diretor-geral da Nova Holanda e das possessões caribenhas. Stuyvesant coordenou as operações de comércio de escravos com Matthias Beck, vice-diretor de Curaçao, de 1655 até 1668. Tais operações não eram novas. Já em 1638, a WIC enviara o navio De Hoop da Nova Holanda para Curaçao para buscar "gado, sal ou escravos" (Eekhof, 1913, II, p. 150). Não se sabe se De Hoop retornou com escravos da ilha das Antilhas, mas o fato de um dos escravos da Nova Holanda, Jan Creoly, ter sido preso por abuso infantil em 1645 e ter confessado atos anteriores enquanto vivia em Curaçao confirma que escravos daquela ilha foram levados para Manhattan (Laer, 1974, IV, p. 326-328). O caso Gallardo também revela uma estreita cooperação nas operações de comércio de escravos entre as duas colônias holandesas. Em 1652, um grupo de 44 escravos a caminho da Jamaica, então ainda uma colônia espanhola, para Cuba no navio espanhol *San Antonio* foi capturado por um corsário e vendido na Nova Holanda. Como isso ocorreu após o Tratado de Paz de Münster (1648), Stuyvesant deveria ter impedido que isso acontecesse (Gehring, 2003, p. 150). Essa também era a opinião do capitão do navio, Juan Gallardo, que viajou a Nova Amsterdã para recuperar seus escravos. Ao chegar a Nova Holanda, o espanhol afirmou ter encontrado vários de seus ex-escravos, que supostamente ainda o reconheceram (Gehring; Venema, 2018, p. 104).

A denúncia de Gallardo levou a uma investigação no contexto da qual uma lista dos escravos e seus novos donos foi feita. Enquanto nenhum desses escravos jamais retornou a Gallardo, a investigação revelou que a maioria deles ainda vivia na Nova Holanda e que quatro dos escravos de Gallardo haviam sido enviados para Curaçao, a saber: "Lucia e seu marido, chamados Joseph" e "Paulo e Diego, ou Jacob", com a finalidade de "pastorear o gado de lá" (O'Callaghan; Fernow; Brodhead, 1853-1887, II, p. 23-47).

Então, a árida ilha de Curaçao experimentou dificuldades em fornecer alimentos suficientes ao crescente número de escravos do mercado espanhol. Isso levou Stuyvesant a imaginar um papel estratégico da Nova Holanda na nova rede de comércio de escravos da WIC. Ele sugeriu, em 1659, que a Companhia "colocasse um preço justo e fixo sobre os negros, a quem seus súditos poderiam desejar importar daqui para provisões, madeira, o que sem dúvida aumentaria o comércio para Curaçao e daria à ilha a partir daqui muitos produtos" (O'Callaghan; Fernow; Brodhead, 1853-1887, XIV, p. 454-455). Pelo menos seis navios — o Spera Mundi com cinco escravos, o *Eyckenboom* com 19 escravos, *Den Nieuw Nederlantschen Indiaen* em duas jornadas com dez e 40 escravos respectivamente, o *Musch* com 40 escravos e o *Rebecca* com cinco escravos — partiram de Curaçao para Nova Amsterdã (Gehring; Schiltkamp, 1987, p. 125, 141, 168, 174, 177-179; O' Callaghan; Fernow; Brodhead, 1853-1887, XIV, p. 477; O' Callaghan, 1867, p. 178-180, 205-206, 216-221). Encorajados pela lucrativa venda dessas cargas, a WIC planejava transportar escravos de Curaçao para Nova Amsterdã, não apenas para o mercado local, mas também para as colônias inglesas vizinhas (O'Callaghan; Fernow; Brodhead, 1853-1887:

XIV, p. 458-459; O'Callaghan, 1867, p. 183-186; Donnan, 1930-1935, III, p. 406). Uma primeira tentativa em 1663 com o navio *Wapen van Amsterdam* falhou. O navio, transportando 101 homens e mulheres, vindo de Loango, foi capturado por corsários ingleses perto de Curaçao e levado para a Virgínia (O'Callaghan, 1867, p. 89-95). Uma segunda tentativa foi bem-sucedida. Em julho de 1664, o navio *De Gideon* chegou a Curaçao com mais de 300 escravos da Guiné e de Angola, com a intenção de continuar sua jornada para Nova Amsterdã. No entanto, uma vez que muitos estavam sofrendo de escorbuto, Beck decidiu manter os africanos na ilha e enviou "outros" não identificados, 153 homens e 137 mulheres, para Nova Amsterdã (Gehring; Schiltkamp, 1987, p. 186-187; O'Callaghan, 1867, p. 194-200, 214-225). No total, pelo menos 467 escravos foram trazidos para a Nova Holanda. Nos anos finais da colônia, os negros, escravizados e livres, representavam entre 6 e 8% da população. A escravidão era principalmente um fenômeno urbano na Nova Holanda, onde não havia grandes plantações (Jacobs, 2005, p. 380-388).

É surpreendente que, pouco depois da chegada do *Gideon*, um grupo de escravos da Nova Holanda aparentemente tivesse sido enviado para Curaçao e vendido para os espanhóis. Quando Stuyvesant percebeu que o grupo incluía crianças que sua esposa Judith havia apresentado para o batismo na Igreja Reformada, ele ordenou que Beck fizesse todo o possível para recomprar as crianças, o que acabou não sendo possível (Gehring; Schiltkamp, 1987, p. 199). Na carta final de Beck a Stuyvesant, datada de 1665, ele relatou a chegada do navio *De Joffer Catarina* com 150 escravos de Ardra no Golfo de Benin (Gehring; Schiltkamp, 1987, p. 208). Mas este nunca chegou a Manhattan, pois a colônia holandesa já foi tomada pelos ingleses. Para justificar sua decisão de capitular sem resistência, Stuyvesant mais tarde afirmou que a chegada de dúzias de "negros e negros meio mortos de fome" no *Gideon* não havia deixado comida suficiente para resistir a um cerco inglês. Assim, Stuyvesant indiretamente fez os africanos escravizados responsável pela perda holandesa de Manhattan (O'Callaghan; Fernow; Brodhead, 1853-1887: II, p. 430).

2 ORIGEM DOS NEGROS NA NOVA HOLANDA

Muitos negros na colônia holandesa foram mencionados apenas pelo primeiro nome, que em praticamente todos os casos era um nome batismal católico ibérico. No entanto um número significativo deles também foi documentado com um sobrenome. Alguns usaram o primeiro nome de seu pai como sobrenome, embora às vezes com o sufixo adicionado a ele (como Manuels), enquanto outros usavam nomes holandeses (inalterados) que provavelmente eram de seu dono. Outros tinham sobrenomes baseados em características étnicas (como Negro, Crioole, Malaet), em características físicas (como António Cego ou António Pequeno) ou em uma tarefa na colônia (como Trompetista). Alguns poucos tinham sobrenomes ibéricos como Grande, Britto [Brito], Álvares, Premier ou Premero [Primeiro] e Albiecke [provavelmente Albuquerque]. Em vários outros casos, a origem da pessoa foi adicionada ao primeiro nome, geralmente começando com a preposição holandesa "van" (de) ou a proposição portuguesa/espanhola "de". A lista[7] a seguir fornece uma visão geral dos nomes documentados dos negros na Nova Holanda com indicação de origem:

> **De Angola:** Susanna van Angola/Susanna d'Angola; Samuel Angola/Samuel van Angola; Marie d'Angola/Marie van Angola/Maria de Angola/Maria Angola; Mayken van Angola/ Maijken d'Angola; Isabel d'Angola; Emanuel van Angola/ Emanuel de Angola; Lucie van Angelo/Lucie d'Angola/Lijcije van Angola; Cleijn Anthony van Angola; Jacob Anthony van Angola; Anthony Angola/Anthony van Angola; Catalina van Angola/Catharina van Angola; Laurens van Angola; Magdalena van Angola; Emanuel Gerrit de Rous, van Angola; Susanna Simons van Angola; Andries van Angola/Andries d'Angola; Pallas van Angola/Palassa van Angola; Lucretie d'Angola/Lucretia Albiecke, van Angola; Paulus van Angola/ Paolo d'Angola/Paulo Angola; Jan van Angola; Christijn van Angola/Christina de Angola; Mattheus de Angola; Phizithiaen d'Angool; Francisco van Angola/Francisco d'Angola; Anna van Angola; Isabel Kisana, van Angola; Philippe Swartinne van Angola; Jan Francisco, j.m. van Angola [young man from Angola]; Maria Malaet, j.d. uijt Angola [young lady from Angola]; Domingo Angola/Dominicus van Angola; Antony Domingo Angola; Dorothea Angola; Gerasy Angola; Lovys Angola/Louis Angola; Swan van Angola; Assento Angola; Gratia Angola/Gracia d'Angola
>
> **Do Congo:** Simon Congoy/Simon Congo; Emanuel Congo/ Manuel Congo/Emanuel Congoij; Susanna Congoy; Anthonij de Chongo/Antony Congo

---

[7] Purple (1940, p. 10-30); Evans (1901, p. 10-38); Laer (1974, I, p. 23); Laer (1974, IV, p. 35, 53, 60, 62, 96-100, 208-209, 212-213); Gehring (1980, p. 55); "New York Colonial Manuscripts" X / 3, p. 329-332 e "Land Patents", II:, p. 102-115 (Arquivos do Estado de Nova York).

De Loango: Swan van Loange
Da Guiné: Louis Guiné
De Cabo Verde: Francisco van Capo Verde; Anna van Capoverde
De São Tomé: Pieter St. Thome/Pieter Santome; Christoffel Crioell, van St. Thomas/Christoffel Santome; Maria Santomee
De Portugal: Anthony Fernando, Portugees/Anthony Ferdinand, j.m. van Cascalis [Cascais], in Portugal/Anthony Portugies; Willem Antonys Portuguese; Pieter Portugies; Maria Portugies
Da Espanha: Emanuel van Spangien/Manuel de Spanje
Da América Latina: Sebastiaen de Britto, van St. Domingo; Jan Augustinus, j.m. van Cartagena; Francisco Cartagena; Bastiaen van Pariba [Paraíba], Portuguese; Laurens de Porto Richo
Da América do Norte: Jan Virginia; Susanna van Nieuw Nederlant; Jan, van 't fort Orangien/Jan Fostranien
Desconhecido: Francienne Mandeere; Mokinga

O uso de termos como "Congo" e "de Angola" deve ser visto na tradição portuguesa de classificar os escravos de acordo com "nações", correspondendo à região mais ampla da África de onde esses homens e mulheres se originaram ou embarcaram. Embora os nomes acima mencionados representem apenas uma fração do total da população escrava da colônia, eles confirmam que a grande maioria dos negros na Nova Holanda é originária da África Central.

O comércio de escravos naquela parte da África havia sido iniciado pelos portugueses. Depois que Mvemba a Nzinga, mais conhecido sob o nome de batismo católico de Afonso, disputou a sucessão de seu meio-irmão como rei do Congo em 1506 e derrotou com sucesso este último com assistência portuguesa, o Reino de Congo se tornou o centro das operações portuguesas de escravos. a região. Conflitos contínuos com os sucessores de Afonso sobre o controle do tráfico de escravos levaram os portugueses a estabelecer sua própria fortaleza ao longo da fronteira sul do reino em 1576, chamada (São Paulo de Assunção de) Luanda. A partir daí, eles gradualmente desenvolveram rotas comerciais que contornaram o Congo, tornando assim o centro do tráfico de escravos na África Central.

Podemos supor que a grande maioria dos negros na Nova Holanda com raízes na África Central embarcara como escravos em Luanda, seja num navio português ou num navio da WIC durante os sete anos em que os holandeses ocupavam a cidade (1641-1648). Apenas em casos excecionais, como o de uma mulher chamada "Isabel Kisana, van Angola", podemos traçar a origem exata dessa escrava — nesse caso, a região de Quiçama, ao sul de Luanda. Pieter Mortamer, diretor da administração da WIC em Luanda, distinguiu os escravos que aguardavam o embarque para o Brasil Holandês de acordo com quatro áreas: "Loangos", "Congos", "Ambundos" e "Xingas" (Martin, 1972, p. 58). Esses termos referem-se a escravos da região de Loango, um reino ao norte do Congo, aos do próprio reino do Congo, aos Mbundu, que se originaram da área sudoeste do reino do Congo, onde Luanda se localizou, e a escravos de Matamba, localizada no interior da África, a sudeste do reino do Congo, que na época era governada pela Rainha Ginga (daí o nome "Xingas"). Ele especificou, no entanto, que apenas um pequeno número de "Loangos" e "Congos" embarcou em Luanda.

3 USO DA LINGUAGEM PELOS NEGROS DA NOVA HOLANDA

Os dados fornecidos por Mortamer, em combinação com o facto de os nomes da maioria dos africanos centrais na Nova Holanda se referirem a Angola em vez de Congo ou Loango, indicam que a maioria dos escravos provavelmente originou das regiões de Mbundu e Matamba e eram provavelmente nativos falantes de (variantes de) quimbundo. Um número menor deles provavelmente falou (variantes de) quicongo.

A pesquisa linguística de Cannecatim na região no início do século 19 fez com que ele concluísse que "o quimbundo tem grande afinidade com a língua falada no Congo, tanto que até ambos parecem ser filhos da mesma mãe" (1859, XIII). De fato, o quimbundo e o quicongo pertencem ao mesmo subgrupo Bantu de acordo com a classificação de Guthrie (1967-1971) (zona H) e, como Lipski (2005, p. 27) confirma, "as línguas bantu faladas em Angola estão intimamente relacionadas". Segundo Slenes (1992, p. 54), as proximidades entre o quicongo e o quimbundo devem ter permitido uma forma básica de comunicação entre a maioria dos africanos escravizados que embarcam em Luanda. Uma fonte reveladora a esse respeito vem de Havana, Cuba, onde, em 1590, um grupo de escravos vindos de Luanda indicou que eles eram originários de "diferentes partes de Angola", mas afirmavam que "todos poderiam entender um ao outro" (Wheat, 2016, p. 234).

Parece, portanto, que a comunidade escrava centro-africana da Nova Holanda não exigia necessariamente o uso da língua holandesa do colonizador como língua franca para permitir a comunicação. O fato de, em 1665, Domingo de Neger ter sido chamado ao Tribunal de Nova Amsterdã para servir de intérprete de Jan Angola, porque este último "não falava holandês", mostra que, um ano depois da rendição holandesa aos ingleses, alguns negros de Manhattan foram capazes de se comunicar em holandês, enquanto outros não foram (Fernow, 1897, V, p. 337-340).

Embora diferentes pessoas possam ter o mesmo nome na colônia, Jan Angola provavelmente foi o Jan van Angola, que se casou com Philippe Swartinne van Angola na Igreja Reformada de Nova Amsterdã em 1646 e teve seu filho Sebastiaen batizado lá um ano depois, com Emanuel Congoij e Marie van Angola como testemunhas. Em 1667, Jan van Angola tinha ficado viúvo e recasado com Christine van Angola (Purple, 1940, p. 14,32; Evans, 1901, p. 22). Se este é, de fato, o mesmo homem que no caso da corte de 1665, isso implicaria que, depois de ter vivido na colônia holandesa por pelo menos nove anos, ele ainda não era capaz de se comunicar fluentemente em holandês. Seu intérprete, Domingo de Neger, pode ter sido Domingo Antônio, que comprou terras na ilha de Manhattan perto da fazenda de Stuyvesant em 1643, o que indica que ele era um homem livre e, portanto, provavelmente estava entre os primeiros escravos a chegar a colônia. Como serviu de intérprete para Jan van Angola, ele também deve ter sido de origem centro-africana, e provavelmente era o mesmo homem chamado Domingo Angola, que se casou com Francienne Mandeere na Igreja Reformada de Nova Amsterdã em 1652. Em outro processo judicial de 1662, Domingo Angola é referido como "um negro livre". Em 1663, "Maiken, a esposa de Domingo", foi alforriada por supostamente ter servido a Companhia como escrava "desde 1628". Em 1665, Stuyvesant confirmou a patente de terra de "Mayken [e] seu marido Domingo Angola", o que sugere que o mesmo Domingo que havia se casado com Francienne Mandeere tornou-se viúvo e se casou novamente com Maiken (Gehring, 1980, p. 24; O'Callaghan; Fernow; Brodhead, 1853-1887, III, p. 246, 256, 368; Purple, 1940, p. 17; O'Callaghan, 1978, p. 100; Hastings; Corwin, 1901-16: I, p. 62). Embora seja impossível afirmar com certeza que esses nomes se referem à mesma pessoa, o fato de Domingo ter falado holandês de forma suficiente para poder atuar como intérprete em 1665 reforça a suposição de que ele estava vivendo na Nova Holanda por várias décadas.

O nome Congoij do homem que serviu como testemunha no casamento de Jan van Angola indica que o primeiro se originou do reino do Congo (e, portanto, foi provavelmente um falante nativo do quicongo), enquanto o último pode ter se originado de Mbundu ou Matamba (e, assim, era provavelmente um falante nativo do quimbundo). Os registros históricos da Nova Holanda contêm várias outras referências que apontam para uma relação próxima entre os negros originários das áreas de fala quicongo e quimbundo. Por exemplo, Simon Congoy foi uma testemunha nos batismos de Maria, filha de Jan van 't fort Orangien, e de Adam e Eva, gémeos de Emanuel Neger, enquanto Emanuel Congo foi testemunha do batismo de Anna, filha de Philippe Swartinne, e de Sebastiaen, filho de Jan van Angola.

Seria, no entanto, errado deduzir disso que, em uma colônia onde a grande maioria dos escravos compartilhava uma origem centro-africana, o quimbundo, o quicongo ou uma mistura de ambos deve ter sido a língua franca da comunidade negra. De facto, Susanna Congoy, uma provável falante nativa do quicongo, foi testemunha na cerimónia batismal de Mathias, filho de Pieter St. Thome, que originara da ilha de São Tomé. Isso levanta a questão de que língua pode ter sido usada para a comunicação entre um homem originário de São Tomé e uma mulher originária do Congo (Evans, 1901, p. 263). A mesma questão pode ser levantada em relação ao casamento entre Anna van Angola e Francisco van Capo Verde, ou o casamento entre Anthony Angola e Anna van Capoverde (Purple, 1940, p. 11,18). Poder-se-ia especular que a relativamente pequena minoria de escravos de São Tomé e Cabo Verde adquiriu o quimbundo como língua franca, tanto mais que alguns dos nascidos em São Tomé podem ter raízes congolesas ou angolanas. Também é possível que aqueles que se casaram na Igreja Reformada usassem uma forma de holandês pidginizado. Fontes históricas, mencionadas a seguir, sugerem uma terceira possibilidade, a saber, o uso de um pidgin afro-português.

4 ELEMENTOS LINGUÍSTICOS IBÉRICOS NA NOVA HOLANDA

Um caso judicial de 1662 revela que Resolveert Waldron, um colono holandês em Nova Amsterdã, comunicava-se em português com um escravo negro chamado Mattheu. A referência vem de um grupo de testemunhas holandesas, que falou em defesa de Geertje Teunis, réu em um caso sobre servir bebidas alcoólicas a um escravo em um dia de jejum. As testemunhas alegaram que tinham sido incapazes de compreender adequadamente o que Waldron e Mattheu estavam dizendo porque "falavam português entre si" (Fernow, 1897, IV, p. 56-57). Antes de ir para a Nova Holanda, Waldron viveu no Brasil Holandês, o que explica sua fluência em português (Dankers; Sluyter, 1867, p. 137). O fato de Waldron ter falado português também pode ter desempenhado um papel na decisão das autoridades locais de colocá-lo no comando de um grupo de escravos que em 1657 tiveram que fortalecer as muralhas da fortaleza de Nova Amsterdã (Gehring; Venema, 2018, p. 312).

O mesmo Mattheu, escravo de Cornelis Steenwyck, também se envolveu em outro caso sobre servir bebidas alcoólicas em 1662, quando ele, junto com um certo Swan (provavelmente João ou Juan) e Frans, pediu a Waldron para ser seu intérprete no tribunal (Fernow, 1897, IV, p. 41-42, 56-57). Isso indica que nenhum desses homens tinha conhecimento suficiente da língua holandesa para se defender no tribunal. Um deles, Frans, pode ser identificado como o escravo de Thomas Hall, chamado Francisco (O' Callaghan; Fernow; Brodhead, 1853-1887, II, p. 23-47). Francisco, conhecido na colônia holandesa por "Frans", foi mencionado na lista de escravos de Gallardo, o que implica que ele estava morando na Nova Holanda por dez anos sem aprender holandês suficiente para se defender no tribunal. Isso, mais uma vez, fortalece a suposição de que a comunidade negra na Nova Holanda usava uma língua franca que não era holandesa. Embora o tipo de língua que Waldron falou no tribunal não seja especificado, o fato de ele ter vivido anteriormente no Brasil em combinação com o fato de o caso envolver o mesmo Mattheu com quem ele falava português torna provável que Waldron tenha sido solicitado para servir como intérprete por causa de seu conhecimento da língua portuguesa.

Infelizmente, também a "língua estrangeira" em que Jochem Wessels comunicou com um negro em Fort Orange (o atual Albany), em maio de 1657, permaneceu não especificada. Embora não saibamos se Wessels viveu no Brasil, sua esposa Geertruy e o enteado Willem certamente o fizeram (Gehring; Venema, 2018, p. 298). Os últimos faziam parte de um grupo relativamente grande de residentes na Nova Holanda com uma conexão brasileira. Entre os mais famosos, estava Johannes Polhemius, pastor em Midwout em Long Island, que viveu com sua esposa Catherina e seus quatro filhos no Brasil de 1637 a 1654, onde se tornou suficientemente fluente em português para pregar nessa língua. Polhemius chegara a New Amsterdam na companhia de um grupo de 23 judeus sefarditas,

ESTUDOS SOCIOLINGUÍSTICOS E O CONTATO LINGUÍSTICO ENTRE LÍNGUAS
MINORITÁRIAS NO CONTEXTO BRASILEIRO

que provavelmente o acompanhavam desde o Brasil (Oppenheim, 1909, p. 37-46; Wolff; Wolff, 1979, p. 277-289). Outro grupo de residentes na Nova Holanda com uma ligação brasileira eram tripulantes do navio Tamandaré, que trouxe escravos do Brasil para Manhattan em 1646 e nunca mais retornaram. O maior grupo consistia de ex-soldados da WIC e outros funcionários do Brasil Holandês. No entanto o Brasil não era o único lugar onde os colonos da Nova Holanda poderiam ter adquirido um conhecimento básico da língua portuguesa. A maior parte dos territórios espalhados pelo mundo reivindicados pela Companhia Holandesa das Índias Ocidentais e Orientais tinha uma história de colonização portuguesa, e, muito depois da conquista holandesa, o português continuou a ser uma língua de importância nessas regiões. Um desses lugares era a Costa de Ouro da África Ocidental, onde o pastor Jonas Michaëlius, o primeiro a mencionar a presença de escravos na Nova Holanda, e o pastor Everardus Bogardus, que se destacava em seus esforços batismais entre a população negra, haviam trabalhado anteriormente. Significativamente, os Registros Diários da WIC de Elmina referem-se em 1647 à necessidade urgente de um novo funcionário "que saiba ler e escrever em português" (Ratelband, 1953, p. 331).

Embora a fluência em uma língua ibérica fosse menos uma vantagem na Nova Holanda do que no Brasil ou em Curaçao, o caso de Waldron prova que o português foi efetivamente usado na colônia. Isso não deveria ser uma surpresa, já que os nomes de vários membros da comunidade negra indicam que eles nasceram em territórios onde uma língua ibérica (ou um crioulo ibérico) era falada. Esse foi, mais notavelmente, o caso dos escravos Pieter St. Thome, Francisco van Capo Verde e Anna van Capoverde, mencionados acima. Uma confirmação de que muitos dos escravos rotulados como "cabo-verdianos" nas colônias holandesas conseguiram se expressar em uma língua lexicalmente baseada no português pode ser encontrada em um relatório do Brasil Holandês em 1648. De acordo com Calado (2004, I, p. 237-238), um judeu sefardita tinha contrabandeado africanos escravizados de Cabo Verde para Recife, onde ele os misturou no mercado com escravos do Golfo de Benin, na esperança de que ninguém notasse sua verdadeira origem. Infelizmente para ele, os cabo-verdianos "disseram às pessoas de onde vieram, porque algumas delas eram ladinos".[8]

Além dos originários de Cabo Verde e de São Tomé, vários outros negros da Nova Holanda tinham vivido em territórios ibéricos antes de chegarem à colônia holandesa. Esse foi, muito provavelmente, o caso daqueles que tinham nomes referentes a Portugal, Espanha e América Latina, como Van Cascalis [Cascais, em Portugal], Van Spagnien, Van St. Domingo ou Van Cartagena. Além disso, muitos dos que se identificaram como crioulos ou mulatos (Crioell, Criolyo, Malaet etc.) provavelmente nasceram em territórios onde era falada uma língua ibérica (ou crioulo ibérico). Aqueles que se identificaram por sobrenomes ibéricos (Grande, Britto, Premero etc.) eram, com toda a probabilidade, ladinos e podem até ter sido mulatos com um pai ibérico. Poderíamos também mencionar aqui os 44 escravos capturados do navio espanhol *San Antonio* em 1652, que haviam embarcado na colônia espanhola da Jamaica e estavam a caminho de Cuba quando foram interceptados. Como todos eles tinham nomes de batismo ibéricos e supostamente ainda reconheciam seu antigo mestre espanhol, Gallardo, é provável que tivessem vivido por algum tempo em uma colônia espanhola antes de serem levados para a Nova Holanda. Podemos, portanto, supor que pelo menos alguns desses homens e mulheres tinham conhecimento da língua espanhola. Se combinarmos todos esses grupos, é seguro dizer que uma minoria substancial da população negra na Nova Holanda deve ter sido capaz de comunicar (numa forma pidginizada de) uma língua ibérica ou um crioulo ibérico, o que naturalmente facilitou a interação na região da colônia com residentes holandeses como Waldron, que possuíam habilidades linguísticas semelhantes.

Um outro holandês da Nova Holanda, que provavelmente falava português, era o capitão Jan ou Johan de Vries. De Vries viveu por pelo menos dez anos no Brasil Holandês, primeiro em Pernambuco e depois no Maranhão, antes de chegar a Nova Amsterdã em 1645 (Laet, 1931-1937, II, p. 146; Laet, 1931-1937, III, p. 209; Laet, 1931-1937, IV, p. 13). Como mencio-

---

[8] O termo "ladino" aqui se refere a africanos que adotaram um estilo de vida ibérico, caracterizado pela observância de rituais católicos e pelo uso de uma língua ibérica (ou crioulo ibérico). Como confirma Wheat (2016, p. 248), "o processo de familiarização com as práticas religiosas ibéricas deve ter paralelo na aquisição de competências linguísticas ibéricas; na verdade, o último poderia ter servido como evidência do primeiro"; daí também a expressão espanhola "hablar en cristiano" (Lipski, 2005, p. 22). Ladino era o oposto de boçal, e o grau de fluência em espanhol ou português era um elemento importante na sociedade ibérica para determinar se alguém era considerado um quarto ladino, meio ladino ou ladino completo (Wheat, 2016, p. 216- 252). Seria, portanto, errado supor que qualquer escravo recém-chegado da África às Américas fosse considerado um boçal. Escravos vindos de Cabo Verde ou de São Tomé, que conheciam o rito católico e podiam se expressar em uma língua ibérica (ou crioulo ibérico), também eram considerados ladinos (Saignes, 1978, p. 72).

ESTUDOS SOCIOLINGUÍSTICOS E O CONTATO LINGUÍSTICO ENTRE LÍNGUAS
MINORITÁRIAS NO CONTEXTO BRASILEIRO

nado acima, ele trouxe sua "swartinne" (mulher negra) do Brasil e pelo menos um escravo, Elary [Elária] d'Crioole. Pouco depois de sua chegada à Nova Holanda, De Vries parece ter alforriado Elary e seu outro escravo, Paulo Angola, uma vez que um documento de 1647 se refere aos "negros livres e mulher brasileira do principal". Sabemos com certeza que Elária havia anteriormente morado na cidade de São Luís do Maranhão, onde trabalhara para um português. Parece, portanto, provável que a língua falada na casa de De Vries era (uma forma de pidginizada do) português.

A probabilidade de que De Vries tenha conseguido se expressar em português possa explicar sua proximidade com a população negra. É sabido que ele arrendou terrenos para eles e foi padrinho na igreja no baptismo de vários filhos de negros. Entre os seus amigos, estava um homem chamado Bastiaen [forma holandesa do nome Sebastián ou Sebastião], que é referido em documentos históricos como "Capitão dos Pretos" ou "Capitão dos Negros" e tinha o sobrenome ibérico "de Britto", o que indica que ele provavelmente era um ladino. A referência "van St. Domingo" no seu sobrenome mostra que ele provavelmente se originou de uma colônia espanhola. Bastiaen, inclusive, serviu como testemunho batismal do filho mestiço de De Vries, chamado Jan, cuja mãe era a mulher brasileira citada acima (Evans, 1901, p. 21-23). Após sua morte, os ex-escravos de De Vries, Elária e Paulo, ofereceram-se para cuidar do Jan, o filho do falecido capitão (Laer, 1974, IV, p. 333).

Uma confirmação indireta de que vários africanos escravizados que chegaram a Nova Amsterdã sabiam expressar-se o português vem de Northampton, na Virgínia, onde a primeira comunidade de escravos consistia quase exclusivamente de africanos que Edmund Scarborough havia comprado em Nova Amsterdã (Gehring, 1995, p. 77; Donnan, 1930-1935, III, p. 414-415; Donnan, 1930-1935, IV, p. 49-50; Breen; Innes, 1980, p. 71). Em 1667, um deles, chamado Fernando, entrou com uma ação no tribunal de Northampton, alegando que ele "era cristão" e apresentando vários documentos "em português", alegando que eram documentos "dos vários governadores das terras onde tinha vivido como homem livre". Fernando era provavelmente um ladino, que mostrava no tribunal suas cartas de alforria. Ao contrário da Nova Holanda, no entanto, ninguém em Northampton tinha conhecimento de uma língua ibérica, e seu pedido foi rejeitado (Billings, 2007, p. 200). O caso de Fernando também nos indica que alguns dos africanos trazidos para Nova Amsterdã podem ter sido negros livres, talvez até tripulantes em um navio ibérico capturado por corsários holandeses, e vendidos como escravos apenas por serem negros.[9]

As únicas palavras gravadas de uma pessoa negra na Nova Holanda podem ser encontradas na terrível história do escravo de Teunis Kraey. Em 1655, Kraey comprou de Nicolaas Boot um escravo recém-chegado de origem desconhecida. A caminho de casa, a mulher "caiu no chão no final do lote de Daniel Litschoe". Esse terreno estava localizado em Manhattan perto da atual junção das ruas Wall e Pearl, onde Litschoe, um ex-soldado do Brasil Holandês, possuía uma pousada. Depois de gritar *"arriba!"*, a mulher se levantou novamente. "De 10 a 12 passos mais adiante", no entanto, ela caiu de novo, "com os olhos girando em sua cabeça e os lábios pálidos", como Kraey descreveu. Ele então gritou que Boot deveria levar o escravo para sua casa já que não era capaz de andar. Então o carpinteiro do navio que trouxera o escravo para Nova Holanda se adiantou. Quando perguntou o que a afligia, a mulher respondeu-lhe *More! More!*, enquanto apontava para o peito e as pernas", que o carpinteiro "traduziu em holandês dizendo: 'a negra está bêbada; em breve passará'". A mulher foi então levada para a casa de Boot, onde morreu pouco depois. Kraey entrou então com uma ação no tribunal contra Boot com o argumento de que a mulher havia sido embriagada de propósito a fim de esconder sua doença (Fernow, 1897, I362-1363; Eekhof, 1913, II, p. 155). Embora seu significado exato não seja claro, os termos usados por essa escrava, se registrados corretamente, parecem ser de origem ibérica. A palavra "more" [morre] não tem nada a ver com ser bêbado; trata-se antes da terceira forma singular portuguesa do verbo "morrer", enquanto a palavra "arriba" se relaciona com o espanhol/português "arriba!" (Levante-se! Vamos!), que pode ter sido dito pela mulher para se dar a coragem quando tentava de se levantar novamente. Embora pouco utilizado no português contemporâneo, *arriba* ou *riba* com o significado "vamos!" ou "levanta-se!" era bastante comum no português do século 17 e sobrevive até hoje em crioulos cabo-verdianos ou crioulos de origem

---

[9] Há documentos que comprovam que também em navios da WIC havia negros livres na tripulação (Wright, 1934-1935, I, p. 204, p. 390-393; Ponte, 2018). Em julho de 1635, por exemplo, a WIC recebeu um pedido de um grupo de negros livres que residia em Amsterdã (chamados Domingo Fernandes, Grasseuw, e Francho Camine) e que queriam viajar para Recife para poderem trabalhar ali como funcionários da WIC. Esse pedido foi rejeitado (Balai, 2013, p. 49).

portuguesa falados em Guiné-Bissau (Brüser; Santos, 2002, p. 652; Rougé, 1988, p. 128).[10]

Mesmo que não tenhamos evidências suficientes para afirmar com certeza que um pidgin afro-ibérico era falado pela comunidade negra na Nova Holanda, a presença inegável de elementos afro-ibéricos permite especular que esse foi o caso. Rink (2001, p. 52), por exemplo, acredita que "a língua dos escravos da Nova Holanda ... era provavelmente um pidgin de espanhol, português e holandês". Se Rink estiver certo e um pidgin de base ibérica — misturado talvez com elementos holandeses, quimbundos ou quicongos — serviria, de fato, como língua franca da comunidade negra, isso implicaria que também os escravos da África Central deviam ter tido alguma familiaridade com uma língua ibérica antes da sua chegada à Nova Holanda.

O que aponta nessa direção é que os únicos negros na Nova Holanda com nomes semelhantes aos dois homens não identificados mencionados no caso em que Waldron foi chamado como intérprete são Mattheus de Angola, Swan van Loange e Swan van Angola, todos nomes indicando uma origem centro-africana. Outra indicação de que (alguns) escravos angolanos e congoleses na América do Norte estavam familiarizados com uma língua ibérica vem das Carolinas. Lá, muitos dos escravos provinham da África Central, e o autor anónimo do relato "A Insurreição dos Negros na Carolina do Sul" observou em 1739 que "entre os negros escravos há muitos que vêm do Reino de Angola em África e muitos deles falam por-tuguês e professam a religião católica romana" (Smith, 2005, p. 13-15).

Nas duas seções seguintes, explorarei então a possibilidade de que africanos escravizados originários da África Central tenham adquirido fami-liaridade com a língua portuguesa antes de sua chegada à Nova Holanda.

5 A LÍNGUA PORTUGUESA NA ÁFRICA CENTRAL

Muitos historiadores e linguistas estão convencidos de que (ao menos alguns dos) escravos que embarcavam em Luanda devem ter sido capazes de se comunicar em um pidgin afro-português além de sua língua nativa africana. Por exemplo, Rupert (2012, p. 62) afirma, em relação a

---

[10] Referências similares ao uso de uma língua ibérica por escravos africanos podem também ser encontradas em outros textos do século 17. Biet (1664, p. 124), por exemplo, refere-se a 14 africanos num navio capturado em 1652 por corsários ingleses perto de Cayenne, dizendo que um deles "se cruzou dizendo em português: 'al nombre de Dios'". Não sabemos se Biet compreendeu mal e pensou que essas palavras espanholas eram português ou se foi incapaz de reproduzir o português original.

Curaçao do século 17, que "além de quicongo e quimbundo, muitos [angolanos] também falavam uma língua crioula afro-portuguesa". Fiorin e Petter (2008, p. 32) argumentam, em relação ao Brasil do século 17, que "vários escravos devem ter se familiarizado com o português falado em Angola ou eram falantes nativos de português". Com referência ao palenquero, Perl (1998, p. 18) acredita que "uma língua afro-portuguesa foi amplamente utilizada na África Ocidental, Angola e Kongo", e Schwegler (1998, p. 230) afirma que um "pidgin afro-português foi trazido para Cartagena ... Por africanos escravizados de uma vasta área ao longo da costa oeste da África (essencialmente da Senegâmbia até Angola)".

Schoeman acredite que na colônia holandesa na África do Sul "alguns dos escravos de Angola podem ter adquirido um certo nível de português" (2007, p. 66). Existem, de fato, várias referências ao uso do português entre os membros da comunidade de escravos na colônia holandesa da Cidade do Cabo. Em 1719, Kolb descreveu a execução de um escravo negro, que "ao cair, disse (falando português) 'Dios, mio Pay'" (1968, I, 363). E na década de 1730, Mentzel mencionou como os escravos "se sentavam ao redor do fogo com um cachimbo de tabaco e contavam histórias de sua pátria em português, a língua franca" (1921-44, III, 109). Embora seja sabido que os angolanos estavam entre os primeiros africanos escravizados na colônia do Cabo, não é certo que as citações acima se apliquem a eles. Na verdade, também encontramos referências a escravos de ilhas portuguesas do Atlântico, como um "jovem escravo de São Tomé", "Sante e Michel de Santiago [Cabo Verde]" e "Perna Grossa de Cabo Verde". Além disso, a colônia do Cabo tinha um grande número de escravos de áreas da Ásia, onde se falava um pidgin português (Schoeman, 2007, p. 34-60, 88, 167, 207, 248, 274, 316).

Como mostra o caso da colônia holandesa do Cabo, é preciso ter cuidado com suposições sobre o uso de um pidgin afro-português na África Central e com a quantidade de conhecimento de portugueses que os escravos oriundos da África Central tinham ao chegar nas Américas. De fato, Lipski (2005, p. 29) aponta que "a capacidade da língua portuguesa dos escravos [angolanos] costumava ser muito rudimentar". Isso não significa, no entanto, que a influência portuguesa no Reino do Congo e no noroeste de Angola tenha sido menor. É sabido que a elite congolesa adotou o português como língua de diplomacia internacional no início do século 16 e que o rei congolês Afonso I iniciou um programa educacional de larga escala em português, para formar seus próprios professores. Afonso também enviou a Portugal jovens congoleses, incluindo seu próprio filho, para aprender a língua e reuniu 400 crianças nobres em uma escola na capital do reino, onde aprenderam o português. A existência de escolas onde se ensinava português é confirmada no relatório do holandês Van den Broecke, que visitou Soyo, no Congo, em 1608 e ali encontrou "outo ou dez escolas onde, tal como em Portugal, todos os jovens aprendiam português. Todos andavam com um livro e com o rosário nas suas mãos" (Ratelband, 1950, p. 31). Também o suíço Brun (1969, p. 28), que esteve em Soyo entre 1611 e 1613, observou que "as pessoas ali sabiam falar português razoavelmente bem" e que aqueles que "rezavam em português e em latim e que passavam os seus dias com os portugueses falavam ainda melhor". Sabemos também que missionários europeus no Congo costumavam comunicar em português com os seus intérpretes (Cuvelier; Jadin, 1954, p. 135; Jadin, 1963, p. 371). Por causa disso, Randles (1968, p. 156) assumiu que "português e não quicongo serviu como veículo da cristianização do Congo".

Randles está certo em assumir que a língua portuguesa desempenhou um papel crucial nos esforços missionários na África Central e que a língua continuava a ter um forte prestígio entre aqueles que se converteram ao catolicismo, mesmo em áreas onde a influência portuguesa mais tarde diminuiu. Entretanto, enquanto intérpretes locais se comunicavam com missionários europeus em Português, eles sempre se dirigem à população falando em quicongo ou quimbundo. Mesmo na cidade costeira de Pinda, a capital do Soyo, onde o capuchinho João de Santiago encontrou "muitos indígenas que falavam português" em 1645, foi preciso usar intérpretes de quicongo (Leite de Faria, 1953, p. 330).

Escrevendo sobre o Reino do Congo na década de 1650, Giacinto da Vetralla esclarece que o português era "compreendido apenas por poucos e de maneira imprecisa", e, portanto, "ao pregar e educar é necessário utilizar um intérprete" (Simionetti, 1907, p. 377). Há, portanto, boas razões para ser cético quanto ao grau de familiaridade que os centro-africanos tinham da língua portuguesa, especialmente entre os originários do interior da África. Embora não haja dúvidas de que o trabalho missionário católico no Congo disseminou certos termos portugueses na região, não há evidência de que um pidgin afro-português tenha se tornado uma língua franca. Como Thornton (1992, p. 190-191) argumentou, essa conclusão também se aplica ao noroeste de Angola, onde o quimbundo, e não um pidgin afro-português, era a língua franca. Holm (1989, II, p. 271) admite que só talvez na própria cidade de Luanda um pidgin afro-

-português possa ter existido no século 17, para facilitar a comunicação entre africanos nativos e portugueses.

É verdade que, durante o tempo que esperaram pelo seu embarque em Luanda ou durante a sua viagem para o Brasil, os escravos podem ter aprendido um pouco de Português.[11] Considerando que a viagem de Angola para o Brasil só durava por volta de 35 dias, é duvidoso, entretanto, que em tão pouco tempo os escravos pudessem se tornar fluentes em português. É, por isso, provável que apenas poucos escravos que embarcaram em Luanda puderam se comunicar fluentemente em um pidgin afro-português. Essa suposição corresponde à informação obtida pelo relatório sobre o navio negreiro San Cristóbal, que em 1633 chegou de Luanda na Ilha de São Domingos sem autorização. Na investigação que se seguiu, os escravos foram interrogados, mas apenas um deles "era ladino" e "entendia o que estava sendo dito", enquanto todos os outros "precisavam de um intérprete" (Wheat, 2016, p. 229).

Essa conclusão não exclui necessariamente a possibilidade, entretanto, de que os escravos angolanos e congoleses na Nova Holanda possam ter se comunicado em um pidgin afro-português. Afinal, não temos nenhuma evidência de remessas diretas da África Central para Manhattan. Praticamente todos os angolanos e congoleses na Nova Holanda viveram em outras partes das Américas antes de chegarem à colônia holandesa em Manhattan.

Devemos, portanto, também explorar a possibilidade de que eles adquiriram familiaridade com uma língua ibérica (ou um crioulo ibérico) fora da África. Uma vez que alguns dos escravos vieram para a Nova Holanda através de Curaçao, é possível que ali adquiriram algum conhecimento do papiamentu. Mais importante, porém, é que a maioria dos angolanos e congoleses na Nova Holanda anteriormente tinha vivido no Brasil Holandês. Na próxima seção, explorarei se os membros da comunidade angolana e congolesa da Nova Holanda podem ter aprendido a se comunicar em um pidgin português durante sua estada no Nordeste do Brasil.

---

[11] Nesse aspecto, o caso de Mahommah Gardo Baquaqua é revelador. Baquaqua, originária do atual Benin, foi enviada em 1845 como escravo ao Brasil sem conhecer nenhum português. Em sua autobiografia, lemos que "alguns dos escravos a bordo sabiam português" porque "eles viviam no litoral perto de famílias portuguesas". Baquaqua afirma que, durante a viagem, conseguiu "adquirir um pouco de conhecimento da língua portuguesa, dos homens antes mencionados", de modo que, ao chegar ao Brasil, "como meu mestre era um português, pude compreender muito bem o que ele queria" (Law; Lovejoy, 2001, p. 156-158).

6 A LÍNGUA PORTUGUESA NO NORDESTE DO BRASIL

Na época da invasão holandesa em 1630, cerca de 50 mil escravos africanos viviam em Pernambuco, a grande maioria dos quais de origem centro-africana (Nieuhof, 1682, p. 215; Barros; Domingues; Eltis, 2008, p. 97). No entanto, quando os holandeses exploraram as regiões do interior após a conquista do Recife, eles perceberam que praticamente todos os escravos tinham acompanhado seus proprietários portugueses que fugiram da região ou tinham fugido deles e formaram quilombos (Mello, 2001, p. 184). Considerando a necessidade urgente de novos escravos na colônia brasileira, a WIC iniciou suas próprias operações de comércio de escravos, inicialmente usando o Forte Nassau em Moree (no atual Gana) como centro de operações. Pouco tempo depois, em 1637, a WIC capturou a feitoria Elmina (também no atual Gana) dos portugueses, o que foi seguido pelas conquistas de São Tomé e Luanda em 1641.

A pesquisa de Silva e Eltis (2008, p. 98, 118-119) revela que os holandeses enviaram um total de 26.687 escravos para o Brasil, 17,4% dos quais originários da Costa do Ouro e do Golfo do Benin, 16,9% da Baía de Biafra, e não menos de 65,7% da África Central. Silva e Eltis não encontraram "evidências de nenhum escravo de Cabo Verde ou Senegâmbia". Isso é surpreendente, considerando que Van Baerle, em seu relatório sobre o Brasil, se referiu a escravos "da Guiné, Serra Leoa e Cabo Verde". Outros grupos mencionados por Van Baerle eram "escravos de uma tribo chamada Ardres" (Ardra), "escravos de Calabar" (no Golfo de Biafra) e escravos de "Angola, Congo e Sonho [Soyo]", que supostamente eram "mais adequados ao trabalho escravo", que era a razão para "o interesse da Companhia em ... manter amizade com os reis do Congo" (2011, p. 126).

Estes últimos também eram os escravos mais caros; um relatório de 1644 apontou que "os africanos da Guiné nunca podem alcançar tal preço porque são menos saudáveis quando aqui chegam devido ao fato de que sua jornada leva muito mais tempo do que a dos escravos oriundos de Angola" (Mello, 2001, p. 187). Em 1645, a WIC até chegou a considerar trazer apenas escravos da África Central para o Brasil (Mello, 2001, p. 200). O famoso relatório de João Maurício de Nassau sobre o Brasil Holandês de 1638 lança mais luz sobre a preferência por angolanos. Ele especifica que a principal razão pela qual angolanos eram preferidos era "porque quando eles são recém-chegados, eles são mais efetivamente ensinados por nossos negros de longa data, pois eles entendem a sua língua", enquanto os de Ardra "falam uma língua que nossos negros de longa data não entendem e nem os de Ardra entendem o que se diz, o que resulta numa incompreensão enorme" (Schwartz; Willis, 2010, p. 244). Esse comentário mostra que conhecimentos linguísticos podem ter desempenhado um papel mais importante na escolha de escravos do que certos estereótipos sobre ética no trabalho.

Não sabemos ao certo que língua angolanos experientes usavam para treinar recém-chegados. Uma vez que Van Baerle mencionou explicitamente a importância do Reino do Congo e da sua rebelde província do Soyo, devemos assumir que pelo menos alguns africanos no Brasil Holandês provinham de zonas onde se fala quicongo. Há fortes indícios, no entanto, de que a grande maioria dos africanos da região central do Nordeste brasileiro era originária das áreas de língua quimbunda. De fato, ao escrever a sua *Arte da Língua de Angola* (1694) em Salvador da Bahia para facilitar a comunicação com os escravos angolanos, o jesuíta Pedro Dias concentrou-se exclusivamente no quimbundo. Como argumentou Lucchesi (2008, p. 170-171), a decisão de Dias de escrever uma gramática da língua quimbunda indica que os missionários tiveram dificuldades em usar o português como língua franca do proselitismo no Nordeste do Brasil e que o quimbundo deve ter sido a língua africana indígena dominante na região. Essa conclusão também corresponde à suposição de Lipski de que "a capacidade da língua portuguesa dos escravos [angolanos] era frequentemente muito rudimentar" (2005, p. 29).

No entanto uma análise mais aprofundada da gramática de Dias revela que, embora baseada em dados obtidos por membros da comunidade negra no Brasil, ela corresponde à mesma língua quimbunda que era falada na época no noroeste de Angola (Fiorin; Petter, 2008, p. 38; Bonvini, 2008, p. 38; Rosa, 2013, p. 38-40). O fato de não haver sinais de pidginização pôde ser interpretado como um sinal de que, embora amplamente falado, o quimbundo não foi adotado no Brasil por falantes não nativos dessa língua. Lucchesi (2008, p. 170-71) está, portanto, convencido de que o quimbundo deve ter coexistido com formas pidginizadas de português no Nordeste do Brasil do século 17.

Um caso interessante, a esse respeito, é o quilombo de Palmares, onde a grande maioria dos habitantes era originária da África Central, daí seu apelido "Angola Janga" (Pequena Angola). Em uma carta escrita em 1678, Gomes Freire, o governador de Pernambuco, dirigiu-se ao líder de Palmares como "Ganazumba", significando "Grande Senhor" em quimbundo (Lockhart; Schwartz, 1983, p. 221). Embora a língua franca usada em Palmares seja desconhecida, o fato de as autoridades portuguesas terem necessidade de intérpretes para as suas negociações com os líderes locais indica que não era português. Considerando que todos os líderes ou "reis" de Palmares eram angolanos, esses intérpretes provavelmente falavam quimbundo. No entanto Palmares também tinha habitantes originários da costa da Guiné, bem como negros nascidos no Brasil e até índios. Embora Goodman (1987, p. 365) esteja provavelmente certo ao argumentar que escravos angolanos no Brasil do século 17 não precisavam de português já que "tinham uma língua nativa comum, o quimbundo", falta saber que língua usavam para comunicarem com pessoas que não eram originárias da África Central.

Uma possível resposta a essa pergunta pode ser encontrada na carta de Freire de 1678, onde se diz que os habitantes de Palmares falavam "uma língua completamente diferente", que às vezes se parecia a línguas africanas, às vezes ao português e até ao tupi, mas que era "diferente de todas essas", o que convenceu Freitas (1984, p. 41-42) de que em Palmares se estava a formar uma língua mista na qual o componente africano teve um papel decisivo, mas que incorporou igualmente elementos do português e do tupi.

Outra característica intrigante de Palmares era sua religião. Contradizendo o pressuposto de que o catolicismo foi forçado a todos os africanos e funcionou apenas como um verniz sob o qual sobreviveram suas crenças africanas indígenas, fontes holandesas e portuguesas apontam que os negros em Palmares ergueram uma igreja e que havia numerosas imagens de santos católicos no quilombo (Nieuhof, 1682, p. 14; Baerle, 2011, p. 236). A referência de Francisco de Brito de que os habitantes de Palmares seguiram o rito católico, embora de maneira diferente, aponta para a existência de uma religião afrocatólica sincrética, semelhante à que existia no Reino de Congo e no Noroeste de Angola (Gomes, 2010, p. 170). Os documentos também revelam que escolheram "um dos mais ladinos, a quem veneram como pároco, que os batiza e os casa" (Gomes, 2010, p. 222). O papel privilegiado desse ladino poderia ser interpretado como um sinal de que, embora o português não fosse amplamente falado no assentamento, tinha considerável prestígio devido à sua conexão com o catolicismo. Isso corresponde à observação de Thornton (1998, p. 17) de que "o Cristianismo distinguiu os Congoleses dos seus vizinhos, e na visão deles os tornou superiores aos 'pagãos' do Norte e do Leste do seu Rein, mesmo aqueles povos que falavam dialetos da mesma língua quiconga". Couto (1999, p. 184-85) também destaca a abundância de nomes de batismo católico-ibéricos entre os habitantes de Palmares (Lucrécia, Matias, Magdalena etc.) e acredita que no quilombo uma forma pidginizada do português se estava formando. É, de fato, possível que a religião católica tenha desempenhado um papel importante na disseminação gradual das línguas ibéricas entre escravos da África Central nas Américas. Para muitos deles, um batismo católico e conhecimento da língua portuguesa pode ter sido um elemento de distinção, uma prova de que não se era um "boçal primitivo", mas antes um "ladino civilizado". A observação de Neto (1950, p. 38) de que escravos africanos no Brasil muitas vezes encorajaram os jesuítas a falar português com eles porque eles estavam ansiosos para aprender essa língua poderia, como tal, não apenas ser explicada com referência a uma vantagem prática de se conhecer a língua do colonizador, mas também a um possível prestígio social.[12] Como exemplo dessa atitude, poderíamos citar o caso de Pedro Angola, que, quando solicitado a fazer um juramento em La Asunción, na ilha de Margarita, em 1626, orgulhosamente insistiu em fazê-lo em espanhol, porque "ele era cristão e meio ladino" (Wright, 1934, I, p. 53).[13]

Embora o quimbundo e outras línguas indígenas africanas ainda possam ter sido amplamente faladas no Nordeste do século 17, há indícios de que uma mudança de idioma em favor do português como língua franca de todos os grupos populacionais estava gradualmente ocorrendo. Prova de que essa mudança até afetou a indígena pode ser encontrado numa carta do reverendo Vincent Soler, na qual observou que em 1639 que "as gerações mais jovens [em Recife] falam português, enquanto seus pais só conhecem sua própria língua [indígena]" (3-4).

---

[12] Talvez isto também explique por que os angolanos e congoleses na Nova Holanda era conhecidos pelos seus nomes ibéricos originais e não as formas indígenas desses nomes, como Fusu em vez de Afonso, Mpételo em vez de Pedro, Andiki em vez de Henrique, ou Zabela em vez de Isabel (Martins, 1958, p. 129). Na Cidade do Cabo, nota-se que escravos oriundos de Angola e Congo se costumavam identificar com um nome ibérico enquanto escravos de outras partes do continente africano usavam nomes indígenas (Schoeman, 2007, p. 60-61).

[13] Tal tendência não é exclusiva da África Central. Foi também observada entre africanos de Cabo Verde e entre os chamados Kristóns da região de Guiné-Bissau. Mark (1999) confirma que, ainda no início do século 18, Kristóns orgulhosamente se identificavam como sujeitos do Rei de Portugal. Até hoje, escreve Kohl (2016, p. 47), Kristóns enfatizam seu papel histórico como ajudantes dos portugueses e enfatizam suas genealogias europeias e crença católica, traçando assim uma distinção entre eles e a população rural "não civilizada" (em termos religiosos e sociais). Significativamente, Jacobs (2013, p. 801) apontou que uma das prováveis razões da difusão do crioulo de Cabo Verde em Curaçao era que "muitos dos escravos falantes do crioulo de Cabo Verde eram batizados", o que aumentou "o seu prestígio perante escravos não-cristianizados de outras partes da África".

Uma indicação de que muitos indígenas e negros no Nordeste devem, de fato, ter conseguido se comunicar em um pidgin português pode ser encontrada no fato de que a Igreja Reformada no Brasil Holandês optou pela língua portuguesa em seus esforços de proselitismo. Embora nenhum deles fosse falante nativo, vários pastores e pregadores leigos eram suficientemente fluentes em português para poder pregar naquela língua. Entre eles estava o pastor espanhol Soler, um ex-frade agostiniano que se converteu ao calvinismo, que se destacou em sua dedicação à população negra. Foi principalmente graças aos seus esforços que os negros constituíam pelo menos 7% dos batismos calvinistas no Brasil holandês (Schalkwijk, 1998, p. 151; Joosse, 2008, p. 487, 507-508).

Em 1636, Soler também anunciou planos para construir um anexo à igreja a fim de atender à educação de crianças escravas batizadas (Teensma, 1999, p. 11-12). Em 1645, a Companhia nomeou Jan Perkins, um soldado que "entende o português e fala esta língua" e estava "interessado em usar essa língua para ensinar", como professor de crianças negras. Apesar desses planos nunca se concretizarem, em 1648, a Igreja Reformada do Recife ainda manifestava a esperança de que "algumas pessoas [...] pudessem ser enviadas e, depois de terem aprendido a falar a língua portuguesa, empregadas no ensino dos negros" (Mello, 2001, p. 195; Joosse, 2008, p. 461; Noorlander, 2011, p. 111-113, 205).

O fato de os holandeses em Pernambuco terem se comunicado em um pidgin português com a população local, inclusive escravos negros, convenceu Holm (1987, p. 411) que um pidgin português deve ter sido a língua dominante das plantações de cana no Nordeste desde pelo menos os inícios do século 17. Se isso foi, de fato, o caso, temos que reconhecer que é possível que alguns dos angolanos e congoleses na Nova Holanda tenham aprendido a se comunicar em um pidgin afro-português durante o tempo em que viviam no Brasil Holandês. Embora isso não prove, de forma alguma, que um pidgin afro-português foi falado na Nova Holanda, mostra que os elementos ibéricos descobertos em documentos da colônia holandesa em Manhattan não precisam necessariamente ser rastreados até ladinos de Cabo Verde ou São Tomé.

Nosso foco em pidgins afro-ibéricos na colónia holandesa não deve, contudo, omitir que o holandês também seja uma língua de importância na Nova Holanda. Rink (2001, p. 52) chega a afirmar que "o holandês acabou por substituindo o espanhol e o português como a língua dos africanos na Nova Holanda na década de 1650". Considerando que sequer sabemos ao certo se um pidgin ibérico serviu como língua franca da população negra na colônia, a afirmação de Rink é bastante ousada. Também está longe de ser certo que uma transição para o holandês já ocorreu na década de 1650, como ele sugere. Como vimos, um negro chamado Francisco solicitou Waldron para ser seu intérprete no tribunal em 1662, apesar de ter vivido por dez anos na colônia holandesa. O mesmo se aplica a Jan Angola, que provavelmente também viveu muitos anos na Nova Holanda e mesmo assim precisou da ajuda de Domingo de Neger para defender seu caso no tribunal em 1665. O papel de Domingo como intérprete, por outro lado, prova que alguns membros da comunidade negra na Nova Holanda sabiam falar holandês fluentemente. Na seção final do artigo, explorarei brevemente a teoria de Rink sobre uma transição de um pidgin de base português/espanhol para um pidgin de base holandês e farei isso prestando atenção especial ao papel da Igreja Reformada Holandesa.

7 A LÍNGUA HOLANDESA NA NOVA HOLANDA

Da mesma forma que o catolicismo desempenhou um papel na disseminação da língua portuguesa e espanhola entre os negros nas Américas, o protestantismo pode ter disseminado o uso do holandês. Registros da Igreja Reformada em Nova Amsterdã mostram que muitos negros em Manhattan se casaram na igreja e estavam ansiosos para ter seus filhos batizados. Pelo menos 56 crianças de origem africana foram batizadas (Jacobs, 2005, p. 321-18). Em pelo menos quatro desses casos, o "capitão negro" Britto foi padrinho batismal de crianças negras na Igreja Reformada, o que indica que ele, e provavelmente também o grupo que liderava, não se opôs à mudança do catolicismo (ibérico) ao protestantismo (holandês) (Purple, 1940, p. 14; Evans, 1901, 17-23, 95-111).

É possível que, similarmente ao ocorrido no Brasil holandês, os pastores reformados da Nova Holanda usassem ocasionalmente uma língua ibérica para comunicar-se com a população negra. Como vimos, Bogardus, que em Nova Amsterdã se destacou em seus esforços para trazer a comunidade negra para a Igreja Reformada, trabalhara anteriormente em África, numa região onde um pidgin português era usado como língua franca. O fato de Bogardus aceitar filhos de negros para o batismo na sua igreja não é necessariamente um reflexo de tolerância religiosa. Por trás de sua atitude pragmática, pode ter havido uma forte tendência anticatólica e anti-ibérica. Como Joosse (2008, p. 242) argumentou, o principal objetivo de Bogardus não era tanto fazer crescer a comunidade protestante na colônia com novos membros da comunidade negra mas antes o "extermínio das influências papistas". A sua ambição de destruir os elementos católicos na comunidade negra também explica por que Bogardus, semelhante a Soler no Brasil, deu uma ênfase tão forte à escolarização de crianças após o seu batismo.

Em 1636, Bogardus pediu à WIC o envio de um professor para Nova Amsterdã, a fim de "ensinar e treinar a juventude holandesa e negra no conhecimento de Jesus Cristo" e, eventualmente, tornou possível que Adam Roelantsz van Dokkum fosse nomeado para essa tarefa em 1638 (Laer, 1919, p. 48). Essa preocupação com a escolaridade parece indicar que Bogardus não tinha confiança nos pais africanos que haviam sido batizados como católicos e temia que, embora tivessem agora se juntado à Igreja Reformada, talvez não quisessem dar a seus filhos uma educação protestante. Embora as evidências, particularmente no Brasil Holandês, mostrem que a Igreja Reformada demonstrou uma atitude pragmática em relação ao uso da língua portuguesa, não deve haver dúvida que seu objetivo final foi a construção de uma comunidade eclesiástica inteiramente de língua holandesa. Isso fica evidente se acrescentarmos informações de outras colônias holandesas do século 17, como a colônia da Cidade do Cabo, onde o governador-geral Rijckloff van Goens advertiu explicitamente Jan van Riebeeck em 1649 para "tomar medidas a fim de evitar que a língua portuguesa seja introduzida aqui" (Schoeman, 2007, p. 167). No memorial que preparou para seu sucessor em 1662, Van Riebeeck orgulhosamente mencionou que todos os escravos que haviam sido batizados na Igreja Reformada estavam começando a aprender holandês e "não estavam se familiarizando com o português" (Schoeman, 2007, p. 83). Em 1677, as "crianças negras mais inteligentes" da colônia do Cabo foram enviadas à "escola holandesa". Por volta de 1685, outra escola para as crianças dos escravos foi estabelecida na Cidade do Cabo, cuja frequência era obrigatória para todas as crianças menores de 12 anos, e o professor Van Reede usava "a língua holandesa sem exceção" (Schoeman, 2007, p. 164-167). Na colônia holandesa no Ceilão (a atual Sri Lanka) do século 17, a ânsia de "abolir a língua portuguesa e apagar para sempre a memória dos nossos inimigos" era tal que os proprietários de escravos foram ordenados em 1659 a "raspar todos os cabelos de escravos e proibi-los de usar chapéus enquanto não puderem falar a língua holandesa" (Hovy; Streefkerk, 1985, p. 95). Essas referências confirmam a existência de um forte preconceito anti-ibérico na Igreja Reformada Holandesa do século 17 e mostram que a adesão à Igreja Reformada implicava a assimilação aos padrões holandeses, incluindo a adoção da língua holandesa (Oostindie, 2008, p. 9; Jacobs, 2013, p. 795-796). O uso ocasional da língua portuguesa por parte de pastores holandeses deveria, portanto, ser compreendido como uma concessão pragmática e temporária para alcançar esse objetivo maior.

Considerando a ênfase na educação na Nova Holanda, é natural que uma continuação da política batismal liberal de Bogardus tivesse estimulado os negros a adotarem o holandês como língua de comunicação com seus filhos e o uso dessa língua como língua franca na sua comunidade. Na década de 1650, porém, os senhores de escravos da Nova Holanda começaram a obstruir o batismo de crianças escravas por medo de não conseguirem mais vendê-las quando crescessem. Essa mudança de atitude coincidiu com a perda da colônia holandesa no Brasil e a adoção de uma nova política de comércio de escravos pelos diretores da WIC, que agora se concentravam principalmente no fornecimento de escravos para o mercado hispano-americano. O reconhecimento da Igreja Reformada de que sua ambição de transformar as Américas em um continente protestante havia fracassado resultou em sua transformação de uma Igreja abrangente e pragmática que tinha a ambição de substituir o catolicismo nas Américas em uma Igreja dos eleitos que colocava forte ênfase na ortodoxia (Dewulf, 2017, p. 44-47). Significativamente, o pastor Henricus Selijns rejeitou pedidos de pais escravos em Nova Holanda para batizar seus filhos em 1664 com o argumento de que eles "só buscavam a manumissão de seus filhos" (Linde, 1983, p. 230-231).

Ao contrário de Curaçao, no entanto, onde os esforços missionários da Igreja Reformada entre a população negra da ilha já acabaram pouco anos após terem começado — de modo que padres católicos da Venezuela pudessem aproveitar para virem batizar as crianças escravas, resultando numa sociedade cada vez mais segregada em termos religiosos (negros católicos / brancos protestantes e judaicos) —, na Nova Holanda esses esforços demoraram por várias décadas. Na Nova Holanda havia, portanto, uma (pequena) comunidade negra protestante (Knappert, 1934, p. 34-56; Rupert, 2012, p. 85-90; Christoph, 1991, p. 163-165). Após a tomada da colônia holandesa em Manhattan pelos ingleses em 1664, esses protestantes negros continuaram por várias gerações a se casar e batizar seus filhos na Igreja Reformada e se integraram na comunidade de língua holandesa de Nova York (Dewulf, 2015). Mesmo após a conquista inglesa, a Igreja Reformada em Manhattan continuou a usar o idioma holandês até 1764 (Goodfriend, 2012).

Um dos membros dessa pequena comunidade negra da Igreja Reformada de Nova York era Franciscus Bastiaense, filho do "Capitão" Sebastiaen de Britto e Isabel Kisana van Angola. Em idade adulta, ele se casara com Barbara Manuels, filha de Manuel de Gerrit de Reus van Angola, um dos primeiros escravos a se tornar homem livre na Nova Holanda. Os nomes dos filhos desse casal — Isabel, Daniel, Emanuel, Jacob, Magdalena, Simon, Susanna e Frans — bem como dos padrinhos batismais — Lucas van Angola, Cristina de Angola, Gysbert de Boer, Geertie Mol e Engeltje Stoutenburg — refletem uma mistura de orgulho por suas raízes culturais afro-ibéricas, bem como pela identidade holandesa e protestante que adquiriram na América do Norte. Não se sabe se essa identidade bicultural também se refletia na(s) língua(s) que eles falavam em casa e com seus amigos na igreja. Tudo o que sabemos é que, em 1691, quando sua primeira esposa falecera e ele se casou novamente com Anna Mary van Curaçao, Franciscus Bastiaense mudou seu primeiro nome. O que outrora fora o nome português Francisco e mais tarde transformara-se no nome holandês Franciscus agora se tornara Francis. No final dessa odisseia linguística, estava a língua inglesa (Purple, 1940, p. 14, 71; Evans, 1901, p. 88-162).

CONCLUSÃO

Devido à escassez de fontes, é impossível chegar a quaisquer respostas conclusivas em relação à(s) língua(s) falada(s) pela população negra na colônia de Nova Holanda em Manhattan. As referências a elementos linguísticos ibéricos podem, no entanto, contribuir para uma melhor compreensão do desenvolvimento de outras línguas crioulas em territórios com uma história colonial holandesa, incluindo o Brasil. Por exemplo, o caso da Nova Holanda indica que a influência da comunidade judaica sefardita no desenvolvimento de línguas crioulas como o papiamentu e o saramacano pode ter sido menor do que se tem pensado no passado. O caso da Nova Holanda reforça, de fato, a teoria de Jacobs (2012) de que o papiamentu não se originou junto de escravos pertencentes a famílias judaicas de língua portuguesa, mas de cabo-verdianos escravizados que já falavam um crioulo de base portuguesa quando chegaram a Curaçao. Embora não haja dúvidas de que o português falado em plantações pertencentes a judeus sefarditas no Suriname desempenhou um papel importante na formação do saramacano, o caso da Nova Holanda presta crédito à suposição de Price (1976, p. 38) de que "a influência portuguesa no saramacano vem tanto do Velho como do Novo Mundo" (ou seja, tanto da África como das Américas) e à teoria de Jacobs e Quint (2016) de que algumas características de origem portuguesa no saramacano só podem ser explicadas com referência à influência portuguesa na África.

O caso da Nova Holanda também sugere mais cautela em explicar a presença de palavras de origem espanhola ou portuguesa em Negerhollands, a língua crioula de origem holandesa que antigamente era falada nas Índias Ocidentais Dinamarquesas. Stein (1996, p. 23) e Van Rossem e Van der Voort (1996, p. 22) explicaram a existência de palavras como *geera* [guerra], *hodio* [judeu], *kabrit* [cabrito], *paschenschia* [paciência], *kabaa* [acabar] e *moeschi* [muito] com referência ao papiamentu, sugerindo que foram levadas às ilhas por escravos oriundos de Curaçao. Embora eu não queira rejeitar essa hipótese, vimos que, na mesma época, palavras semelhantes também existiram na Nova Holanda, onde a população escrava se caracterizava por uma heterogeneidade tão extrema que não permita uma só explicação quanto à sua origem. Se compararmos o caso das Ilhas Virgens Dinamarquesas com o caso da Nova Holanda, não podemos excluir a possibilidade de influência do papiamentu, mas também devemos considerar a influência da língua portuguesa na África e o fato de que muitos escravos em colónias holandesas nas Américas passaram pelo Brasil Holandês. Na Nova Holanda, até encontramos negros oriundos da Península Ibérica, o que indica que alguns deles podem ter sido tripulantes negros (livres) em navios ibéricos que foram capturados por corsários.

Mais importante do que tudo isso, porém, é que o caso da Nova Holanda nos mostra que a influência ibérica na cultura, língua e identidade negras nas Américas não se limitou à esfera da América Latina e do Caribe. Essa influência também existia na América do Norte.

REFERÊNCIAS

BAERLE, Caspar van. **The history of Brazil under the governorship of Count Johan Maurits of Nassau, 1636-1644.** Ed. Blanche T. van Berckel-Ebeling Koning. Gainesville: University Press of Florida, 2011.

ESTUDOS SOCIOLINGUÍSTICOS E O CONTATO LINGUÍSTICO ENTRE LÍNGUAS
MINORITÁRIAS NO CONTEXTO BRASILEIRO

BALAI, Leo. **Geschiedenis van de Amsterdamse slavenhandel**: over de belangen van Amsterdamse regenten bij de trans-Atlantische slavenhandel. Zutphen: Walburg Pers, 2013.

BIET, Antoine. **Voyage de la France Equinoxale en l'Isle de Cayenne entrepris par les François en l'année 1652**. Paris: Clouzier, 1664.

BILLINGS, Warren M. (ed.). **The Old Dominion in the seventeenth century**: a documentary history of Virginia, 1606-1700. Chapel Hill: University of North Carolina Press, 2007.

BONVINI, Emilio. Línguas africanas e português falado no Brasil. *In:* FIORIN, José L.; PETTER, Margarida (ed.). África no Brasil: a formação da língua portuguesa. São Paulo: Contexto, 2008. p. 15-62.

BREEN, T. H.; INNES, Stephen. **'Myne owne ground'**: Race and freedom on Virginia's Eastern Shore, 1640-1676. New York: Oxford University Press, 1980.

BRUN, Samuel [1624]. **Schiffarten in etliche newe Länder und Insulen**. Ed. Walter Hirschberg. Graz: Akademische Druck- und Verlagsanstalt, 1969.

BRÜSER, Martina; SANTOS, André dos Reis. **Dicionário do crioulo da Ilha de Santiago (Cabo Verde)**. Tübingen: G. Narr, 2002.

CALADO, Manoel [1648]. **O valeroso lucideno e triunfo da liberdade**. Ed. Leonardo Dantas Silva. Recife: CEPE, 2004. 2 vols.

CANNECATIM, Bernardo Maria de [1805]. **Collecção de observações grammaticaes sobre a língua bunda ou angolense e diccionário abreviado da língua congueza**. Lisbon: Imprensa Nacional, 1859.

COUTO, Hildo Honório do. The question of (prior) creolization in Brazil. *In:* HUBER, Magnus; PARKVALL, Mikael (ed.). **Spreading the word**: the issue of diffusion among the Atlantic creoles. London: University of Westminster Press, 1999. p. 177-194.

CUVELIER, Jean; JADIN, Louis. **L'Ancien Congo d'après les archives romaines, 1518-1640**. Brussels: Académie Royale des Sciences Coloniales, 1954.

DANKERS, Jasper; SLUYTER, Peter. **Journal of a voyage to New York and a tour in several of the American colonies in 1679-80**. Ed. Henry Murphy. Brooklyn, NY: Long Island Historical Society, 1867.

DEAL, J. Douglas. **Race and class in colonial Virginia**: Indians, Englishmen, and Africans on the Eastern Shore during the seventeenth century. New York: Garland Publishing, 1993.

DEWULF, Jeroen. 'A strong barbaric accent': America's Dutch-speaking black community from seventeenth-century New Netherland to nineteenth-century New York and New Jersey. **American Speech**: a Quarterly of Linguistic Usage, v. 90, n. 2, p. 131-153, 2015.

DEWULF, Jeroen. **The Pinkster king and the king of Kongo**: The forgotten history of America's Dutch-owned slaves. Jackson: University of Mississippi Press, 2017.

DONNAN, Elizabeth (ed.). **Documents illustrative of the history of the slave trade**. Washington, DC: Carnegie Institute, 1930-35. 4 v.

EEKHOF, Albert. **De hervormde kerk in Noord-Amerika (1624-1664)**. The Hague: M. Nijhoff, 1913. 2 v.

EVANS, Thomas G. (ed.). **Records of the Reformed Dutch Church in New Amsterdam and New York**: Baptisms from 25 December, 1639, to 27 December 1730. New York: Clearfield Co., 1901.

FARIA, F. Leite de. Frei João de Santiago e a sua relação sobre os capuchinhos no Congo. **Portugal em África**, p. 316-333, sept. /oct. 1953.

FERNOW, Berthold (ed.). **The records of New Amsterdam from 1653 to 1674.** New York: The Knickerbocker Press, 1897. 7 v.

FIORIN, José L.; PETTER, Margarida (ed.). África no Brasil: a formação da língua portuguesa. São Paulo: Contexto, 2008.

FREITAS, Décio. **Palmares**: a guerra dos escravos. Porto Alegre: Mercado Aberto, 1984.

GEHRING, Charles T. (ed.). **New York historical manuscripts**: Dutch. Volumes GG, HH & II; Land papers. Baltimore, MD: Genealogical Pub. Co., 1980.

GEHRING, Charles T. (ed.). **New York historical manuscripts**: Dutch. Council minutes 1655-1656. Syracuse, NY: Syracuse University Press, 1995.

GEHRING, Charles T. (ed.). **New York historical manuscripts**: Dutch. Correspondence 1647-1653. Syracuse, NY: Syracuse University Press, 2000.

GEHRING, Charles T. (ed.). **New York historical manuscripts**: Dutch. Correspondence 1654-1658. Syracuse, NY: Syracuse University Press, 2003.

GEHRING, Charles T.; SCHILTKAMP, J. A. (ed.). **New York historical manuscripts:** Dutch. Curaçao papers 1640-1665. Interlaken, NY: Heart of the Lakes Publishing, 1987.

GEHRING, Charles T.; VENEMA, Janny (ed.). **Council minutes, 1656-1658.** Syracuse, NY: Syracuse University Press, 2018.

GILBERT, Glenn (ed.). **Pidgin and creole languages.** Honolulu: University of Hawaii Press, p. 361-405.

GOMES, Flávio. **Mocambos de Palmares:** História e fontes séc. XVI-XIX. Rio de Janeiro: 7Letras, 2010.

GOODFRIEND, Joyce D. **Archibald Laidlie (1727–1779):** The Scot who revitalized New York City's Dutch Reformed Church. In Leon van den Broeke, Hans Krabbendam & Dirk Mouw (eds.), Transatlantic pieties: Dutch clergy in colonial America, 239–57. Grand Rapids, MI: William B. Eerdmans Publishing Company, 2012. p. 239-257.

GOODMAN, Morris. 1987. **The Portuguese element in the American creoles.** In Glenn G. Gilbert (ed.), Pidgin and creole languages, 361–405. Honolulu: University of Hawaii Press, 1987.

GUTHRIE, Malcolm. **Comparative Bantu:** An introduction to the comparative linguistics and prehistory of the Bantu languages. Farnborough: Gregg, 1967-71.

HASTINGS, Hugh; EDWARD, T. Corwin (ed.). **Ecclesiastical records, State of New York.** Albany, NY: The State Historian, 1901-1916. 7 v.

HEYWOOD, Linda M.; THORNTON, John. **Central Africans, Atlantic creoles, and the foundation of the Americas, 1585-1660.** Cambridge: Cambridge University Press, 2007.

HOLM, John. **Creole influence on popular Brazilian Portuguese.** *In:* GILBERT, Glenn (ed.). Pidgin and creole languages: essays in memory of John E. Reinecke, 406-430. Honolulu: University of Hawaii Press, 1987.

HOLM, John. **Pidgins and creoles.** Cambridge: Cambridge University Press, 1989. 2 v.

HOVY, L.; STREEFKERK, C. **Zoo is 't dat wij daarin ander willende voorzien:** Prolegomena voor een Ceylonees plakkaatboek. Amsterdam: VU, 1985.

JACOBS, Bart; QUINT, Nicolas. On the relevance of classical Portuguese features in four Atlantic creoles. *In:* SCHWEGLER, Armin; STROEBEL, Liane; McWHOR-

TER, John (ed.). **The Iberian challenge:** Creoles beyond the plantation setting. Frankfurt a.M.: Vervuert/Iberoamericana, 2016. p. 67-83.

JACOBS, Jaap. **New Netherland:** a Dutch colony in seventeenth-century America. Leiden: Brill, 2005.

JADIN, Louis. 1963. Aperçu de la situation du Congo et rite d'élection des rois en 1775, d'après le P. Cherubino da Savona, missionaire au Congo de 1759 à 1774. **Bulletin de l'Institut Historique Belge de Rome XXXV.** p. 347-419.

JOOSSE, Jan L. **Geloof in de Nieuwe Wereld:** Ontmoeting met Afrikanen en Indianen 1600-1700. Kampen: Kok, 2008.

KNAPPERT, L. De eerste honderd jaren der Protestantische gemeente op Curaçao. *In:* EUWENS, P. A. (ed.). **Gedenkboek Nederland-Curaçao 1634-1934.** Amsterdam: J. H. de Bussy, 1934. p. 34-56.

KOHL, Christoph. Luso-creole culture and identity compared: The cases of Guinea-Bissau and Sri Lanka. *In:* KNÖRR, Jacqueline; KOHL, Christoph (ed.). **The Upper Guinea coast in global perspective.** New York: Bergbahn, 2016. p. 40-57.

KOLB, Peter [1719]. **The present state of the Cape.** London: Johnson Reprint Company, 1968. 2 v.

LAER, Arnold J. F. van (ed.). **Van Rensselaer-Bowier manuscripts.** Albany: University of the State of New York, 1908.

LAER, Arnold J. F. van (ed.). Letters of Wouter van Twiller and the Director General and Council of New Netherland to the Amsterdam Chamber of the Dutch West India Company (August 14, 1636). **Quarterly Journal of the New York State Historical Association,** New York, v. 1, n. 10, p. 44-50, 1919.

LAER, Arnold J. F. van (ed.). **New York historical manuscripts:** Dutch. Baltimore, MD: Genealogical Publishing Co., 1974. 4 v.

LAET, Johannes De [1644]. **Iaerlyck verhael van de verrichtingen der Geocroyeerde West-Indische Compagnie.** Eds. S.P. L'Honoré Naber & J.C.M. Warnsinck. The Hague: M. Nijhoff, 1931-37. 4 v.

LAW, Robin; LOVEJOY, Paul E. (ed.). [1854]. **The biography of Mahommah Gardo Baquaqua:** His passage from slavery to freedom in Africa and America. Princeton, NJ: Markus Wiener Publishers, 2001.

LINDE, A.P.G.J. van der (ed.). **Old First Dutch Reformed Church of Brooklyn, New York:** first book of records, 1660-1752. Baltimore: Genealogical Publishing Company, 1983.

LIPSKI, John M. **A history of Afro-Hispanic language:** Five centuries, Five continents. Cambridge, UK: Cambridge University Press, 2005.

LOCKHART, James; SCHWARTZ, Stuart B. **Early Latin America**. Cambridge, UK: Cambridge University Press, 1983.

LUCCHESI, Dante. Africanos, crioulos e a língua portuguesa. *In:* LIMA, Ivana Stolze; CARMO, Laura do (ed.). **História social da língua nacional**. Rio de Janeiro: Casa de Rui Barbosa, 2008. p. 151-180.

MARK, Peter. The evolution of 'Portuguese' identity: Luso-Africans on the Upper Guinea coast from the sixteenth to the early nineteenth century. **Journal of African History**, v. 40, p. 173-191, 1999.

MARTIN, Phyllis M. **The external trade of the Loango Coast 1576-1870:** The effects of changing commercial relations on the Vili kingdom of Loango. Oxford: Clarendon Press, 1972.

MARTINS, Manuel Alfredo de Morais. **Contacto de culturas no Congo português.** Lisboa: Estudos de Ciências Políticas e Sociais, 1958.

MELLO, José Antonio Gonsalves de [1941]. **Nederlanders in Brazilië (1624-1654):** De invloed van de Hollandse bezetting op het leven en de cultuur in Noord-Brazilië. Ed. B. N. Teensma e G. N. Visser. Zutphen: Walburg Pers, 2001.

MENTZEL, Otto F. [1785-1787]. **A complete and authentic geographical and Topographical description of the famous and (all things considered) remarkable African Cape of Good Hope**. Cape Town: Van Riebeeck Society, 1921-1944. 3 v.

NIEUHOF, Johan. **Gedenkweerdige Brasiliaense zee- en lantreize**. Amsterdam: Weduwe van Jacob van Meurs, 1682.

NOORLANDER, Daniel. **Serving God and Mammon:** The Reformed Church and the Dutch West India Company in the Atlantic World, 1621-1674. Washington, DC: Georgetown University dissertation, 2011.

O'CALLAGHAN, Edmund B. (ed.). **Voyages of the slavers St. John and Arms of Amsterdam**. Albany, NY: Munsell, 1867.

O'CALLAGHAN, Edmund B. (ed.). **Laws and ordinances of New Netherland, 1638-1674.** Albany, NY: Weed, Parsons & Company, 1868.

O'CALLAGHAN, Edmund B. (ed.). **Register of Salomon Lachaire:** Notary public of New Amsterdam, 1661-1662. Baltimore, MD: Genealogical Pub. Co., 1978.

O'CALLAGHAN, Edmund B.; FERNOW, Berthold; BRODHEAD, John R. (ed.). **Documents relative to the colonial history of the State of New York**. Albany, NY: Weed, Parsons & Company, 1853-1887. 15 v.

OOSTINDIE, Gert. Migration and its legacies in the Dutch colonial world. *In:* OOSTINDIE, Gert (ed.). **Dutch colonialism, migration and cultural heritage.** Leiden: KITLV Press, 2008. p. 1-23.

OPPENHEIM, Samuel. **The early history of the Jews in New York, 1654-1664.** New York: American Jewish Historical Society, 1909.

PERL, Matthias. Introduction. *In:* PERL, Matthias; SCHWEGLER, Armin (ed.). **América Negra:** Panorámica actual de lose studios lingüísticos sobre variedades hispanas, portuguesas y criollas. Frankfurt A. M.: Vervuert, 1998. p. 1-24.

PONTE, Mark. An Afro-Dutch community in seventeenth century Amsterdam. **Voetnoot.org**, 15 march 2018.

PRICE, Richard. **The Guiana maroons:** A historical and bibliographical introduction. Baltimore: The Johns Hopkins University Press, 1976.

PURPLE, Samuel S. (ed.) [1890]. **Marriages from 1639 to 1801 in the Reformed Dutch Church, New Amsterdam, New York City**. New York: Genealogical and Biographical Society, 1940.

RANDLES, William G. L. **L'ancien royaume du Congo des origines à la fin du XIXe siècle**. Paris: Mouton, 1968.

RATELBAND, Klaas (ed.). **Reizen naar West-Afrika van Pieter van den Broecke, 1605-1614**. The Hague: M. Nijhoff, 1950.

RATELBAND, Klaas (ed.). **Vijf dagregisters van het kasteel São Jorge da Mina (Elmina) aan de Goudkust, 1645-1647**. The Hague: M. Nijhoff, 1953.

RATELBAND, Klaas. **Nederlanders in West-Afrika 1600-1650:** Angola, Kongo en São Tomé. Ed. René Baesjou. Zutphen: Walburg Pers, 2000.

RICHSHOFFER, Ambrosius. **Reise nach Brasilien 1629-1632**. Ed. S.P. L'Honoré Naber. The Hague: M. Nijhoff, 1930.

RINK, Oliver A. Before the English (1609-1664). *In:* KLEIN, Milton M. (ed.). **The Empire State**: a history of New York. Ithaca, NY: Cornell University Press, 2001. p. 3-112.

ROSA, Maria Carlota. **Uma língua africana no Brasil colônia de seiscentos**: o quimbundo ou língua de Angola na Arte de Pedro Dias, S.J. Rio de Janeiro: 7Letras, 2013.

ROSSEM, Cefas van; VOORT, Hein van der (ed.). **Die creol taal**: 250 Years of Negerhollands texts. Amsterdam: Amsterdam University Press, 1996.

ROUGÉ, Jean-Louis. **Petit dictionnaire etymologique du kriol de Guinée-Bissau et Casamance**. Bissau: Inep, 1988.

RUPERT, Linda. **Creolization and contraband**: Curaçao in the early modern Atlantic World. Athens: The University of Georgia Press, 2012.

SAIGNES, Miguel Acosta. **Vida de los esclavos negros en Venezuela**. Habana: Casa de las Americas, 1978.

SCHALKWIJK, Frans L. **The Reformed Church in Dutch Brazil, 1630-1654**. Zoetermeer: Boekencentrum, 1998.

SCHOEMAN, Karel. **Early slavery at the Cape of Good Hope, 1652-1717**. Pretoria: Protea, 2007.

SCHWARTZ, Stuart B.; WILLIS, Clive (ed.). **Early Brazil**: A documentary collection to 1700. Cambridge, UK: Cambridge University Press, 2010.

SILVA, Daniel Barros Domingues da; ELTIS, David. The slave trade to Pernambuco, 1561-1851. *In:* ELTIS, David; RICHARDSON, David (ed.). **Extending the frontiers**: Essays on the new transatlantic slave trade database. New Haven: Yale University Press, 2008. p. 95-129.

SILVA NETO, Serafim da. **Introdução ao estudo de língua portuguêsa no Brasil**. Rio de Janeiro: Imprensa Nacional, 1950.

SIMIONETTI, Giuseppe. P. Giacinto Brugiotti da Vetralla e la sua missione al Congo (1651-1657). **Bollettino della Società Geografica Italiana**, v. VIII, n. 4, p. 305-22; n. 5, p. 369-81, 1907.

SLENES, Robert W. 'Malungu, ngama vem!': África coberta e descoberta do Brasil. **Revista USP**, v. 12, p. 48-67, 1992.

SMITH, Mark M. (ed.). **Stono**: Documenting and interpreting a Southern slave revolt. Columbia: University of South Carolina Press, 2005.

SOLER, Vincent J. **Cort ende sonderlingh verhael van eenen brief van Monsieur Soler**. Amsterdam: Boudewijn de Preys, 1639.

SOLER, Vincent J. **Dutch Brazil**: Vincent Joachim Soler's seventeen letters 1636-1643. Ed. B. N. Teensma. Rio de Janeiro: Editora Index, 1999.

STEIN, Peter Stein (ed.). **Christian Georg Andreas Oldendorp**: Criolisches Wörterbuch – Erster zu vermehrender und wo nöthig zu verbesserender Versuch [1767/1768]. Tübingen: Max Niemeyer, 1996.

STOKES, Isaac N. P. (ed.). **The iconography of Manhattan Island, 1498-1909**. New York: Robert H. Dodd, 1922. 6 v.

THORNTON, John K. **Africa and Africans in the making of the Atlantic World, 1400-1680**. Cambridge, UK: Cambridge University Press, 1992.

THORNTON, John K. **The Kongolese Saint Anthony**: Dona Beatriz Kimpa Vita and the Antonian movement, 1684-1706. Cambridge, UK: Cambridge University Press, 1998.

THORNTON, John K. Afro-Christia syncretism in the kingdom of Kongo. **Journal of African History**, v. 34, p. 53-77, 2013.

WÄTJEN, Hermann. **Das holländische Kolonialreich in Brasilien**. The Hague: M. Nijhoff, 1921.

WHEAT, David. **Atlantic Africa and the Spanish Caribbean, 1570-1640**. Chapel Hill: Univ. of North Carolina Press, 2016.

WIESEBRON, Marianne L. (ed.). **Brazilië in Nederlandse archieven (1624-1654)**: Oude West Indische Compagnie. Leiden University Press, 2013.

WOLFF, Egon; WOLFF, Frieda. **A Odisséia dos Judeus de Recife**. São Paulo: Centro de Estudos Judaicos, 1979.

WRIGHT, Irene A. (ed.). **Nederlandsche zeevaarders op de eilanden in de Caraïbische zee en aan de kust van Columbia en Venezuela gedurende de jaren 1621-1648**. Utrecht: Kemink en Zoon, 1934. 2 v.

VARIAÇÃO LINGUÍSTICA E CONDICIONAMENTO SOCIAIS NAS COMUNIDADES AFRO-BRASILEIRAS DO RIO GRANDE DO SUL[14]

Antonio Carlos Santana de Souza

INTRODUÇÃO

As pesquisas e enfoques na área de **Sociolinguística e Dialetologia** têm como foco central o estudo da relação entre o uso da língua falada e o contexto social. A correlação entre esses dois eixos — linguístico e extralinguístico — em situações de contatos linguísticos e de plurilinguismo envolvendo línguas minoritárias em contato com o português, no entanto, só nos últimos anos, a partir das políticas de fomento da diversidade linguística, vem ganhando um impulso mais significativo (cf. Mello; Altenhofen; Raso, 2011; Altenhofen, 2013a).

Segundo essa perspectiva, o português afro-brasileiro guarda uma especificidade no universo mais amplo do português popular rural brasileiro (ou, mais precisamente, norma popular rural do português brasileiro), não apenas pelas características sócio-históricas próprias às comunidades em que ele é falado, mas, sobretudo, pelas características linguísticas que o distinguiriam das demais variedades do português popular do Brasil (ou melhor, da norma popular brasileira)[15] (Lucchesi; Baxter; Ribeiro, 2009, p. 32).

---

[14] Baseada na tese de doutoramento de: SOUZA, Antonio Carlos Santana de. **Africanidade e contemporaneidade do português de comunidades afro-brasileiras no Rio Grande do Sul**. 2015. Tese (Doutorado em Estudos da Linguagem) – Universidade Federal do Rio Grande do Sul, Porto Alegre, 2015. Disponível em: http://hdl.handle.net/10183/122568. Acesso em: 8 ago 2018.

[15] A etnolinguista Yeda Pessoa de Castro alerta para a "falta de dados" no tocante às línguas de origem afro-brasileira, em que a carência de informações e registros ainda é maior. Sistemas lexicais de diferentes línguas africanas, segundo Yeda, foram preservados pelas religiões afro-brasileiras como marca litúrgica. Mas, de acordo com a pesquisadora, nenhuma língua original da África continua sendo falada no País, nem em comunidades de remanescentes de "quilombos". A pesquisadora observa que as cerca de 500 línguas faladas pelo grupo Banto na região central e sul da África foram as que mais influenciaram o português do Brasil; mas, para ela, as línguas africanas no Brasil foram historicamente "desprezadas". "Quais universidades se dedicam a pesquisas?", questiona. "São vistas como línguas que nem faladas eram. Parece que os 4 milhões de africanos trazidos para cá eram mudos." Disponível em: http://www.ufcg.edu.br/prt_ufcg/assessoria_imprensa/mostra_noticia.php?codigo=7131. Acesso em: 8 ago. 2018.

Seguindo esse mesmo ponto de vista linguístico, Lucchesi, Baxter e Ribeiro (2009, p. 31-33) centram seu trabalho no caráter pluriétnico do Brasil, dando especial atenção às comunidades rurais afro-brasileiras isoladas, ampliando o conhecimento sistemático acerca da realidade linguística desses grupos e comunidades, para eles falantes do que denominam de *português afro-brasileiro*. A definição desse conceito fundamenta-se não em parâmetros étnicos, mas em parâmetros sócio-históricos. Não se reconhece no Brasil uma fronteira linguística determinada por fatores étnicos, como ocorre, por exemplo, nos EUA, onde o chamado *Black English* constitui uma variedade específica do inglês empregada pelos afro-americanos. Mas o português afro-brasileiro não é o português empregado pelos afro-brasileiros em geral. Muitos praticam a **norma culta brasileira ou** a **norma popular urbana**, ou **rurbana**.

O **português afro-brasileiro** designa, assim, uma variedade constituída pelos padrões de comportamento linguístico de comunidades afro-brasileiras. Fica a pergunta se o seu conceito é aplicável da mesma maneira e sentido a comunidades do Rio Grande do Sul (RS), onde é sabido atuarem variáveis extralinguísticas, tais como imigração, charqueada e campo, sobre as quais carecemos de mais estudos linguísticos. A maioria dos estudos sobre os afrodescendentes é de ordem antropológica e histórica (v. Laytanno, 1936, 1942; Maestri, 1979, 1984; Moreira, 2003). Nessas comunidades de fala, ainda permanecem os reflexos dos processos de variação e mudança induzidos pelo contato entre línguas que marcaram a origem histórica no interior do país.

Algumas, porém, foram adquirindo forçosamente, em seu processo de integração, os padrões urbanos de maior valor simbólico, dando origem ao indivíduo **rurbano** (Altenhofen, 2006) marcado por seu caráter híbrido. Nesse contexto, as comunidades afro-brasileiras constituem um espaço único para a pesquisa em linguística sócio-histórica que visa a rastrear os reflexos do contato entre línguas na estrutura gramatical das variedades atuais do português brasileiro. Ao reunir essas características, essas comunidades de fala ocupariam um papel específico no cenário das variedades do português do RS. Essa especificidade seria atestada com a identificação nelas de processos de variação que estariam ausentes em outras comunidades de fala.

Por outro lado, considerando que muitos processos de variação e mudança induzidos pelo contato se alastraram para todas as variedades do português no Brasil, inclusive a sua norma culta, é de se esperar que esses processos se apresentem com um maior nível de intensidade nessas comunidades afro-brasileiras, mesmo em face das demais comunidades do entorno[16].

A partir dos questionamentos que colocam frente a frente o português brasileiro e as especificidades de um português afro-brasileiro, busco, de maneira suscinta neste texto, analisar e interpretar, por meio do modelo pluridimensional e relacional, a manutenção e perda de marcas de africanidade no português falado por afro-brasileiros representantes da GII, mais idosos, e da GI, mais jovens (dimensão diageracional), homens e mulheres (dimensão diassexual), de sete comunidades afro-brasileiras situadas em diferentes regiões do RS (dimensão diatópica). Com isso, coloco no centro da pauta da pesquisa os afro-brasileiros e seu comportamento linguístico atual, bem como o contato intervarietal (entre variedades do português) e interlingual (entre línguas distintas, em contexto de multilinguismo).

O Grupo de Trabalho da Diversidade Linguística (GTDL) dispôs como base para o INDL um leque de seis categorias de línguas, buscando demarcar especificidades e controlar parâmetros de análise e comparação entre um estudo e outro. É o caso da **"língua de comunidade afro-brasileira:**

> O desaparecimento das línguas africanas no Brasil, o maior pólo escravocrata do mundo na era moderna, relaciona-se com a eliminação física dos próprios escravos, sua vida relativamente curta nas cruéis condições das fazendas, a dificuldade que tiveram em se estabelecer como comunidades e de constituir famílias. Relaciona-se também com a sua desvalorização, por parte dos segmentos do governo e da sociedade, de tudo o que se relacionava com a cultura dos escravos. Apesar disso, os quilombos nos dão mostras de grande vitalidade e originalidade linguísticas, ainda muito pouco estudadas, e que chamaremos nesse documento de *línguas de comunidades afro-brasileiras* (Grupo de Trabalho da Diversidade Linguística do Brasil (GTDL) - Relatório de Atividades (2006/2007), p. 4, grifo nossos).

A investigação acerca das línguas africanas é ciência recente; muito se baseou nos estudos de Nina Rodrigues, Jacques Raimundo e Artur Ramos, dentre outros. Esta pesquisa configura-se em mais um esforço para integrar os estudos de línguas africanas e seu contato com a língua portuguesa no Brasil e seu reflexo sobre a língua falada atualmente por

---

[16] Dados do ALERS.

afro-brasileiros (Pessoa de Castro, 1990; Vogt; Fry, 1996; Careno, 1997; Petter, 2001, 2002; Fiorin; Petter, 2009; Lucchesi; Baxter; Ribeiro, 2009). As pesquisas anteriormente realizadas por linguistas estrangeiros também contribuíram significativamente para aprofundar o conhecimento da verdadeira extensão da participação da África na formação da língua portuguesa no Brasil (Jeroslow, 1975; Guy, 1981, 1989; Baxter, 1992, 1995; Naro; Scherre, 1993; Bonvini, 2002, 2009).

Muito tempo se passou desde que Amaral (1976 [1920]) chamou a atenção para a questão da carência de trabalhos de descrição do português falado no Brasil e ainda hoje, apesar do grande número de trabalhos publicados durante o século passado e o transcorrer deste século, não se pode dizer que as variedades linguísticas existentes em nosso país sejam conhecidas, ou seja, ainda não se pode dizer em que consiste realmente o português do Brasil, em toda sua extensão e multiplicidade.

Se em todo o território nacional há vários tipos de empecilhos que dificultam a execução de trabalhos de descrição linguística, a escassez dessas pesquisas é ainda mais acentuada nas regiões do interior do país, como é o caso do Rio Grande do Sul, cuja extensão territorial é um dos obstáculos que impede que seja conhecida e divulgada sua imensa diversidade cultural e linguística, diversidade essa que decorre da característica *sui generis* referente à formação da população gaúcha.

A história da população afro-brasileira no RS se confunde com a história de formação e integração/incorporação do território, mais tarde estado, ao Brasil. Quando da fundação de Laguna, Santa Catarina, em 1686, para servir de ponto de apoio à Colônia de Sacramento, começa a exploração do afrodescendente na região. Esses escravizados começaram a ser levados em maior número ao estado do Rio Grande do Sul a partir do final do século 18, com o desenvolvimento das charqueadas, e chegaram a representar metade da população rio-grandense em 1822. O RS chegou a ser o segundo estado brasileiro em número de escravizados na primeira metade do século 19, perdendo apenas para a Bahia. Todavia grande parte dessa população afro-gaúcha iria morrer durante a Guerra do Paraguai e a Revolução Farroupilha, chegando a cair de 50% em 1822, para 25% do total da população da província em 1858 (Laytanno, 1936, 1942; Maestri, 1979, 1984). Outro fator importante para a diminuição da participação dos afrodescendentes na população gaúcha, durante o século 19, foi o tráfico interno. Com o bloqueio inglês do tráfico negreiro no Oceano Atlântico, foi natural a transferência de escravizados de estados com economias que não necessitavam de muita mão de obra, como a gaúcha, para estados cafeeiros, como São Paulo e Rio de Janeiro (Cardoso, 2003; Moreira, 2003). Hoje, os afro-brasileiros representam cerca de 9% da população gaúcha (por volta de 970 mil pessoas, IBGE, 2010), a maior parte concentrando-se em cidades médias e grandes, principalmente na Grande Porto Alegre e região de Pelotas; e uma grande parcela significativa nas comunidades afro-brasileiras espalhadas pelo estado.

Os grupos que hoje são considerados remanescentes de comunidades de quilombos se constituíram a partir de uma grande diversidade de processos, que incluem as fugas com ocupação de terras livres e, geralmente isoladas, mas também as heranças, doações, recebimento de terras como pagamento de serviços prestados ao Estado, simples permanência nas terras que ocupavam e cultivavam no interior das grandes propriedades, bem como a compra de terras, tanto durante a vigência do sistema escravagista quanto após a sua extinção.

A condição de "remanescente de quilombo" é definida de forma ampla e enfatiza os elementos "identidade" e "território". Com efeito, o termo em questão indica "a situação presente dos segmentos afro-brasileiros em diferentes regiões e contextos e é utilizado para designar um legado, uma herança cultural e material que lhe confere uma referência presencial no sentimento de ser e pertencer a um lugar específico" (Garcia, 1997, p. 47).

As comunidades de fala escolhidas para investigação linguística são até certo ponto desconhecidas pela comunidade acadêmica em geral, são compostas de descendentes de escravizados e herdeiros do relacionamento de donos das antigas fazendas com mulheres escravizadas. Participaram da pesquisa as seguintes comunidades localizadas no estado do RS, previamente identificadas também no trabalho de Rubert (2009, p. 170-173):

1. *Região do Litoral/Lagunas:* RS01 – Morro Alto (Osório);

2. *Região Metropolitana:* RS02 – Família Fidelix (Porto Alegre);

3. *Região das Antigas Charqueadas* – RS03 Maçambique (Canguçu);

4. *Região dos Pampas:* RS04 – Palmas (Bagé);

5. *Região da Depressão Central:* RS05 – Cerro Formigueiro (Formigueiro);

6. *Serrana/Imigração:* RS06 – São Roque (Arroio do Meio);

7. ***Região das Missões:*** RS07 – Comunidade Quilombola Correa (Giruá).

Figura 1 – Mapa do estado do Rio Grande do Sul dividido em regiões

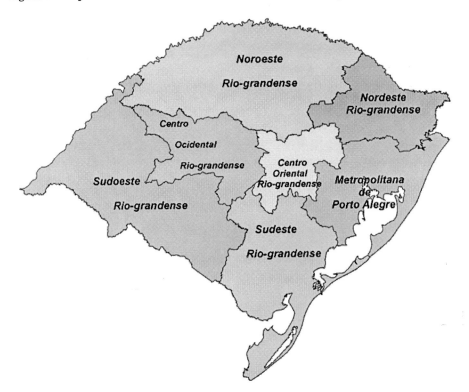

Fonte: radios.com.br[17]

Cada uma das localidades ou microrregiões (Figura 1), mesmo próximas geograficamente, apresenta diferenças entre si relacionadas ao contexto histórico, político, geográfico particular de cada lugar.

Frente à impossibilidade de se poder considerar o Rio Grande do Sul como um bloco linguístico uniforme, é preciso partir do pressuposto de que o português sul-rio-grandense comporta subvariedades que podem ser associadas a microáreas de variação, condicionadas por fatores históricos, socioculturais e geográficos, entre os quais áreas de fronteira, de campo, de serra e de litoral, bem como áreas de imigração, de colonização

---

[17] Disponível em: https://img.radios.com.br/mapas/brasil_riograndesul.gif. Acesso em: 13 dez. 2024.

antiga e recente, urbanas e rurais. As contribuições de projetos como o *Atlas Linguístico-Etnográfico da Região Sul do Brasil* (Alers, 2011a, 2011b)[18] e *Variação Linguística Urbana da Região Sul* (Varsul)[19] têm mostrado a relevância dos contatos linguísticos para essa configuração linguística do território (Altenhofen, 2008). Torna-se necessário, assim, considerar a dimensão diatópica das comunidades afro-brasileiras, seu contexto histórico e geográfico, a fim de evitar generalizações que impediriam a observação e análise de processos regionais particulares que, além de caracterizarem as respectivas comunidades, permitem comparar e compreender melhor os diversos fatores sociais subjacentes ao comportamento linguístico dos falantes em cada ponto de pesquisa.

Monografias pontuais foram defendidas por Amaral (1976 [1920]), que acreditava que essa forma de trabalho tem um papel muito importante em relação ao mapeamento do português brasileiro. No contexto do RS, esta pesquisa aparece por exemplo nas investigações de H. Bunse (1981; v. também Bunse; Klassmann, 1969).

Assim, a descrição de aspectos fonético-fonológicos, semântico-lexicais e gramaticais das comunidades afro-brasileiras envolvidas pode ser considerada a primeira etapa de estudos futuros; nesse sentido, não representa um caráter conclusivo, configura-se como subsídio para futuros trabalhos de pesquisa, assim como foi feito no início do século: "Nosso trabalho não é para a geração atual, daqui a cem anos os estudiosos encontrarão nele uma fotografia do estado de língua e neste ponto serão mais felizes do que nós, que nada encontramos do falar de 1822" (Nascentes, 1953 [1922], p. 7).

Para investigar a variedade do português falado nas comunidades afro-brasileiras rurais/urbanas localizadas no RS, procurou-se inicialmente contextualizar as comunidades selecionadas quanto à origem étnica dessas populações, fazendo um levantamento histórico e social. Com base nessa descrição e seguindo a perspectiva teórica pluridimensional (Thun, 1998; Radtke; Thun, 1996), definiram-se as diferentes dimensões de análise da variação do português falado nessas comunidades restritas às dimensões diatópica, diageracional e diassexual.

O panorama que se apresenta no Rio Grande do Sul, notadamente plurilíngue, incluindo-se áreas onde se encontram os afrodescendentes, tem como finalidade principal tornar explícito nesses espaços plurilín-

---

[18] Para um panorama histórico da pesquisa, veja-se Altenhofen (2011).

[19] Ver Almeida (2006).

gues a origem e o resultado do contato com outras realidades linguísticas, principalmente línguas alóctones (de imigração). Essa influência aparece marcada especialmente nos pontos RS06 e RS07, mas também em certo sentido pela proximidade com a fronteira, nos pontos RS03 e RS04.

O modelo de pesquisa sobre variantes linguísticas já descrito em outros trabalhos sobre comunidades afro-brasileiras e suas correlações com o português *standard* (Careno, 1997; Cunha; Souza, 1997; Souza, 1999; Souza, 2000 Lucchesi; Baxter; Ribeiro, 2009) é, portanto, relacionado à variação horizontal (diatópica) com parâmetros de ordem social, tais como idade e sexo, etnia; em suma, o princípio da pluridimensionalidade da análise da variação linguística (Thun, 1998, p. 789).

A ampliação das dimensões e parâmetros como contribuição para uma mais acurada análise da variação (Radtke; Thun, 1996, p. 30) levou em conta as inúmeras mudanças ecológicas pelas quais passam as socie-dades. Diante disso, buscamos conciliar modelos teórico-metodológi-cos que se inter-relacionam por terem uma literatura comum, até certo ponto, em relação aos estudos da variação. Para Thun, "La Dialetología areal, monodimensional por tradicíon mayoritaria pero no por necesidad intrínseca, ES una sociolinguística (y pragmática) limitada. La Sociolin-guística, multi-dimensional por tradicíon pero reacia AL espacio, es una dialectoligía limitada" (Thun, 1998, p. 702).

Thun (1998, p. 704-705) visualiza a combinação de variáveis espa-ciais e sociais por meio de um esquema em forma de torta (Figura 3) em que se sobrepõem verticalmente os diferentes segmentos sociais (velhos e jovens, homens e mulheres, em diferentes situações de uso da língua) em uma rede de localidades horizontalmente distribuídas. Com isso, busca desenvolver a ideia de uma "dialetologia pluridimensional" como uma ciência geral da variação linguística e das relações entre variantes e variedades de um lado e falantes de outro. Essa dialetologia não deixa de ser geolinguística porque não renuncia à variação diatópica e à sua superfície bidimensional, mas essa preferência por macroanálises não exclui a possibilidade de trabalhar com *"mesozonas y microzonas"*.

Assim, nas palavras de Thun (1998), criam-se desse modo "novos campos de observação", onde "El espacio variacional de la Dialectología pluridimensional no comprende solamente los dialectos 'puros' preferidos por la Dialectología tradicional o los sociolectos de La Sociolinguística" (Thun, 1998, p. 706).

Portanto, à dimensão diatópica ou areal da geolinguística tradicional se incorporariam outras dimensões, tais como a idade (dimensão diageracional), o sexo (dimensão diassexual), a escolaridade (dimensão diastrática), a fala espontânea (dimensão diafásica), o quilombo (dimensão diagrupal), a língua de contato e ritualística (dimensão dialingual), o ser quilombola (dimensão diarreferencial), entre outras, visando descrever com maior profundidade os fenômenos de variação linguística.

Vale ressaltar que esse tipo de abordagem requer do pesquisador uma atenção especial ao dado empírico e um controle de diferentes recortes de análise, visto que cada dimensão equivale a um "olhar específico", ao mesmo tempo analítico descritivo e interpretativo. A cartografia pluridimensional dos dados converte-se em principal instrumento de análise, não apenas como comprovação do "estado da língua", mas também como indício de um comportamento linguístico que carrega significados sociais específicos. Experienciamos com esta pesquisa uma evolução da percepção e entendimento de como se constitui o português nessas comunidades, pressupondo que ali havia uma presença maior de marcas africanas. Essa evolução demanda um tempo considerável que extrapola o espaço disponível para este texto. A análise e interpretação dos dados cartografados **"visão macroanalítica"** (Figura 2) representa assim, talvez, a maior contribuição deste texto, sem a pretensão de esgotar o assunto, mas sim, pelo contrário, instigar novas perguntas de pesquisa, uma vez que é, no momento, apenas um recorte do que foi possível observar.

Figura 2 – Mapa-base com a rede de pontos da pesquisa

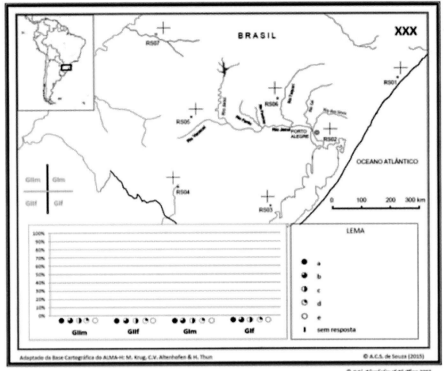

Fonte: o autor

As características das comunidades afro-brasileiras como espaços descontínuos ocupados por uma população que se distingue étnica e linguisticamente da cultura majoritária do entorno assemelha-se, em grande parte, ao que se convencionou chamar na dialetologia de *ilha linguística*. Com esse conceito, reconhecemos um tipo de contexto nas comunidades pesquisadas que salienta sua etnicidade e localização em um espaço delimitado, e no qual se espera uma configuração linguística própria que ainda precisamos conhecer/descrever mais a fundo. São, enfim, fatores que destacam os afrodescendentes de quilombos como um grupo minoritário diferente de outros, mesmo os situados em áreas urbanas.

Este estudo parte do pressuposto básico de que as comunidades afro-brasileiras a serem pesquisadas apresentam uma configuração sócio--histórica distinta não apenas entre si, no Rio Grande do Sul, mas também em relação a outras comunidades desse tipo espalhadas pelo país.

As características atribuídas às comunidades afro-brasileiras do Rio Grande do Sul apresentam especificidades que por si só justificam este estudo. A partir deste trabalho, outros poderão se seguir num futuro próximo somando-se aos Atlas Linguísticos já existentes (ALiB, ALERS, ALMA-H), para uma descrição ampla do comportamento linguístico de afrodescendentes.

1 CONFIGURAÇÕES DO ESPAÇO PLURIDIMENSIONAL

Na base deste texto e da organização da pesquisa, está Harald Thun (Radtke; Thun, 1996; Thun, 1998) e Cléo V. Altenhofen (Altenhofen, 2008). De modo geral, utiliza-se não só a nomenclatura, bem como o enfoque teórico pluridimensional apresentado por Harald Thun e demais trabalhos. Radtke e Thun (1996) combinam a análise diatópica com a diastrática, que por si só amplia as dimensões de uma análise numa comunidade de fala. Combinando a dimensão diageracional (variação de faixa etária) com a diatópica, pode-se ter uma visão diacrônica de fenômenos de mudança em curso no espaço geográfico. Têm-se, assim, ampliadas as dimensões de variação, que subdividirão a dimensão diastrática e criarão novas dimensões de análise a partir da necessidade de descrição de determinados fenômenos, como o contato linguístico e o plurilinguismo.

Utilizam-se melhor os enfoques como a dimensão contatual ou dialingual, para situações de contato línguas autóctones e línguas alóctones; a dimensão diastrática, que passa a ser específica para distinguir comunidades afro-brasileiras rurais de urbanas; a dimensão diageracional, que divide os falantes segundo sua faixa etária, onde se evitarão as exclusões prévias da estatística; a dimensão diassexual, que divide homens e mulheres; a dimensão diafásica, que opõe linguagem informal e formal ou outras variantes situacionais, como em rituais religiosos de matriz africana; e, por fim, a dimensão diarreferencial, que opõe a fala objetiva à fala metalinguística, ou, ainda, aos julgamentos que os falantes fazem da língua.

Figura 3 – Modelo da dialetologia pluridimensional e relacional, segundo o esquema de Thun (1998, p. 705)

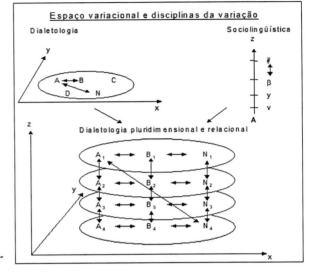

Dialetologia Pluridimensional

Dialetologia tradicional: valoriza a análise espacial, mas deixa de abordar diferentes variáveis extralinguísticas;

Sociolinguística: aborda diferentes dimensões em apenas um determinado espaço;

Dialetologia pluridimensional: busca suprir as lacunas existentes nessas duas abordagens ao analisar diferentes variáveis extralinguísticas em diversos pontos de pesquisa (Thun, 1998, 2010).

Fonte: Thun (1998, 2010)

O que a pluridimensionalidade pretende é evitar as conclusões perigosas da dialetologia monodimensional da suposta uniformidade e ausência de variabilidade linguística. O estudo — a observação da variação — orienta-se por um conjunto de dimensões de análise, por meio das quais se busca organizar o "caos aparente" da variação linguística e captar os aspectos centrais que caracterizam o comportamento linguístico em determinada área de estudo.

Como se vê, cada dimensão engloba mais de um parâmetro a ser contrastado, geralmente em uma relação binária. Não quer dizer, porém, que todas as dimensões tenham que ser consideradas em um estudo. Cada situação determina as dimensões ou a dimensão que deve necessariamente ser considerada, conforme os objetivos estabelecidos. Por exemplo, a dimensão dialingual implica entrevistas com falantes das diferentes línguas ou variedades em contato. A dimensão diatópico-cinética abarca o efeito das migrações, entrevistando migrantes no domicílio atual e no de partida/origem, para comparação.

2 MACROTENDÊNCIAS OBSERVADAS

O procedimento de leitura/análise para os dados abaixo consiste em verificar, antes de tudo, onde predominam variantes [+ afro] e onde se impôs uma variante [- afro] do português do entorno. Com essa ocorrência, de acordo com a **"técnica de entrevista em três tempos"**, que inclui os passos perguntar (obter resposta espontânea) + insistir (ampliar o leque de variantes conhecidas espontaneamente) + sugerir (obter a aprovação de conhecimento [passivo] ou desconhecimento de uma variante ainda não mencionada espontaneamente), pôde-se registrar diferentes graus de manutenção ou perda parcial e total de variantes associadas a uma marca linguística [+ **afro**].

A análise particularizada permitiu observar algumas macrotendências que confirmam ou rebatem expectativas formuladas na pesquisa:

a. No plano diatópico, pode-se destacar as seguintes tendências:

1. RS01 (litorâneo) e RS02 (urbano) são os pontos que mais conhecem a forma [+afro]. Por extensão, parecem ser os pontos com maior consciência das marcas de africanidade;

2. RS03 (charqueadas) e RS04 (pampas) sugerem um comportamento fortemente convergente e assimilável ao português do entorno. Têm, por isso, um comportamento regional próprio. RS04 parece ser o ponto mais conservador, mesmo que muitas vezes predomine uma variante que poderia ser não exclusiva da influência afro;

3. por fim, RS05 (região central) constituiu um ponto à parte, com um comportamento de perda acentuada, como em parte também RS07;

4. Os pontos RS02, RS03 e RS05 muitas vezes compartilham comportamentos que parecem sinalizar uma influência dos centros urbanos em torno (Porto Alegre, Pelotas e Santa Maria);

5. O ponto RS06 (de imigração) parece ser o ponto que mais reflete a influência do contato com língua de imigração, ao lado do ponto RS07 (missioneiro), que também possui influência de imigração, pelo menos na variação fonética;

6. Os pontos situados mais ao norte (Litoral – RS01, Imigração – RS06, Missões – RS07) e, em posição intermediária, RS05, levantam a hipótese de influência paulista de um português popular de base caipira, provavelmente em virtude das rotas de tropeiros, por exemplo na ocorrência de /r/ retroflexo. compartilham igualmente marcas que parecem contrastar com o português rio-grandense de influência paulista e de imigração;

7. Os pontos RS05 e RS07 são os que menos conhecem a forma [+afro].

b. Na dimensão diassexual, evidencia-se, de modo geral, que as mulheres, mesmo as GII, tendem a um comportamento de maior adesão às inovações ou às variantes do português do entorno, de fora das comunidades afro-brasileiras. Isso pode se explicar pelo papel social das mulheres que mantinham um contato maior com falantes lusos, tendo em vista sua atividade como servindo os senhores/os donos.

c. Os falantes homens GII, em contrapartida, parecem constituir o grupo mais conservador. Entre os jovens, é também primordialmente o grupo GIm que mais mantém variantes [+afro] no português.

d. A análise da variação lexical do português das comunidades afro--brasileiras analisadas no RS sinaliza fortemente uma mudança em curso em dois sentidos:

1. de um lado constata-se, por meio dos dados cartografados, uma perda significativa de variantes **[+ afro]** da GII para GI. Uma série de mapas apontam para essa tendência;

2. de outro lado, verifica-se no sentido contrário uma reintegração de formas **[+ afro]**, provavelmente resultantes em grande parte do português geral falado no entorno dessas comunidades tanto de/quanto de uma consciência identitária acentuada por meio do movimento negro; a comparação diageracional permite levantar essa hipótese.

3 O QUE A VARIAÇÃO LINGUÍSTICA SINALIZA SOBRE OS CONDICIONAMENTOS SOCIAIS NAS COMUNIDADES AFRO-BRASILEIRAS

Durante a pesquisa de campo, as entrevistas ocorreram sempre de forma espontânea e extrovertida. Não houve nenhum momento de tensão ou recusa ao trabalho que estava sendo construído. Sim, construir foi o lema das abordagens com os informantes. Construir uma identidade linguística pertinente às comunidades envolvidas na pesquisa. Cada comunidade tinha o conhecimento das outras envolvidas. E a curiosidade saltava aos olhos discretamente. Tanto que no ponto RS04, de dificílimo acesso, o nosso guia afrodescendente daquela comunidade afro-brasileira teve a seguinte impressão de nosso trabalho, dialogando com um outro morador:

> Deixa eu acompanhá o homi, vou perdê o cara
> (Risos)
> E a cachorrada vai atrás
> Este cara estuda linguística, ele quer saber do . . . ele quer saber de conversa. Como o pessoal dos outros quilombos tratam as coisas . . abóbora, mandioca . . . é . . . como é que nós chamemos aqui . . . como é que o pessoal chama em outros lugares. É bobagem . . . eu achei bobagem.
> (Risos)
> A mãe passou a tarde dando entrevista lá
> É é
> Pior que muda de um lugar pro outro . . .
> É claro
> como é que o pessoal fala as coisa . . . muda
> Mandioca mesmu . . . A maioria do pessoal fala que aqui Aipim é . . . exatamente . . . ele disse que mandioca é outra coisa
> É é
> É é (Gravação espontânea – RS04)

Pode-se observar que os falantes das comunidades afro-brasileiras têm conhecimento de sua modalidade de fala; o que eles não têm sempre presente é a consciência da amplitude dessa língua que eles possuem. Considerando que a percepção dos membros dessas comunidades de falantes essencialmente topostáticos se orienta primordialmente no sentido centrípeto, dentro dos limites da comunidade, é de se esperar um uso mais convergente da fala e um desconhecimento relativo de formas que se situam para além do entorno de contato mais direto. Mas "se Maomé não vai à montanha, a montanha vai a Maomé". Quer dizer, de um modo ou de outro o português rio-grandense, o português regional do entorno, ou mesmo a norma urbana do português e os discursos do movimento negro chegam às comunidades de um modo que varia conforme os fatores que regulam os contextos pesquisados. No plano diatópico, já observam-se algumas tendências e hipóteses, às quais cabe retornar para uma apreciação mais conclusiva.

3.1 Dimensão diatópica: condicionamentos sociogeográficos

Um fato em especial ficou óbvio na pesquisa desenvolvida nas sete comunidades afro-brasileiras selecionadas: cada ponto se distingue linguisticamente do outro, isto é, a variação diatópica é inegável e reflete muitas vezes a variação do próprio português rio-grandense. Cada comunidade teve, além disso, uma gênese, formação e desenvolvimento totalmente diversos. Definir as comunidades afro-brasileiras do RS como uma territorialidade linguística homogênea não seria, por isso, adequado, pois a variação observada e a ser analisada se espalha para além das espacialidades a que estão restritos/confinados os falantes.

Ficou claro, neste estudo, mesmo que reduzido a poucos pontos, que essas ilhas linguísticas estão cada vez mais em contato dialetal com seu entorno. O que facilita isso hoje em dia são as aberturas de estradas que chegam até as comunidades mais isoladas, como é o caso de RS01, RS03, RS04, RS05, RS06 e RS07. Esses pontos viveram de duas décadas para cá uma experiência contatual intensa, em que só tinham vizinhos próximos, passaram a ter contato com os demais moradores de suas regiões e, principalmente, a presença do Estado.

Em termos linguísticos, a proximidade com "as cidades" fez com que o contato linguístico acrescentasse e substituísse vocábulos, influenciasse na norma gramatical; mas isso não impediu que essas comunidades mantivessem ao menos uma parcela de sua genuidade étnico-linguística obtida por herança ou transmissão diageracional. A fala dos afrodescendentes observada nas comunidades afro-brasileiras do RS representa uma variedade linguística de cunho popular que se insere no português mais geral falado no estado e no Brasil. Não se constitui somente em uma variedade geograficamente delimitada, mas também numa variedade social. Como preceitua Juliete Garmadi (1983),

> [...] a variedade popular é, por conseguinte, não só uma
> variedade geográfica como também uma variedade social,
> pelo menos na origem. [...] uma vez que ... a variedade
> popular só existe em situações verdadeiramente unilín-
> gues integrando-se, tanto pela história como pelo jogo
> dos registros em sincronia, no sistema de variedades que
> constitui a chamada língua comum (Garmadi, 1983, p. 56).

No Rio Grande do Sul, atesta-se a existência do que pode-se chamar de *etnoleto afro-brasileiro*, mesmo que esteja em processo de perda de suas marcas africanas no conjunto dos pontos de pesquisa, como evidenciou a análise dos dados cartografados. Esse etnoleto, pode-se dizer, formou-se pela confluência da língua portuguesa falada no Brasil com as línguas africanas que chegaram aqui com os escravizados. A interferência histórica no falar dos sete pontos visitados incentivou-nos desde o início a encontrar uma covariação entre a formação dessas comunidades afro-brasileiras e a língua adotada por elas.

Os resultados evidenciam a atuação de diferentes fatores sócio-his-tóricos e geográficos na constituição da variedade do português de cada uma das comunidades. Entre esses fatores, cabe salientar os seguintes:

1º localização geográfica próxima a um centro urbano;

2º localização geográfica próxima a uma área de contato histórico;

3º localização geográfica distante dos centros de irradiação;

4º localização geográfica nas proximidades de contato com demais grupos de fala minoritários;

5º localização geográfico no âmbito de uma subárea de variação do português como língua supra regional;

6º origem da população que ocupa a comunidade.

Como se vê, a variação diatópica não surge da simples localização em determinado ponto do espaço, mas muito mais decorre da constelação de fatores sócio-históricos que configuram e moldam esse espaço ao qual a língua e seus falantes pertencem.

3.2 Dimensão diageracional: mudanças em tempo aparente

Constata-se uma mudança em curso bastante generalizada, entre o português de falantes da GII, mais conservadores, e os jovens, da GI. Não é exagero admitir que essa é uma tendência observável na maioria dos contextos de uso de línguas minoritárias. O que não era esperado ao início da pesquisa foi a reincorporação ou reintegração de elementos de origem africana, como reflexo de processos de ressemantização em andamento no interior das comunidades por meio de movimentos sociais e políticas públicas. Essa tendência até certo ponto nova — presente sobretudo em pontos mais próximos justamente de centros urbanos — tem sua origem, ao que se vê, nas políticas recentes de inclusão e reconhecimento da cidadania pelos afrodescendentes. A política de cotas é um exemplo desse novo quadro social. Sua repercussão sobre a escolaridade e as relações de poder certamente também valem para o âmbito linguístico. Os jovens são nesse sentido o grupo mais atingido por essas mudanças.

Enquanto os falantes da GII por muito tempo mantiveram o contato linguístico apenas por convivência com o entorno, assim mesmo em uma postura de resistência e reclusão motivada pela discriminação e opressão social, a GI passou a abandonar uma posição meramente topostática e a entrar em contato com o entorno, originando casamentos inter-raciais (RS06); agricultura familiar (RS01, RS03 e RS07); rural/urbanização (RS02); presença do Estado (RS04); presença do Estado e proximidade com grande centro urbano (RS05).

Essas mudanças drásticas e muito aceleradas que afetaram inclusive a GII, que se manteve por vezes isolada no interior das comunidades de fala, fez com que a GI encarasse a modernidade social com mais interesse. Em termos linguísticos, essas mudanças sociais causaram e continuam a exercer uma força centrífuga nas comunidades que explica em grande parte as mudanças em tempo aparente observadas.

3.3 Dimensão diassexual: a fala de homens e mulheres

para a constituição do corpus e para posterior análise, durante a pesquisa de campo, teve-se a preocupação de manter um equilíbrio no número e perfil dos informantes para gravação da fala de homens e mulheres. Têm-se sete pontos, portanto dever-se-ia ter no mínimo sete mulheres e sete homens de cada geração, totalizando no mínimo 28 informantes. No entanto essa meta pode ser atingida apenas parcialmente, visto que se obtiveram 18 informantes mulheres e 15 informantes homens para a pesquisa, sendo que em pontos como RS01 não se conseguiram, infelizmente, dados da GI, nem de homens, nem de mulheres. Para nossa grata surpresa, mais pessoas se dispuseram a conceder entrevistas, muitas vezes

juntos. Ou seja, em três entrevistas (RS03, RS05 e RS06) houve três informantes na GI. Nas entrevistas da GII, muitos preferiam participar como
casal (RS01, RS02, RS03, RS04), nos demais pontos ou se entrevistaram
duplas, de irmãos ou mãe e filho, ou ainda em entrevistas individuais. Em
resumo, na maioria das entrevistas conseguiu-se, conforme previsto, a
pluralidade simultânea de informantes homens e mulheres. A pluralidade simultânea de informantes permitiu medir o nível de conhecimento
compartilhado, principalmente na GI, em que um informante se lembrava
e o outro confirmava.

De maneira geral, os resultados expressos pela cartografia do QFF e
do QSL apresentam um resultado equilibrado, com ligeiro caráter inovador
por parte das mulheres, de maior aproximação às marcas linguísticas do
português mais geral. A razão é simples, como pude observar durante as
saídas para a pesquisa de campo: na maioria das comunidades, as entrevistas foram inicialmente marcadas com as mulheres; sendo a recepção
feita por mulheres e os informantes que primeiro se prontificavam a
conceder entrevista as mulheres. De modo geral, portanto, as mulheres
estão à frente das entrevistas realizadas nas comunidades afro-brasileiras deste estudo. Exceção se faz aos pontos RS02 e RS04, que possuem
lideranças masculinas, porém com mulheres à frente. Esse fato permite
observar que não há diferenças significativas entre homens e mulheres.
No nível fonético-fonológico, as variações aparecem equilibradas entre
homens e mulheres. No nível semântico-lexical, as variantes [+ afro]
tendem a partir das mulheres acompanhadas pelos homens. Ou seja,
as mulheres dos sete pontos pesquisados detêm marcas [+afro] tanto
no nível do léxico quanto no fonético-fonológico, apesar de equilibrado
neste último. O que se evidenciou nos dados, no entanto, denota um
comportamento linguístico mais aberto às inovações provenientes do
português do entorno.

Em suma, historicamente os homens afrodescendentes podem até
ter estabelecido os primeiros contatos com o português do entorno, porém,
com o equilíbrio visto nos dias de hoje, conclui-se que os homens estão
mais isolados no interior das comunidades afro-brasileiras do RS e são
as mulheres que entram mais em contato com o português do entorno,
de características mais gerais. Ao mesmo tempo, são elas que preservam
com mais ênfase, segundo as observações feitas in loco nas comunidades,
suas heranças linguísticas.

CONSIDERAÇÕES FINAIS

À guisa de conclusão, vale destacar ao menos dois pontos relevantes que serviram de motivação à finalização desta pesquisa. Primeiro, trata-se da linguagem de um tipo de minoria cuja linguagem não se encontra em um processo de obsolescência no que diz respeito à espacialidade sul-rio-grandense. Tem-se plena certeza de que, com ele, pelo menos parte de nossa riqueza linguística fica registrada. Em segundo lugar, a pesquisa tem seu valor como registro da fala regional brasileira, específicamente do RS; afinal, o que as comunidades afro-brasileiras estudadas falam é uma variedade do português.

A análise minuciosa de variantes do português falado em comunidades afro-brasileiras do RS colocou em evidência os fatores socioculturais envoltos na formação e desenvolvimento desses grupos minoritários, em sua integração social e na sua situação atual. A pesquisa desenvolvida reflete o estreito e indissolúvel vínculo existente entre a língua e a cultura de uma sociedade, permitindo aguçar nossa compreensão da realidade étnica, social, cultural e linguística desse tipo de organização de um grupo minoritário em ilhas linguísticas, no RS.

Durante o desenvolvimento desta pesquisa, alguns questionamentos conduziram de certa forma todas as etapas. Os primeiros questionamentos dizem respeito à realização do trabalho de campo, já que uma das principais dificuldades de realização de uma pesquisa com comunidades afro-brasileiras é justamente o trabalho de campo. Juntamente com esses questionamentos sobre a dinâmica de realização da pesquisa de campo, levantam-se algumas questões de natureza epistemológica que também perpassam as diversas etapas da pesquisa. A delimitação do objeto de estudo, entre uma variedade afro-brasileira e uma variedade do português de afro-brasileiras, assim como a definição dos parâmetros de análise e interpretação dos dados como fatos sincrônicos suscitaram uma mudança de paradigma no enfoque da variação linguística nessas comunidades.

As forças sociais interferiram, com maior ou menor intensidade, na modalidade linguística utilizada pelos afrodescendentes das comunidades visitadas, o que contribuiu significativamente para a variação da língua. O levantamento e análise dos dados empíricos propiciou, nesse sentido, uma visão mais clara da realidade étnica, sociocultural e linguística do RS. Para tanto, foi necessário desapegar-se do garimpo exclusivo por dados históricos sobre as formas originais da língua, para concentrar-se no fato sincrônico despretensioso e real, sem exceder a capacidade e o alcance desta pesquisa. No entanto, com o auxílio dos Laudos Antropológicos constantes nos Relatórios Técnicos de Identificação e Delimitação, consegue-se destacar situações sociais que possivelmente influenciaram a linguagem falada nas comunidades afro-brasileiras:

a. A formação das próprias comunidades com elementos portugueses e escravizados (que constituem a maioria absoluta dos moradores dessas comunidades);

b. Os fatores político-econômico-administrativos (por exemplo, a abertura de estradas BR 101, como no ponto RS01);

c. A amálgama e modos de fala regionais ou sociais com a vinda de imigrantes (como se observou no ponto RS06), e a saída das comunidades dos homens mais velhos e dos jovens (RS01, RS02, RS04, RS07), além dos conflitos/disputas e invasões dos seus territórios (no caso do RS01, RS 02, RS04);

d. O efeito nivelador dos meios de comunicação de massa (televisão e rádio);

e. A difusão de novos sistemas de ideias religiosas, com a propagação de igrejas evangélicas no seio das comunidades (a exemplo de RS01[20] e RS03[21], que estão perdendo sua identidade [+ **afro**] manifestada culturalmente por meio de congadas e maçambique).

A elaboração do trabalho de onde se originou este texto para esta obra foi muito árduo e sofrido. Suas contribuições compensam, todavia, as dificuldades enfrentadas e constituem um estímulo a novos estudos. O ponto-chave foi a elaboração de uma descrição da variação do português falado em comunidades afro-brasileiras do Rio Grande do Sul, tomando por base diferentes dimensões de análise, em especial de ordem diatópica, diageracional e diassexual. Com isso, procurou-se medir o impacto de condicionamentos sócio-históricos distintos, entre os quais o grau de

---

[20] Ver o excelente trabalho de PRASS, Luciana. *Maçambiques, Quicumbis e Ensaios de Promessa*: um reestudo etnomusicológico entre quilombolas do sul do Brasil. 2009. Tese (Doutorado em Música) – Programa de Pós-Graduação em Música. Universidade Federal do Rio Grande do Sul, Porto Alegre, 2009.

[21] O casal GII entrevistado notadamente estava influenciado por ideias evangélicas que pregam a demonização do culto aos ancestrais praticados nas religiões de matriz africana que ora era patricado em RS03 antes da chegada da denominação evangélica.

isolamento; a localização rural ou urbana; a microrregião sociocultural; a presença de línguas imigração no entorno; a antiguidade da comunidade e a característica topostática da população.

Os pontos RS04 e RS07 foram de longe as localidades de mais difícil acesso. Inclusive, o nome de um dos núcleos chamado de Rincão do Inferno (RS04) tempos atrás devia fazer jus ao nome, pois se hoje em dia é de dificílimo acesso, quem dirá 100 anos atrás. Nos demais pontos do interior do RS, o acesso era difícil, mas não impossível. Em resumo, o grau de dificuldade de acesso às comunidades variou de ponto a ponto.

O ponto RS06, por razões óbvias, foi o que mais refletiu a característica do português do entorno e é também o ponto mais aprazível em termos de população afrodescendente e do entorno. O ponto é cercado por descendentes de imigrantes alemães e italianos e com esses compartilham as dificuldades e felicidades de uma localidade do interior do Brasil. O que mais nos chamou a atenção foram os casamentos interétnicos e a religiosidade. Como a comunidade possui um centro de benzição, todos do arredor sem distinção de etnia ou credo o frequentam para curar suas enfermidades, sejam elas quais forem. Esse foi o primeiro ponto a ser visitado e enfatizo as características dele porque foi assim que pude verificar in loco a diversidade que me esperava nas demais comunidades. Valeu o aprendizado.

Nenhum dos sete pontos de pesquisa pode ser enquadrado, literalmente, como "quilombo histórico"; essas comunidades foram formadas após a abolição da escravatura no Brasil. No entanto as pessoas que ali vivem sempre estiveram naquele espaço, confirmando sua condição topostática.

Nas análises dos dados cartografados, verifica-se que todas as comunidades mantêm marcas de africanidade que distinguem a variedade do seu português com a do português falado no seu entorno, porém verificamos também estar ocorrendo uma acelerada transferência de variantes linguísticas do entorno para o português dessas comunidades. Em resumo, o comportamento linguístico dos membros dessas espacialidades linguísticas tende a ser por um lado mais conservador, na fala da GII; por outro lado, o futuro indica uma tendência de abertura para fora (orientação centrífuga), fazendo com que as comunidades gradativamente percam/abandonem as marcas de africanidade que as distinguem.

No tocante à relação entre língua e espaço, fica confirmada a hipótese de que as comunidades afro-brasileiras do RS formam um tipo de ilha linguística, isto é, de espaços geograficamente descontínuos com presença de afrodescendentes, identificados por sua etnicidade, historicidade e marcas sociais e linguísticas.

Certamente, muitos outros estudos poderão ser realizados a partir da pesquisa que apresenta-se aqui: outros recortes, outras perspectivas, novas conclusões, visto que, em momento algum, acreditamos na possibilidade de esgotarmos o assunto. Só temos uma ressalva, que esses estudos sejam realizados o mais brevemente possível, tendo em vista que a geração mais velha está se indo, e com ela um "modo de falar" está se perdendo.

REFERÊNCIAS

ALMEIDA, A. P. de. **A concordância verbal na comunidade de São Miguel dos Pretos, Restinga Seca, RS**. 2006. Dissertação (Mestrado em Letras) – Programa de Pós-Graduação em Letras, UFRGS, Porto Alegre, 2006.

ALTENHOFEN, C. V. Os contatos linguísticos e seu papel na arealização do português falado no sul do Brasil. *In:* ESPIGA, Jorge; ELIZAINCÍN, Adolfo (org.). **Español y portugués**: um (velho) novo mundo de fronteiras e contatos. Pelotas: Educat, 2008, p. 129-164.

ALTENHOFEN, C. V. Interfaces entre dialetologia e história. *In:* MOTA, Jacyra; CARDOSO, Suzana Alice Marcelino (org.). **Documentos 2**: Projeto Atlas Linguístico do Brasil. Salvador: Quarteto, 2006. p. 159-185.

ALTENHOFEN, C. V. Os estudos de variação linguística e de línguas em contato com o português: raízes históricas da pesquisa no Instituto de Letras da UFRGS. *In:* MITTMANN, S.; SANSEVERINO, A. M. V. (org.). **Trilhas de investigação**: a pesquisa no I.L. em sua diversidade constitutiva. Porto Alegre: Instituto de Letras/UFRGS, 2011. p. 17-31.

ALTENHOFEN, C. V. Bases para uma política linguística das línguas minoritárias no Brasil. *In:* NICOLAIDES, Christine *et al.* (org.). **Política e políticas linguísticas**. Campinas: Pontes Editores, 2013a. p. 93-116.

ALTENHOFEN, C. V.; KLASSMANN, M. (org.). **Atlas Lingüístico-Etnográfico da Região Sul do Brasil (ALERS)**: Cartas Semântico-Lexicais. Porto Alegre: Editora da UFRGS; Florianópolis: Editora da UFSC, 2011b. 960 p.

AMARAL, A. [1920]. **O dialeto caipira**. 3. ed. São Paulo: HUCITEC; Secretaria da Cultura, Ciência e Tecnologia, 1976.

ANDRADE, T. (org.). **Quilombos em São Paulo**: tradições, direitos e lutas. São Paulo: IMESP, 1997.

BAXTER, A. N. A contribuição das comunidades Afro-Brasileiras Isoladas para o Debate sobre a Crioulização Prévia: um exemplo do Estado da Bahia. **Actas do colóquio sobre "Crioulos de Base Lexical Portuguesa"**. Ed. by Ernesto d'Andrade e Alain Kihm, Lisboa: Colibri, 1992. p. 7-35.

BAXTER, A. N. Transmissão geracional irregular na história do português brasileiro – divergências nas vertentes afro-brasileiras. **Revista Internacional de Língua Portuguesa**, Lisboa, v. 14, Número especial, p. 72-90, dez. 1995.

BONVIN, E. Línguas africanas e português falado no Brasil. *In:* FIORIN, José Luiz; PETTER, Margarida Maria Taddoni. África no Brasil: a formação da língua portuguesa. São Paulo: Contexto, 2009. p. 15-62.

BONVINI, E. Palavras de origem africana no português do Brasil: do empréstimo à integração. *In:* NUNES, J. H. **História do saber lexical e constituição de um léxico brasileiro**. São Paulo: Humanitas/FFLCH/USP: Pontes, 2002.

BUNSE, H. A. W. **São José do Norte**: aspectos lingüístico-etnográficos do antigo município. 2. ed. Porto Alegre: Mercado Aberto; Instituto Estadual do Livro, 1981.

BUNSE, H.; KLASSMANN, M. S. **Estudos de dialetologia no Rio Grande do Sul (problemas, métodos, resultados)**. Porto Alegre: Faculdade de Filosofia, UFRGS, 1969.

CARDOSO, F. H. **Capitalismo e escravidão no Brasil meridional**: o negro na sociedade escravocrata do Rio Grande do Sul. 5. ed. Rio de Janeiro: Civilização Brasileira, 2003.

CARENO, M. F. do. **Vale do Ribeira**: a voz e a vez das comunidades negras. São Paulo: Arte & Ciência/UNIP, 1997.

CUNHA, A. S. de A.; SOUZA, A. C. S. de. A Variação da Concordância de Gênero na Linguagem do Cafundó. *In:* SEMINÁRIOS DO GEL, 44., 1997, Taubaté. **Anais** [...]. Taubaté: Universidade de Taubaté, 1997.

GARCIA, José Milton. *In:* ANDRADE, Tânia (org.). **Quilombos em São Paulo**: tradições, direitos e lutas. São Paulo: IMESP, 1997.

GARMADI, J. **Introdução à sociolinguística**. Lisboa: Dom Quixote, 1983.

GUY, G. R. **Linguistic Variation in Brazilian Portuguese**: Aspects of Phonology, Syntax and Language History. PhD dissertation, University of Pennsylvania. Ann Arbor: University Microfilms, 1981.

GUY, G. R. On the nature and origins of Popular Brazilian Portuguese. *In:* **Estudios sobre Español de América y Linguistica Afroamericana**. Bogota: Instituto Caro y Cuervo, 1989. p. 227-245.

IBGE, Instituto Brasileiro de Geografia e Estatística. Rio de Janeiro: Serviço Gráfico do IBGE, 2010.

JEROSLOW, H. M. **Creole characteristics in Rural Brazilian Portuguese**. Comunicação apresentada a Conferência Internacional sobre Línguas Pidgins e Crioulas. Universidade do Havaí, 1975.

KOCH, W.; ALTENHOFEN, C. V.; KLASSMANN, M. (org.). **Atlas Lingüístico- -Etnográfico da Região Sul do Brasil (ALERS)**: Introdução, Cartas fonéticas e morfossintáticas. 2. ed. Porto Alegre: Editora da UFRGS; Florianópolis: Editora da UFSC, 2011a. 512 p.

LAYTANO, D. Alguns aspectos da história do negro no RS. *In:* **RS – Imagem da terra gaúcha**. Porto Alegre, 1942.

LAYTANO, D. Os africanos no dialeto gaúcho. **Revista do IHGRGS**, Porto Alegre, v. 62, 1936.

LUCCHESI, D.; BAXTER, A. N.; RIBEIRO, I. **O português afro-brasileiro**. Salvador: EDUFBA, 2009.

MAESTRI FILHO, M. J. **O escravo no Rio Grande do Sul**: a charqueada e a gênese do escravismo gaúcho. Caxias do Sul: EDUCS, 1984.

MAESTRI FILHO, M. J. **Quilombos e quilombolas em terras gaúchas**. Porto Alegre/Caxias do Sul: Escola Superior de Teologia São Lourenço de Brindes/ Universidade de Caxias, 1979.

MELLO, H.; ALTENHOFEN, C. V.; RASO, T. (org.). **Os contatos linguísticos no Brasil**. Belo Horizonte: Editora UFMG, 2011.

MOREIRA, P. R. S. **Os cativos e os homens de bem**: Experiências negras no espaço urbano. Porto Alegre: EST Edições, 2003.

NARO, A. J.; SCHERRE, M. M. P. Sobre as origens do português popular do Brasil. **D.E.L.T.A.**, São Paulo, v. 9, n. especial, p. 437-454, 1993.

NASCENTES, Antenor. **O linguajar carioca**. Rio de Janeiro: Organização Simões, 1953.

PESSOA DE CASTRO, Y. Os falares africanos na interação social dos primeiros séculos. *In:* MELLO, Linalda de Arruda (org.). **Sociedade, cultura e língua**: Ensaios de sócio e etnolinguística. João Pessoa: Shorin, 1990. p. 91-113.

PETTER, M. M. T. Africanismos no português do Brasil. *In*: ORLANDI, Eni P. (org.). **História das idéias linguísticas**: construção do saber metalinguístico e constituição da língua nacional. Campinas: Pontes; Cáceres: Unemat Editora, 2001.

PETTER, M. M. T. Termos de origem africana no léxico do português do Brasil. *In:* NUNES, J. H. **História do saber lexical e constituição de um léxico brasileiro**. São Paulo: Humanitas/FFLCH/USP; Pontes, 2002.

PETTER, M. M. T.; FIORIN, J. L. África no Brasil: a formação da língua portuguesa. 1. ed. São Paulo: Contexto, 2009.

PRASS, L. **Maçambiques, Quicumbis e Ensaios de Promessa**: um reestudo etnomusicológico entre quilombolas do sul do Brasil. 2009. Tese (Doutorado em Música) – Programa de Pós-Graduação em Música, Universidade Federal do Rio Grande do Sul, Porto Alegre, 2009.

RADIOS. Disponível em: https://img.radios.com.br/mapas/brasil_riograndesul. gif. Acesso em: 16 jul. 2014.

RUBERT, R. A. Comunidades negras no RS: o redesenho do mapa estadual. *In:* SILVA, Gilberto Ferreira da; SANTOS, José Antônio dos; CARNEIRO, Luiz Carlos da Cunha (org.). **RS Negro**: Cartografias sobre a produção do conhecimento. Porto Alegre: EDIPUCRS, 2009.

SOUZA, A. C. S. de. **A concordância de gênero entre o sujeito e o predicativo na fala da comunidade quilombola da Caçandoca**. 2000. Dissertação (Mestrado em Semiótica e Linguística Geral) – São Paulo: Faculdade de Filosofia, Letras e Ciências Humanas, Universidade de São Paulo, 2000.

SOUZA, A. C. S. de. **A variação da concordância de gênero entre o sujeito e o predicativo na linguagem do Cafundó**. Estudos Linguísticos XLVI. Seminários do GEL. Bauru: Universidade do Sagrado Coração, 1999. p. 208-214.

SOUZA, A. C. S. de. **Africanidade e contemporaneidade do português de comunidades afro-brasileiras no Rio Grande do Sul**. 2015. Tese (Doutorado em Estudos da Linguagem) – Universidade Federal do Rio Grande do Sul, Porto Alegre, 2015. Disponível em: http://hdl.handle.net/10183/122568. Acesso em: 8 ago 2018.

THUN, H. La geolinguística como linguística variacional general (com ejemplos del Atlas linguístico Diatópico y Diastrático del Uruguay). *In:* International Congress of Romance Linguistics and Philology (21.: 1995: Palermo). **Atti del XXI Congresso Internazionale di Linguistica e Filologia Romanza**. RUFFINO, G. (org.). Tubingen: Niemeyer, 1998. v. 5, p. 701-729, incluindo resumo dos tópicos principais da seção 5, p. 787-789.

THUN, H. Movilidad demográfica y dimensión topodinámica: los montevideanos en Rivera. *In:* RADTKE, Edgar; THUN, Harald (org.). **Neue Wege der romanischen Geolinguistik**: Akten des Symposiums zur empirischen Dialektologie. Kiel: Westensee-Verl., 1996. p. 210-269.

VOGT, C.; FRY, P. **Cafundó**: A África no Brasil. 1. ed. Campinas: Editora da Unicamp, 1996.

O PORTUGUÊS E O *HUNSRÜCK* EM CONTATO: ESTUDO DE CASO NA COMUNIDADE DE DEZ DE MAIO (PR)

Cristiane Schmidt

INTRODUÇÃO

Os estudos linguísticos, ao procurarem descrever e explicar os fenômenos linguísticos, constituem-se em trabalhos que vislumbram produzir resultados novos e relevantes para o contexto linguístico e sociocultural. Nesse sentido tomam como ponto de partida diferentes objetos, tais como a variação, a mudança, o contato entre línguas (contato linguístico) e o bi/multilinguismo.

Aqui tem-se como perspectiva teórica e metodológica a Sociolinguística, visto que o objeto de estudo da Linguística não é apenas a língua, mas a comunidade sob o aspecto linguístico. De acordo com a definição proposta por Tarallo, a Sociolinguística constitui-se num estudo científico que prima pela relação entre a língua e a sociedade, mostrando que o fenômeno linguístico sofre a influência dos aspectos sociais, culturais, identitários, econômicos, étnicos, religiosos e políticos (Tarallo, 2005).

Considerando isso, o presente texto procura descrever e compreender o comportamento linguístico de falantes em contato com diferentes línguas e culturas. De forma geral, denomina-se contato linguístico quando dois ou mais idiomas ou variedades de uma língua interagem. Especificamente, o estudo debruça-se sobre falantes de língua alemã e português na comunidade de Dez de Maio, situada na Região Oeste do estado do Paraná.

O objetivo está em apresentar alguns aspectos do *hunsrückisch* (língua de imigração) no contexto investigado, caracterizando-o como um fato histórico e uma herança cultural trazida pelos imigrantes alemães, mediante exemplos de usos sociolinguísticos, tendo como orientação os caminhos a serem traçados nessa comunidade: (i) apagamento/extinção ou (ii) adequação/continuidade do uso/coexistência.

1 LÍNGUAS EM CONTATO

O fenômeno linguístico, de acordo com os pressupostos sociolinguísticos, apresenta dinamismo, heterogeneidade e mutabilidade, estando, por sua vez, em consonância com a sociedade complexa, heterogênea e dinâmica. Ao mesmo tempo, a variabilidade linguística está relacionada com o emprego que os falantes fazem da mesma nas diversas interações sociocomunicativas, ou seja, a língua muda porque as pessoas, mediante o uso em situações reais, variam a língua.

Em se tratando do contexto nacional, Cavalcanti (1999, p. 2) destaca que no Brasil se formou um "mito de monolinguismo", sendo que, apesar da diversidade linguística explícita — evidencia-se uma alta percentagem de falantes bilíngues no sul do Brasil, como os italianos, os alemães, os ucranianos, entre outros —, ainda se concebe o Brasil como sendo um país oficialmente monolíngue.

Da mesma forma, Silva (2011) orienta que, historicamente, o contato de línguas acontece em grande parte como resultado de processos de lutas, de conquistas, de colonialismo, de escravatura e de imigração, entre outros. Para ele o fenômeno do contato entre as línguas é algo comum e inerente à "história linguística e social da maioria das fronteiras nacionais e nem sempre coincidente com as fronteiras linguísticas ou com os processos de imigração para outros países, com a colonização ou ocupação de outros países" (Silva, 2011, p. 15).

Segundo Heye e Vandresen (2006, p. 393), nos trabalhos sobre línguas em contato no Brasil discutem-se os conceitos de bilinguismo, diglossia e mudança de código, considerando as diferentes situações encontradas ao longo da convivência do português com as línguas minoritárias. A coexistência de duas línguas em diferentes espaços socioculturais requer uma análise mediante a condição particular dos falantes que se tornaram bilíngues. Essa condição é caracterizada pelo contexto e pela idade de aquisição, pela variação de uso das línguas, bem como pela manutenção ou pelo abandono de uma ou outra língua em decorrência de fatores sociais e comportamentais.

Diante disso, destaca-se a necessidade de refletir sobre bilinguismo, que corresponde à "situação em que coexistem duas línguas como meio de comunicação num determinado espaço social, ou seja, um estado situacionalmente compartimentalizado de uso de duas línguas" (Heye,

2006, p. 393-394). Conforme Von Borstel (2011), o bilinguismo, na acepção dos estudos sociolinguísticos, deve ser considerado de acordo com a função que a língua desempenha para o falante e/ou grupo bilíngue numa determinada organização social.

Nesse sentido, para Moreno Fernández (1998, p. 212) é possível destacar três características básicas quanto aos falantes bilíngues: (i) Independência dos dois códigos: o falante, ao fazer uso de uma determinada língua A, adota as regras pertinentes a ela, pois, normalmente, os bilíngues têm desde cedo uma separação automática das duas línguas; (ii) Alternância: o falante bilíngue dispõe da possibilidade de usar alternadamente um sistema linguístico ou outro, em função dos interlocutores, das situações comunicativas e as circunstâncias ambientais; (iii) Tradução: o bilíngue é capaz de expressar um mesmo significado por meio de dois sistemas, por dominar a tradução de significados de uma língua a outra.

Para Silva (2011), o bilinguísmo social é marcado por relações assimétricas de poder entre os grupos sociais, sendo que, por fatores de ordem socioeconômica, étnica e sociocultural, atribuem maior prestígio a determinada língua em detrimento da outra. Dessa forma, a língua prestigiada assume funções mais significativas numa determinada comunidade, passa a ser a língua oficial, por conseguinte a língua do poder público, dos meios de comunicação, e aquela usada em situações formais. Ao passo que a língua de prestígio inferior assume funções secundárias e de menor valia social e política e se resume ao uso em contextos informais e de cunho mais íntimos, tais como em espaços privados, na interação com os amigos e familiares.

Em relação ao contato entre línguas, depreende-se que esse processo apresente uma "relação de batalha entre si" (Tarallo, 2005). A situação conflituosa é gerada pelo contato entre os falantes de línguas, em que o *status* é diferente. No caso do contato entre línguas em que uma tem *status* de oficial e a outra não — no estudo em questão tem-se uma língua minoritária, também denominada de língua de herança[22] —, é comumente que ambas apresentem prestígio socioeconômico e político diferenciados.

---

[22] A língua de herança, que remete à língua usada no lar, aprendida em casa por imigrantes e seus descendentes, falado por grupos minoritários.

2 SITUANDO O CONTEXTO DO ESTUDO – A COMUNIDADE DE DEZ DE MAIO

A comunidade de Dez de Maio situa-se geograficamente na Região Oeste do estado do Paraná e é um distrito pertencente ao município de Toledo, estando localizada a 20 km da Sede. Trata-se de uma região de colonização recente, que recebeu seus primeiros moradores em 1946, se comparado ao processo de imigração no RS, iniciado em 1824. Os primeiros colonos são oriundos, em sua maioria, do atual município gaúcho de São Marcos, então distrito de Caxias do Sul, para o então Território Federal do Iguaçu[23].

Segundo registros, foi em 27 de março de 1946 que as primeiras famílias de colonizadores chegaram a Toledo e instalaram acampamentos. A cidade surgiu quando a Industrial Madeireira e Colonizadora Rio Paraná S/A – Maripá adquiriu junto a uma companhia imobiliária inglesa a gleba de terras Fazenda Britânia, iniciando em seguida a ocupação e o desbravamento da área. A atividade inicial foi a extração de madeira para atender aos mercados da Argentina e do Uruguai, sendo que o plano de colonização se fundamentou em pequenas propriedades, com média de 10 alqueires.

Em 1949, foram iniciados os trabalhos de topografia e levantamento, efetuando-se o traçado da Vila de Toledo. Nesse mesmo ano, foram assinados os primeiros compromissos de compra e venda de lotes, sendo que em abril de 1951 todas as terras medidas e demarcadas estavam vendidas ou compromissadas. Sem chegar a ser distrito, o povoado foi elevado diretamente a município em 1951. A denominação do município é originária do Rio Toledo[24], que corta o seu território.

Para Wachowicz (1982), ao se referir ao projeto de colonização do oeste paranaense, destaca que "no quadro de acionistas da 'empresa colonizadora' Maripá, percebe-se que era composto por proprietários cujas 'raízes étnicas' remetiam a descendentes de imigrantes italianos/as (33%) e alemães/alemãs (66%)" (Wachowicz, 1982, p. 167).

---

[23] No Período Vargas, as ações oficiais do governo, baseadas no nacionalismo e assentadas sobre um Estado fortalecido e centralizador, objetivavam buscar a integração. No que tange à ocupação do território, foi promovida uma ação administrativa agressiva mediante o programa "Marcha para o Oeste". Em regiões de fronteiras nacionais, como era o caso do Sudoeste e do Oeste Paranaense, onde a população e a economia possuíam laços estreitos com argentinos e paraguaios, a atuação do poder público buscava evidenciar e explicitar os sentimentos nacionalistas (GREGORY, Valdir. **Os Eurobrasileiros e o Espaço Colonial**: Migrações no Oeste do Paraná (1940-1970). Cascavel: Edunioeste, 2002, p. 66).

[24] Registros de 1905 e 1906 atribuem a escolha do nome da cidade a 'Pouso Toledo', recanto de descanso de tropeiros ao longo de uma picada utilizada para transporte de produtos, especialmente da erva-mate, comercializados por estrangeiros que possuíam glebas na Região Oeste do Estado do Paraná, onde o Município está inserido. Disponível em: https://toledo.portaldacidade.com/historia-de-toledo-pr.

Também Gregory enfatiza que mais de 75% dos pioneiros de Toledo e de três municípios adjacentes eram descendentes de alemães e de italianos. Especificamente, o autor destaca que 85% dos colonizadores de Toledo nasceram no Rio Grande do Sul e em Santa Catarina, segundo pesquisa feita em 1956. A mesma mostrou que 53% dos sobrenomes das famílias eram alemães, 20% italianos, 19,3% portugueses, 5,2% eslavos e 2,5% espanhóis (Gregory, 2002, p. 154).

A partir disso, houve efetivamente a colonização de Toledo[25], com a fundação de vilas, hoje distritos de Toledo, como o distrito de Dez de Maio. De acordo com o livro elaborado pela Secretaria Municipal da Educação de Toledo intitulado *Conhecendo Toledo, nosso Município*, "Os distritos são compostos por uma área urbana e a zona rural com infraestrutura organizada, sendo que a maioria dos distritos têm estabelecimentos de ensino, atendimento à saúde, pavimentação asfáltica para o seu acesso na sede e moradia social" (Crestani; Vitto, 2012, p. 29).

Segundo essa cartilha, a comunidade de Dez de Maio foi colonizada predominantemente pelos grupos étnicos alemães, sendo esses migrantes oriundos da região missioneira e noroeste do Rio Grande do Sul, por volta de 1949, ao passo que outros grupos que são em menor número são brasileiros que vieram do norte do Brasil para ocupar esse distrito[26]. Vale destacar que a economia dessa comunidade se centra na agricultura baseada, predominantemente, na produção agrícola de soja, trigo e milho, assim como na pecuária com a criação de gado, suínos e aves de corte, além do comércio local.

Além disso, a comunidade mantém atividades socioculturais e gastronômicas tradicionais, como a Festa Nacional do Frango, que no ano de 2018 estava em sua 34.ª edição[27] e que consta como a maior festa gastronômica do interior do município de Toledo. Segundo um dos integrantes da Comissão Organizadora do Evento, no ano de 1985, o distrito de Dez de Maio era o maior produtor de frango de Toledo. Dessa forma, surgiu a ideia de se fazer uma festa com pratos à base de frango, para ser um evento típico, somado ao tradicional café colonial à moda alemã.

---

[25] Conforme dados do IBGE (2018), a população estimada é de 138.572 habitantes. Disponível em: https://www.cidadesdomeubrasil.com.br/pr/toledo. Acesso em: 8 ago 2018.

[26] Conforme dados do IBGE (2015), o distrito de Dez de Maio tem uma população estimada de 1.619 habitantes.

[27] Para maiores detalhes: http://www.portalnovasantarosa.com.br/noticia/tudo-pronto-para-a-festa-do-frango-em-dez-de-maio-neste-domingo-02.

Sob o aspecto linguístico, de acordo com a dissertação de Noemia B. Panke intitulada "O Papel da Rede de Comunicação na Manutenção do Bilinguismo Português - Alemão em Dez de Maio, Toledo – Paraná" (UFPR, 1993), observou-se uma visível interferência entre os falantes dessas duas línguas. Esse estudo investigou a importância da rede de comunicação[28] para a manutenção da interferência da língua alemã — uma variante dialetal conhecida como *hunsrückisch* — pelos falantes do português nessa comunidade linguística.

A pesquisadora analisou, estando em contato direto com a comunidade, conversas informais com bilíngues que apresentavam a língua alemã como primeira língua e o português como segunda língua aprendida. Com base nesse corpus, o estudo demonstrou que os integrantes dessa rede estavam ligados por interesses étnicos, religiosos e econômicos, os quais eram reforçados por vínculos fortes de parentesco e de amizade.

> As características deste tipo de rede se evidenciam por diversos fatores. Primeiramente, seus integrantes provêm da mesma região (RS), pertencem ao mesmo grupo étnico (alemão) e professam a mesma religião (católica). Depois, seus membros são ligados por laços de parentesco e amizade e desempenham diferentes funções sociais o que contribui para a multiplexidade da rede; e, por fim, seus integrantes interagem frequentemente e continuamente o que auxilia no aumento da densidade da rede (Panke, 1993, p. 3).

A pesquisadora também destacou que esses valores da rede de origem — a comunidade linguística de Dez de Maio — se manifestam na preservação da cultura alemã e no uso da variedade dialetal, especificamente na dimensão fonética da língua alemã, como língua de comunicação nos grupos.

Ao mesmo tempo, os aspectos extralinguísticos, como a idade, sexo e o nível de escolaridade, mantêm vínculos com a rede de integração e referência. Para tanto, segundo Panke (1993), a integração e o contato linguístico se verificam em diversos segmentos socioculturais, como na escola, no clube, nas Associações e na Igreja.

É o que reafirma Gregory (2002) sobre as pessoas que colonizaram a região oeste paranaense, as quais são oriundas do RS, de origem alemã e de religião católica. O pesquisador menciona que elas foram trazidas

---

[28] Conforme Panke (1993, p. 15), "a rede de comunicação, reflexo da rede social, é definido pela literatura como a interação de um grupo de pessoas com interesses similares e que se sentem ligadas por diferentes fatores como etnia, valores sociais e culturais, religião ou situação econômica".

pela ação de comerciantes gaúchos interioranos, que se transformaram em corretores de terras. Dentre esses, destaca-se Miguel Dewes[29], que leva o nome da Escola[30] localizada em Dez de Maio.

Em estudo de caso recente com uma integrante dessa mesma comunidade sociolinguística, procurou-se investigar, com base nas narrativas a partir da sua história de vida, como se constitui a identidade de uma falante multilíngue (Schmidt, 2015). Os dados foram gerados mediante entrevista narrativa feita nas três línguas (espanhol, alemão, português), considerando os seguintes módulos: (i) identificação dos dados pessoais; (ii) narrativa de etapas da vida: a infância, a residência, a escolarização; e (iii) a imigração da família.

Em se tratando do tema modular "imigração", a entrevistada relata que eles vieram para o Brasil no ano de 1955. E os motivos que levaram a família a sair da Argentina e vir residir no Brasil centram-se na busca por melhores perspectivas de vida. Conforme ela:

> Eu me lembro que meu pai, por ser brasileiro [...] ele não poderia ganhar terra no nome dele. [...] E outro motivo que lá, assim, a terra não era muito boa, parecia que não tinha futuro para os filhos [...] Ele falou vamos ter que sair e então começou aqui [...] e ali ele veio pra aqui que é Dez de Maio — um distrito de Toledo — ali ele se achou em casa. Ali já tinha pessoas alemães morando, né. E todos católicos, que era a nossa religião [...] E depois, em 55, junho, 14 de junho de 55 desembarcamos aqui na nossa casa, ... onde hoje, até hoje eu ainda vivo (Schmidt, 2015, p. 305).

A investigação também reforça, mediante as narrativas dessa moradora/participante do estudo de caso, que no ano de 1955 havia pessoas residentes no distrito de Dez de Maio as quais eram falantes de alemão e católicas, atendendo, dessa forma, às condições essenciais para as famílias interessadas em fixar nova residência nessa localidade.

---

[29] Miguel Dewes é mencionado com destaque no histórico do distrito de Dez de Maio feito pela Secretaria de Educação do município de Toledo (*Com licença, somos distritos de Toledo*, 1988), cujas informações foram colhidas pelos professores da comunidade. Ele teve participação em diversas atividades de colonização, tendo participado de viagens de reconhecimento de colônias junto com o Pe. Balduíno Rambo, jesuíta que teve atuação destacada em diversas ações dos inacianos e de instituições do Rio Grande do Sul. Atribui-se a ele a venda das terras desse distrito, sendo que os pretendentes às terras podiam adquiri-las, caso satisfizessem as condições decorrentes do processo de colonização, a saber: serem de descendência alemã e católicos.

[30] Vale mencionar que a Escola Municipal Miguel Dewes recebeu em agosto de 2018 o primeiro lugar no Índice de Desenvolvimento da Educação Básica em Toledo, superando a meta nacional com a nota de 8,5. Disponível em: http://www.toledo.pr.leg.br/assessoria-de-imprensa/noticias/mocao-destaca-ideb-8-5-da--escola-miguel-dewes-de-dez-de-maio. Acesso em: 8 ago. 2018.

Ainda nesse estudo, a informante enfatiza que as diferenças linguísticas eram evidentes, ou seja, a língua alemã falada naquela época no contexto da Região Oeste do Paraná se tratava de uma variante dialetal, ao passo que a família dela se comunicava usando o alemão-padrão.

> Mas o que a gente estranhava é que eles, o alemão deles era bem assim; Hunsrück, posso falar? Eles falavam um pouco diferente, porque todos eram alemães também. Não tinha quem falasse o português, mas a comunicação foi um pouco difícil [...]. E fora da escola, da sala, todo mundo igual falava alemão, também, né. Todos eram filhos de alemães. Por isso, a gente não encontrava tanta dificuldade em se acostumar aqui. [...] Mas, naquela época a gente falava mais o alemão gramática, né (Schmidt, 2015, p. 304).

Tarallo propõe uma ampliação do conceito de gramática, que deveria abranger a forma (estrutura) e a substância (uso) da língua, levando em consideração a noção do uso linguístico e a caracterização da comunidade de fala por meio de seus traços referenciais e socioestilísticos:

> Assim também é a classe social, a etnia, o sexo, a faixa etária do falante. É somente através da correlação entre fatores linguísticos e não-linguísticos que você chegará a um melhor conhecimento de como a língua é usada e de que é constituída. Cada comunidade de fala é única [...] (Tarallo, 2005, p. 62).

3 ASPECTOS METODOLÓGICOS

Em relação ao método da Sociolinguística, reforça-se que seu objeto de estudo se localiza no uso da língua falada em contextos naturais e espontâneos, nos quais o falante tenha preocupação com *o que* diz e não com *o como* diz (Tarallo, 2007). Trata-se de um estudo em que a descrição e a interpretação são a base da análise qualitativa.

Considerando o exposto, os procedimentos de coleta de dados pautaram-se em duas modalidades. Especificamente os dados decorrem das situações de usos da língua em conversas livres e na observação participante. Vale ressaltar que, como a autora do texto tem contato com diversos moradores da comunidade[31], não houve a necessidade de ter

---

[31] Para ilustrar, registra-se que a autora do texto é oriunda dessa localidade e residiu durante o período da sua infância e juventude nessa comunidade, bem como mantém contatos e interações frequentes no contexto estudado.

sido apresentada por alguém conhecido na comunidade, nem de ter tido contato prévio com os informantes. Ademais, nesse processo de coleta de material, a pesquisadora não participou diretamente da situação de comunicação nas conversas livres, atendo-se ao papel de pesquisadora-observadora (Tarallo, 2005).

Nessas conversas livres, das quais cinco mulheres com idades entre 50 e 75 anos participaram, a comunicação centrou-se nos seguintes tópicos: comidas, preparo de alimentos, compras, namoros, família, amigos e interação entre alguns membros da comunidade. O contexto da interação sucedeu-se em alemão, na residência de uma informante da comunidade de Dez de Maio, em que acontecem atividades de lazer, tais como o jogo de cartas, o café da tarde e a confraternização entre amigas.

Essas conversas foram gravadas em áudio (telefone móvel), transcritas seguindo algumas orientações previstas na proposta de ortografia do *hunsrückisch* organizada por Altenhofen *et al.* no artigo intitulado "Fundamentos para uma escrita do Hunsrückisch falado no Brasil" (2007), em que o grupo de pesquisadores tenta aproximar a escrita do *hunsrückisch* às convenções ortográficas da variedade do alemão-padrão. Essa opção corresponde com o entendimento assumido no presente texto, em que a escrita etimológica considera essa variedade dialetal a partir da origem e da história dela no percurso histórico da língua alemã.

Os diálogos transcritos constituem-se como base para o estudo, sendo que alguns trechos dispostos na análise serviram para ilustrar aspectos do comportamento linguístico dessas pessoas, bem como para descrever a situação da língua alemã sob o aspecto sincrônico no *locus* da pesquisa.

4 CONTATO LINGUÍSTICO E A ANÁLISE SOCIOLINGUÍSTICA

A interação entre as cinco moradoras de Dez de Maio — participantes do estudo em questão — sucedeu-se em língua alemã, com o predomínio da variante dialetal *hunsrückisch*[32]. O *hunsrückisch* define-se como sendo

---

[32] O *hunsrückisch* tem origem nos dialetos franconio-renano e franconio-moselano falados na região do Hunsrück, às margens dos rios Reno e Mosela, no oeste da Alemanha. Trata-se de uma *variedade oral de base franconia* — em comparação com outras variedades dialetais misturadas que tiveram outro dialeto como base mais forte, como o vestfaliano, o pomerano etc. Vale destacar que nenhuma dessas variedades está no mesmo estágio como era no tempo da imigração europeia. Nesse sentido, quando os estudos remetem ao Hunsrückisch, não se refere a essa variedade dialetal falada no contexto alemão na atualidade, e sim às variedades brasileiras que tiveram os dialetos desses locais como base.

uma língua essencialmente usada na modalidade oral e não constam registros sistematizados dessa língua na modalidade escrita. Trata-se de uma língua alóctone, decorrente de variedade do contato com o português brasileiro (Altenhofen *et al.*, 2007, p. 74).

No entendimento de Spinassé (2008), o contato linguístico é sem dúvida um fenômeno muito perceptível no *hunsrückisch*. Sendo uma língua viva, essa variedade também passou por outros fenômenos intralinguais, que também determinaram seu estado atual. Ainda, para essa autora, a estrutura do *hunsrückisch*, entretanto, é bastante germânico, apesar de todos os empréstimos do português, lembrando muito a língua de origem.

Esse fenômeno linguístico no contexto sul-brasileiro, especificamente o contato entre as duas línguas — uma com status de língua oficial/majoritária e a outra língua minoritária falada pelos imigrantes alemães —, desencadeou o fenômeno da mistura de códigos em nível do lexema, ou seja, a incorporação e a adaptação de termos desconhecidos, não usuais para os alemães na época da imigração (Spinassé, 2008). Essa situação de bilinguismo, em que coexistem duas línguas no mesmo contexto, em que constam usos de dois códigos linguísticos (*hunsrückisch*/português), depreende, também, de uma classificação hierárquica.

Dessa forma, a língua alemã trazida pelos imigrantes alemães no Brasil, mediante o contato com o novo contexto sociolinguístico, não poderia deixar de ser influenciada. Tem-se uma língua que depreende dois sistemas linguísticos: a língua alemã e sua manifestação no *hunrückisch* e a língua portuguesa, sendo que ambas se influenciaram mutuamente. É o que se verifica nos enunciados a seguir:

> F1[33]– Wie geht´s (F2)? Alles gut (F2)?
> F2 – Jo! Der Tee schmekt werig gut (F1), was se gemacht host.
> F1 – Unn die Bergamotte sind auch gut, siiss was man kauft hon.
> F2 – Ich will keene, wei man grade ebe von so ein andere Kerl gekauft.
> F1 – Dann...
> F3 – Bergamotte und Tee hällt der Mann in die Ee.
> F1- Wie host du richtich gesoht?
> F3 – Bergamotte und Tee hällt der Mann in die Ee.
> F1 / F2 / F3/ F4/ F5 – Hahahahha.

---

[33] Para fins de manter o anonimato das informantes, usa-se Falante 1, como F1, F2, F3, F4 e F5.

Nesse diálogo inicial, a forma de saudação incorpora a expressão traduzida literalmente do português, como em *"Alles gut?"* (Tudo bem?) no lugar do alemão na variedade-padrão *"Wie geht`s"* (Como vai?), que também aparece na fala introdutória. Tem-se um exemplo de contato de dois sistemas linguísticos, em que as duas línguas, o alemão e o português, se influenciaram mutuamente, nos níveis internos e externos da língua.

Outro exemplo do contato linguístico dos imigrantes alemães e dos seus descendentes com a língua portuguesa em território sul-brasileiro verifica-se no termo *"Bergamotte"*. O termo *"Bergamotte"* (bergamota) aparece nos usos dessas falantes da comunidade investigada, ao invés da variante *"Mandarine"*, correspondente à variedade-padrão do alemão. Trata-se de um empréstimo linguístico, pois a bergamota era uma fruta desconhecida pelos imigrantes europeus; assim não tinha uma variante no alemão. Depreende-que nesse empréstimo lexical, como em outros, a palavra foi emprestada do português para facilitar a comunicação entre a cultura e sociedade alemãs e brasileiras.

Tal fenômeno foi um processo produtivo por parte dos falantes do alemão, sendo necessário para que pudessem nomear objetos de uso diário, utensílios domésticos, alimentos, elementos da flora e da fauna presentes no contexto brasileiro. O vocabulário dos primeiros imigrantes não era suficiente para atender ao novo contexto no âmbito linguístico. Alguns termos, para os quais não havia uma palavra correspondente nas variedades linguísticas trazidas pelos imigrantes alemães (e posteriormente no processo de migração nos estados do sul do Brasil), foram sendo incorporados e adaptados do português.

Além disso, no enunciado da Falante 3 (F3), entende-se que as mulheres, ao lidarem com os afazeres da casa, com o preparo dos alimentos, também acumulam conhecimentos, manifestado no dito popular: *"Bergamotte und Tee hällt der Mann in die Ehe"*. Em sentido literal no português, tem-se que a "Bergamota e chá seguram o marido no casamento" ou "Usar bergamota e chá auxilia na manutenção da relação conjugal". Pressupõe-se que as mulheres de origem alemã conheçam que essa fruta traz benefícios especiais para elas, tanto no uso dermatológico (limpeza da pele, redutora de rugas e marcas de expressão) quanto no uso medicinal (diurética, digestiva, analgésica, cicatrizante, revigorante, estimulante, refrescante e aromática).

O chá *("Tee")* das folhas de bergamota tem efeito calmante, que está relacionado ao conteúdo de óleo essencial da planta, podendo auxiliar nos tratamentos contra ansiedade e tristeza. São ditos populares que carregam elementos da cultura e da sociedade alemã, sendo usados em situações de interação entre mulheres e amigas na comunidade investigada, bem como retratam situações de caráter humorístico.

De forma geral, essas tradições culturais são passadas no seio familiar e são as mulheres as principais responsáveis pela manutenção delas. Isso porque, na divisão do trabalho familiar, é a mãe ou a mulher que produz a refeição.

Assim, os estudos sociolinguísticos primam pela relação intrínseca entre a língua e a sociedade, de modo que a linguagem ocupa papel central na história de uma sociedade e sua cultura, não apenas por mediar as interações e relações, mas, sobretudo, por construir a história, a sociedade e a cultura. Isso Calvet (2002, p. 12) reforça ao enfatizar que "as línguas não existem sem as pessoas que as falam, e a história de uma língua é a história de seus falantes", formando uma tríade na qual os seres humanos se inserem.

Da mesma forma, nos enunciados seguintes, constam diferentes fenômenos decorrentes do contato do *hunsrückisch* com a língua portuguesa no novo contexto sociolinguístico.

> F1– F4, was host du bezahlt für dein Bicikletchtje. Das elektrische?
> F4 – Ah, dreiachthuner.
> F1 – Dreiachthuner?
> F4 – Mit ein Deskont dabei...
> F1 – Mit gut Negociation? F3, willst du net eins kaufe? Dann brauchst du net so viel so gehen? [...]
> F4 – Mein Mädchen, wenn froh ai enn es inauguriet hat... soht ich io.
> F1 – Bist noch net gefall?
> F4 – Neh.
> F1– Die son immer ein gut Motorist, misst dreimal umschmeisen.
> F4 – Dann soh ich io. Hat scho inauguriert. Mein Mädchen soht io, ich han inauguriet. Unn dann sogt mein Mädchen, ich hons mal gedenkt, in die zwei hort hon ´s mal inauguriert.

O contato entre duas línguas, culturas e sociedades, e o uso de diferentes línguas por pessoas em contato, qualifica-se como um contexto de bilinguismo. Isso se verifica, novamente, no empréstimo dos termos *"Bicikletchtje", "Deskont", "Negociation", "Motorist".* Nesse exemplo, o léxico incorporado, que são empréstimos integrados seguindo as regras do *hunsrückisch*, remete a uma situação comunicativa de compra de uma bicicletinha "*das Bicikletchtje*", em que a boa negociação "*die gut Negociation*" foi feita com um desconto "*ein Deskont*".

Depreende-se que esse vocabulário, mesmo que fizesse parte do repertório linguístico dos alemães, ao emigrarem da sua terra natal, tenha sofrido um processo de variação e mudança linguística. Nos enunciados acima, tem-se o fenômeno de alternância de códigos, em que a estrutura frasal é do *hunsrückisch*, porém alguns termos (sobretudo os substantivos) são inseridos do português.

Outro fenômeno decorrente do contato entre o *hunsrückisch* e o português no solo brasileiro é o uso dos verbos com sufixo *–iere* para a formação do infinitivo, como em "*sich arrumieren*" (arrumar-se) e "*namorieren*" de "namorar". Nos diálogos entre as senhoras, foi possível atestar a presença desse fenômeno linguístico. Nos trechos seguintes, constam os verbos '*kongelieren*' de congelar e '*permitiert*' de permitir.

> F5 – Er ist dan schwarz demais, schwarz Kotscht.
> F1 – Ja, dann ist ein schlecht Messer fürs abzuschneider, aber die Messer schneiden doch net. Dann muss man von vonne weeg abschneiden. Wenn ich das Brot so kongelieren, schneide ich immer auch das Schwarz vonne ab. Wel... [...] Das ist gut braun, io. Das sind kenn Schwarze, soo ein da Silva parent.
> F4 – Das hat man früher gehört, wenn man die Kotsch esse, dan kennt man lerne Kate.
> F1– Ich hon mein net permitiert die Koschte neben legen, die must immer essen. Não Permitia!

No exemplo dos verbos com a terminação – desinência verbal – ieren – para indicar a forma infinitiva é usado nos verbos, sobretudo, nos que são de outra origem etimológica. Têm-se, nesses casos, os verbos '*studieren*', '*korrigieren*' e outros, contudo esse processo não é usado para formação de todos os verbos no alemão-padrão. Por exemplo, o verbo "permitir" é do português e gerou o termo no *hunrückisch* "*permitiert*", ao passo que na variedade-padrão tem-se o termo "*erlauben*". A mesma falante, num outro enunciado, altera o código para o português, dizendo que ela "Não permitia!".

Dessa forma, entende-se que essa falante (assim como as demais praticantes deste estudo) apresenta as características básicas de um falante bilíngue, especificamente a independência dos dois códigos e a alternância.

Ao mesmo tempo, no enunciado da Falante 1 (F1), ao interagir com as amigas sobre o pão, essas características aparecem novamente. No enunciado *"Er ist dan schwarz demais, schwarz Kotscht"* (Ele é então preto demais, casca preta.), a participante menciona que o *"schwarz Kotscht"*, a casca preta do pão caseiro (referindo-se à parte externa do pão, no caso a casca do pão) que elas estão comendo, está preto em demasiado. Ainda, ela infere que o outro pão é bem marrom, que não é preto, tal qual um preto, parente de um da Silva. *"Das ist gut braun, io. Das sind kenn Schwarze, soo ein da Silva parent."*

Descrever e compreender o fenômeno linguístico de uma comunidade (aqui representada por cinco integrantes) implica, necessariamente, relacionar com aspectos identitários, étnicos, socioculturais, além de outros elementos extralinguísticos. Na formação da identidade linguística e étnica do Brasil, têm-se aspectos que envolvem o sentimento de reconhecimento e de pertencimento. Trata-se de uma questão identitária, pois a manifestação da informante (F1) subjaz a inferência de que *"os Schwarzen"*, "os negros/pretos" (associado à cor de pele preta e ao sobrenome "da Silva"), difere da sua identidade que é alemã, *"os Deutschen"*, "os alemães".

Para Damke (1998), a construção da identidade é decorrente de fatores individuais, e também de fatores coletivos, sociais. No caso dos imigrantes alemães (e também dos migrantes alemães no contexto investigado), "trazem de seu país de origem uma identidade diferente daquela que terão que assumir na nova pátria" (Damke, 1998, p. 22).

No fragmento a seguir, verificam-se outros fenômenos do contato linguístico:

> F1 – Hot der Roske gut geschmek?
> F3 – Mechtich gut!
> F1 – Dei Toos? Das Miljebrot? Die Linda hot gebrung, jezt wor man schon fertig mit essen. [...]
> F3 – Ein Brotschmier! [...]
> F2 – Wenn mein Miljebrot alle ist, dan tun ich bei der Anna anrufen.
> F1 – Pois é, die hon grad geplent, die hate noch alle noch so viel Brot. Aber ich denke ich behale eins, da do hen man schon alles ganz gess. Dan tun ich das andere kongeliere, und esse das.
> F3 – Ich hon eine Schwester von Alvorada, die backe auch gut Brot.
> F 1 – Demnoch wie ich Hunger hon, esse ich ganz viel. Ich esse schnell ein ganz Brot.

F2 – Wenn ich Hunger hon, esse ich gern bis Woscht, Miljebrot mit Kesschmier.

Em se tratando de verbos, constata-se o uso frequente do verbo ter nos distintos tempos e pessoas, como a forma verbal *"hot"* no enunciado *"Hot der Roske gut geschmek?"* e a forma *"hon"* no enunciado *"Ich hon eine Schwester von Alvorada [...]"*. Nesse exemplo, as formas correspondentes ao alemão-padrão são "hat", "habe" e são usadas para expressar o tempo verbal do passado, no caso "A rosca (die Roske) estava gostosa?", como no presente "Eu tenho uma irmã de Alvorada [...]".

Além disso, o uso do verbo "tun" (ter) tende a acarretar mudança de estrutura na frase no hunsrückisch: "tun + infinitvo" como em *"Ich werde bei der Anna anrufen.'* Para *'dan tun ich bei der Anna anrufen.'*, e ainda com em *"Dann werde ich das Andere erfrieren."* Para *"Dan tun ich das andere kongeliere [...]"*.

Vale relembrar que o contexto de interação das informantes revela um cotidiano simples, em que essa rede de amigas se encontra em distintas situações, seja para momentos de conversas, de confraternização, de trocas e de convívio. Nessa situação apresentada, o encontro envolve o "estar junto e comer junto", e expressar opiniões sobre aspectos que se referem à culinária alemã e ao café colonial.

Dessa forma, no léxico usado pelas falantes bilíngues constam alguns substantivos, os quais são, muitas vezes, formados pelo uso de palavras compostas, como em *"Miljebrot"* (pão de milho), *"Brotschmier"* (pão com geleia) e também *"Kesschmier*[34]*"* (pão com requeijão).

Considerando a descrição analítica feita acerca do comportamento de algumas falantes em contato com o *hunrückisch* e o português em Dez de Maio, pode-se atestar sua funcionalidade para interação e uso no grupo bilíngue, estendendo-se, em certa medida, para a comunidade. A situação de bilinguismo revela que o comportamento linguístico de falantes em contato com diferentes línguas e culturas no contexto brasileiro representa a integração sociocultural e linguística, e tende a contribuir para os estudos sociolinguísticos.

Damke (2008) enfatiza que, ao discutir sobre as políticas linguísticas e a conservação da língua alemã no Brasil, apesar de decorridos quase 200 anos do início do processo migratório, a língua e a cultura

---

[34] Na língua alemã-padrão, é denominado de '*Quark*' e que é um tipo de queijo de consistência macia um pouco úmida, feito à base de leite coalhado sem maturação alguma. Na comunidade, bem como na região oeste-paranaense, é denominado de "requeijão" pelos descendentes de alemães, que serve para passar sobre a fatia de pão.

alemães ainda se conservam vivas e são usadas atualmente por falantes com relativa frequência em diversas regiões do Brasil, sobretudo no sul. No seu entendimento, trata-se de uma reafirmação e de um esforço em favor da manutenção de uma identidade étnica e cultural. Em parte, representa a diversidade linguística e cultural atestada, sobretudo no sul do Brasil, manifestada nas vozes e nas práticas culturais desse grupo minoritário.

O estudo evidencia ainda que, de medida satisfatória, não só se contrapõe aos estudos sobre a diminuição ou o desaparecimento do uso de línguas maternas em comunidades bilíngues, mas também se mostra bastante estável em comparação a outras línguas em situações similares de línguas em contato.

CONCLUSÃO

De uma parte, em relação ao objeto de estudo — comportamento sociolinguístico de descendentes de imigrantes alemães, em contexto de bilinguismo na comunidade linguística de Dez de Maio —, reitera-se que se trata de um fenômeno marcado pela complexidade e heterogeneidade.

De outra parte, investigar como e com que intensidade as falantes utilizam na atualidade a variedade dialetal do alemão como língua de contato e comunicação nesse contexto está associado *à* rede estreita de interação densa construída pelas informantes.

Nesse sentido, destaca-se que, mesmo quase decorridos 30 anos a partir do estudo inicial de Panke (1993) sobre essa comunidade linguística, a rede de comunicação na atualidade preserva algumas dessas características, tais como estar ligada por interesses étnicos, socioculturais e econômicos, sendo esses reforçados por vínculos fortes de amizade.

A coesão de uma rede de comunicação entre essas falantes, que frequentam e convivem em diversos ambientes e situações sociocomunicacionais, como no jogo de cartas entre amigas, como na comemoração de aniversário, como no café da tarde, assegura a continuidade do uso do *hunsrückisch*, sobretudo na geração mais velha.

São componentes que auxiliam no aumento da densidade dessa rede, uma vez que seus integrantes mantêm contatos frequentes e contínuos. Para tanto, o *hunsrückisch*, somado a outras línguas de imigração, tem o potencial de patrimônio cultural imaterial no contexto regional e local.

REFERÊNCIAS

ALTENHOFEN, Cléo V. *et al.* Fundamentos para uma escrita do Hunsrückisch falado no Brasil. **Revista Contingentia,** Porto Alegre, v. 2, p. 73-87, nov. 2007.

CAVALCANTI, Marilda C. Estudos sobre Educação Bilíngue e Escolarização em Contextos de Minorias Linguísticas no Brasil. **DELTA:** Revista de Documentação de Estudos em Linguística Teórica e Aplicada, v. 5, número especial, 1999.

CRESTANI, Leandro de Araújo C.; VITTO, Anésio José (org.). **Conhecendo Toledo, nosso Município.** 4. Ano. Toledo: Secretaria Municipal da Educação de Toledo. Prefeitura Municipal, 2017?. Disponível em: https://www.toledo.pr.gov.br/sites/default/files/livro_ conhecendo_toledo_-4_ano_vf.pdf. Acesso em: 18 jun. 2019.

DAMKE, Ciro. Variação linguística e a construção do sujeito. *In:* **JELL Jornada de estudos Linguístico e Literários.** Marechal Cândido Rondon, 1998.

DAMKE, Ciro. Políticas linguísticas e a conservação da língua alemã no Brasil. **Espéculo,** n. 40, p. 1-12, 2008.

CALVET, Louis-Jean. **Sociolinguística**: uma introdução crítica. Trad. de Marcos Marciolino. São Paulo: Parábola, 2002.

GREGORY, Valdir. **Os eurobrasileiros e o espaço colonial:** migrações no Oeste do Paraná (1940-1970). Cascavel: Edunioeste, 2008.

HEYE, Jürgen. Sobre o conceito de diglossia. *In:* GORSKI, Edair M.; COELHO, Izete L. (org.). **Sociolinguística e ensino**: contribuições para a formação de professores de língua. Florianópolis, SC: Ed. UFSC, 2006. p. 69-83.

HEYE, Jürgen; VANDRESEN, Paulino. Línguas em contato. *In:* CARDOSO, Suzana A. M.; MOTA, Jacyra A.; SILVA, Rosa V. M. (org.). **Quinhentos anos de história linguística do Brasil.** Salvador: Funcultura do Governo da Bahia, 2006. p. 381-411.

MORENO FERNÁNDEZ, Francisco. **Principios de sociolingüística y sociología del lenguaje.** Barcelona: Ariel, 1998.

PANKE, Noemia Hepp. **O Papel da Rede de Comunicação na Manutenção do Bilinguismo Português - Alemão em Dez de Maio, Toledo – Paraná.** 1993. 210 f. Dissertação (Mestrado em Linguística de Língua Portuguesa) – Universidade Federal do Paraná, Curitiba, 1993.

SCHMIDT, Cristiane. Memórias Individuais: foco nas narrativas multilíngues. *In:* PEREIRA, José da Silva; MARINO, Luciana do Nascimento (org.). **Textos da Memória – a memória dos textos**: homenagem à Profa. Ângela Vaz Leão. v. 1. 1. ed. Rio de Janeiro: Letra Capital Editora, 2015. p. 297-306.

SECRETARIA MUNICIPAL DE EDUCAÇÃO. **Com licença, somos distritos de Toledo.** 2. ed. Cascavel: Assoeste, 1988.

SPINASSÉ, Karen Pupp. O hunsrückisch no Brasil: a língua como fator histórico da relação entre Brasil e Alemanha. **Espaço Plural**, UFRGS, 2008.

SILVA, Sidney de Souza (org.). **Línguas em contato:** cenários de bilinguismo no Brasil. Campinas, SP: Pontes Editores, 2011.

TARALLO, Fernando. **A pesquisa sociolinguista.** 8. ed. São Paulo: Editora Ática, 2007.

VON BORSTEL, Clarice Nadir. **A linguagem sociocultural do Brasildeutsch.** São Carlos: Pedro & João Editores, 2011.

WACHOWICZ, Ruy Christovam. **Obrageros, Mensus e Colonos:** história do Oeste paranaense. Curitiba: Ed. Vicentina, 1982.

ESTUDO DO LÉXICO: USO DE NEOLOGISMOS E DE EMPRÉSTIMOS LINGUÍSTICOS A PARTIR DA ESCRITA DIGITAL

Elza Sabino da Silva Bueno
Neide Araújo Castilho Teno
Leonardo Araújo Ferreira

INTRODUÇÃO

Os chamados empréstimos linguísticos são palavras novas atribuídas a um determinado idioma, mas que ainda não foram dicionarizadas. Mesmo assim, seu uso está presente no contexto social dos falantes de uma determinada língua. Atualmente, a utilização de recursos tecnológicos está fazendo a diferença na vida de milhões de pessoas no mundo inteiro, a partir de celulares, computadores, *iPads*, plataformas virtuais, e-mail, *cloud storage* (armazenamento em nuvem), hardwares, softwares e, sobretudo, pela facilidade e o acesso às informações por meio da internet e das redes sociais. Nesses exemplos supracitados, percebe-se que várias denominações do inglês foram "emprestadas" ao nosso idioma como meio de expressão e sua utilização pelos falantes de várias línguas do mundo inteiro, processo esse denominado de empréstimo linguístico.

Especialmente, o léxico é a dimensão da língua que apresenta um dinamismo constante e os responsáveis pela criação de uma nova unidade léxica ou por empréstimo, ou pela presença de estrangeirismos constituindo os neologismos. São os neologismos que estão presentes na língua revelando as mudanças das sociedades modernas, mormente com o surgimento das novas tecnologias. Outros neologismos sofrem adaptações nos diferentes pontos de vista, ou no fonético ou no fonológico, os chamados empréstimos linguísticos, que segundo Alves (1996) ocorrem quando um elemento estrangeiro se adapta ao sistema fonológico de outra língua recebendo uma pronúncia de acordo com o sistema fonemático da língua que o recebeu.

Conforme as gerações avançam, muitas terminologias são inovadas e sendo incorporadas ao conjunto lexical de crianças, jovens e adultos; mesmo que desconheçam a tradução da palavra, pelo fato de outras pessoas ao seu redor utilizarem tais terminologias, acabam por utilizá-las até mesmo inconscientemente. Por exemplo, a palavra *update*, utilizada na frase: "Preciso fazer um *update* em minha vida. Este ano está tudo igual e, além de tudo, não tive nenhuma promoção no trabalho". Nota-se que, por meio de um contexto, o termo *update* é utilizado com o sentido de inovação, modernizar algo, no caso os acontecimentos monótonos do cotidiano.

Nesse sentido, a finalidade do estudo é o de analisar a presença de neologismos e empréstimos linguísticos a partir da escrita digitais sob a perspectiva dos estudos variacionista e do léxico. Por isso, as unidades lexicais que englobam a tecnologia e a comunicação virtual são analisadas e expostas por meio de glossário, após levantamento e coleta de dados. Ademais, o grau de formalidade (discurso formal ou informal) não será levado em consideração, em vista de palavras neológicas do contexto digital expressam diálogos informais do cotidiano de seus usuários.

Para a análise, o trabalho foi subdividido em diferentes partes: a primeira se trata da introdução do estudo e descrição dos passos da pesquisa; a segunda traz a fundamentação teórica e os estudiosos que constituíram a base da pesquisa; a terceira, por sua vez, abrange a metodologia utilizada na pesquisa, em que vários autores foram consultados para abarcar os diferentes recursos neológicos e de empréstimos lexicais em nossa língua materna.

A quarta parte da pesquisa retrata as análises dos dados e o glossário linguístico explicativo dos léxicos coletados para a pesquisa, determinando sua classificação, significado, e contextualizando-o por meio de uma frase. E, por fim, as considerações finais e as referências bibliográficas que serviram de aporte para o estudo.

1 FUNDAMENTAÇÃO TEÓRICA QUE EMBASOU O ESTUDO

Iniciamos a fundamentação teórica com estudiosos que adotam a criação de um neologismo baseado em língua estrangeira para que ele se torne integrante do acervo lexical de outra língua. A frequência de uso de um termo estrangeiro na língua, por exemplo, é o primeiro critério para dizer da incorporação do neologismo. Assim, quanto mais a palavra for vinculada nos meios de comunicação, ou frequente na fala da população, maior será a sua oportunidade de integrar a língua. Os vocábulos "*show, shopping center, marketing*, [...] já foi adaptada: *shopping* é chope e *show* é xou (Carvalho, 2011, p. 43-44), e faz parte do acervo da língua portuguesa.

Segundo De Carvalho (2000), a neologia lexical ou neologismo[35] refere-se aos estudos voltados à criação de novas palavras em um determinado momento histórico da língua, à medida que há necessidade de expressar-se e interagir de forma individual ou coletiva. Desse modo, a autora salienta ainda que

> Os termos novos, como resultantes da criatividade linguística, são também consequência da criatividade humana nos outros campos. Os neologismos criados no setor artístico, científico e tecnológico têm o objetivo de oferecer novos conceitos sobre o universo e assim acompanhar a evolução humana (De Carvalho, 2000, p. 194).

Essa mesma pesquisadora admite que a língua consente a seus usuários expressar-se por meio da criatividade, visto que não se trata de um produto feito e acabado; pelo contrário, a língua é um fenômeno inacabável, que modifica e constrói a identidade social e linguística do falante. Dessa forma, o contato entre neologismos e os empréstimos lexicais de outros idiomas retratam bem esse processo, de mudanças como manifestações de criatividade e não só de alterações e desvios. Entendemos conforme ensina De Carvalho (2000, p. 196), que, "como a língua não é um ergon, um produto pronto, e acabado, ela se refaz porque se fundamenta em modelos anteriores" e as mudanças ocorridas contribuem para o deslocamento de uma norma.

Para Alves (1996), o conceito de neologismo abrange o desenvolvimento lexical de uma determinada língua, inovando-a constantemente, além de torná-la suscetível à interação e influência de outros idiomas. Ademais, conforme McCleary (2009), menciona que novos conceitos utilizados na língua derivam da própria cultura e da própria língua, no qual ocorre a junção de um signo e significado para a formação de um novo léxico. Mediante o autor, há três formas para a invenção de uma nova palavra: "velho conceito + nova forma fonológica; novo conceito + velha forma fonológica e novo conceito + nova forma fonológica" (McCleary, 2009, p. 32).

Corrobora Bispo (2017) com a temática explicitando que há dois tipos importantes de neologismos: os que expressam valor semântico e outro lexical. Os de caráter semântico se referem às novas palavras criadas, tendo como base significantes que já se encontram presentes na língua.

---

[35] Neologismo significa "nova palavra", termo em latim *neo* (novo) e do grego *logos* (palavra) (Bispo, 2017, p. 3333).

Já o segundo refere-se às unidades lexicais criadas a partir de elementos gramaticais presentes no idioma, tais como os processos de justaposição, aglutinação, formação e derivação.

Quando McCleary (2009) discute acerca do processo de formação de novas línguas, traz aspectos importantes para explicar que outra forma de criar um neologismo é utilizando uma palavra já existente na língua, mas colocando-a para expressar outro significado, e traz como exemplo a palavra "laranja" como o léxico que, dependendo do contexto, pode estabelecer outro sentido na frase. Podemos encontrar "A laranja é minha fruta preferida" com um sentido de fruta; já em o "O suspeito acusado pelo juiz era laranja do grupo" encontramos uma extensão de significado para o léxico "laranja", com o sentido de uma pessoa que recebeu ou repassou dinheiro ilegalmente, construindo um neologismo.

Nessa mesma linha de raciocínio, continua McCleary (2009) expondo que o processo por meio do qual as palavras são emprestadas de uma língua estrangeira para compor o repertório linguístico de outro idioma é denominado de empréstimo linguístico. Esses empréstimos ganharam destaques na mídia como forma de invasão indiscriminada de palavras estrangeiras, denominadas de anglicismo, assim definidas:

> O anglicismo software, embora não seja possível pronunciá-lo no português com a mesma pronúncia que ele tem no inglês, até hoje mantém a mesma grafia, e é assim que aparece no dicionário (em itálico, porém). A palavra site (anglicismo que significa mais ou menos "página da Web"), também continua com a ortografia original (4.700.000 vezes, no Google, em páginas brasileiras), e é assim que está dicionarizada. Mas já existem outras ortografias alternativas: sait, que é um pouco mais aportuguesada (35.000 vezes), e saite, que é mais aportuguesada ainda (134.000 vezes), e nenhuma das duas está no dicionário (McCleary, 2009, p. 36).

A partir dessa definição, podemos citar a ocorrência com a palavra como software (que é um anglicismo), que antes era sempre grafada em itálico, todavia no Brasil e na atualidade já encontramos grafada de maneira comum (apesar da ortografia "estrangeira"). À medida que o estrangeirismo se incorpora à língua, ele passa a pertencer à fala dos brasileiros — como o anglicismo "software", que, embora não seja possível pronunciá-lo no português com a mesma pronúncia que ele tem no inglês, a palavra passa a ser um tipo de neologismo.

Por conseguinte, diversos léxicos importados de uma língua estrangeira, com o passar do tempo, se tornam convencionais e até chegam a ser dicionarizados e perdem o itálico, como as palavras "hardware" e "software", que já se encontram presentes no dicionário Caldas Aulete com suas respectivas definições: "software – Em computador ou sistema de computação, os elementos não físicos de processamento de dados, como programas, sistemas operacionais, etc"; e "hardware – Conjunto de dispositivos eletrônicos e digitais de um computador (monitor, placas, teclado etc.) e de seus equipamentos periféricos (impressora, scanner, web cam etc.)" (Aulete Digital).

Sandmann (1992) explica que é possível discernir três tipos de empréstimos linguísticos, sendo eles o lexical, o semântico ou decalque e o estrutural. No primeiro exemplo, podem ocorrer casos em que a palavra seja adotada sem sofrer nenhuma variação, como o caso de "show" e "freezer", que foram importadas da língua inglesa e mantiveram a mesma escrita na língua portuguesa. Já o empréstimo semântico é caracterizado por haver alterações em certos morfemas, a título de exemplo, a palavra "hot-dog" (língua inglesa), que foi traduzida para o português brasileiro "cachorro-quente". Por último, no empréstimo estrutural, não há a importação de morfemas estrangeiros (Sandmann, 1992, p. 73).

McCleary (2009) indica determinadas etapas nas quais as unidades lexicais são inseridas em outro idioma. No processo de interferência, as pessoas que são bilíngues se apropriam da palavra estrangeira em sua fala na língua portuguesa. Em relação às gírias e jargões, certos grupos possuem maior grau de convivência com pessoas que acabam por influenciá-las em seu repertório linguístico, no trabalho, na escola, contudo, mantêm a escrita estrangeira.

No estrangeirismo, a palavra é disseminada a uma quantidade maior de usuários, seja por meio de mídias sociais, como TV, rádio e jornais. Na escrita, a palavra continua em itálico, aparecendo algumas variações próximas ao idioma materno. Na fase do empréstimo, a palavra já está "aportuguesada", em que já ocorrem flexões e derivações condizentes às regras do português. Após a dicionarização, a palavra é absorvida e já não possui mais caráter estrangeiro, sendo considerada própria da língua (McCleary, 2009, p. 38).

Diante das fundamentações dos autores supracitados, o estudo dos neologismos e empréstimos linguísticos do contexto digital nos proporciona maiores interações e expressividade nos dias atuais, em vista do crescente número de usuários conectados nas redes sociais e na internet. Por isso, analisar as novas unidades lexicais presentes nesse meio estabelece entre os falantes a proximidade com a inovação e o avanço da língua em seu processo de constante aprimoramento. Dessa forma, Costa (2021) demonstra que, nos tempos atuais, a língua utilizada no contexto tecnológico promove a criação de novos léxicos, embasamentos nos quais foi possível realizar o presente estudo, pois:

> A hodiernidade nos possibilita viver no modo on (conectado à rede) e no modo off (desconectados) e ambos possuem contextos que proporcionam aos usuários/falantes a criação de novas palavras, graças à vitalidade linguística, que acompanha as necessidades da sociedade, fazendo com que a linguagem também seja uma marca registrada do ambiente de convivência entre os falantes (Hora; Costa, 2021, p. 86).

2 METODOLOGIA DA PESQUISA

O estudo trata-se de uma pesquisa vinculada à área do léxico e dos estudos variacionistas, pois analisa empréstimos lexicais da língua. Dentre os pioneiros dos estudos variacionistas, podemos citar o grupo do projeto da Norma Urbana Oral Culta do Rio de Janeiro (Nurc), as pesquisas da Variação Linguística no Estado do Rio de Janeiro com os coordenadores os Miriam Lemle, Celso Cunha e Anthony Naro, entre outros grupos[36] de estudo.

A metodologia utilizada partiu de um recorte da amostra de um banco de dados que foram coletados nas redes sociais virtuais, ou seja, as unidades lexicais presentes nas redes sociais e em sites da internet. A escolha de redes sociais e de veículos da internet foi devido ao contato com diversos usuários conectados nesse meio digital, os quais realizam diversas postagens, comentários e informações que englobam seu cotidiano. Ademais, esses meios também são utilizados como diversão e lazer, nos quais as crianças e jovens interagem por meio de jogos em rede. O meio virtual tem apresentado como um espaço propício para investigação de material lexical, utilizando o Google, as redes sociais (Facebook, Instagram, Twitter), entre outros.

---

[36] Outros grupos podem ser citados que utilizam os pressupostos teórico-metodológicos da Sociolinguística: Programa de Estudos sobre o Uso da Língua (Peul), uma extensão do Projeto Nurc – na Universidade Federal do Rio de Janeiro (UFRJ); o projeto de Variação Linguística da Região Sul do Brasil (Varsul) – na Universidade Federal de Santa Catarina (UFSC), na Universidade Federal do Rio Grande do Sul (UFRGS), na Universidade Federal do Paraná (UFPR) e na Pontifícia Universidade Católica do Rio Grande do Sul (PUC-RS) (Salomão, 2011, p. 193).

Outro procedimento metodológico é a consulta nos dicionários Michaelis Dicionário Brasileiro da Língua Portuguesa (2009), Caldas Aulete (2015), Dicionário Houaiss Beta da Língua Portuguesa (2012), Dicionário da Real Academia Española (RAE), Dicionário de Americanismos (ASALE) e Dicionário Cambridge de inglês. Após o estudo e o levantamento de postagens e comentários no ambiente virtual, tais como Google, Whatsapp, Facebook e Instagram, os neologismos e empréstimos linguísticos foram confirmados nos dicionários e certificados como unidade léxica de neologismo formal ou semântico. Após os exames nos dicionários, as lexias foram organizadas em um glossário e definidos de acordo com os seguintes tópicos (classificação, significado e contextualização em uma frase).

3 ANÁLISE LINGUÍSTICA DO GLOSSÁRIO DE NEOLOGISMOS E EMPRÉSTIMOS LEXICAIS

Para análise do corpus destacado, selecionamos a seguinte sequência de tópicos (classificação, significado e contextualização). Na classificação olhamos para a definição do dicionário, no significado restringimos em registrar o sentido contido no contexto com considerações, e, por fim, na contextualização, o registro encontrado nos meios digitais.

Quadro 1 – Distribuição dos neologismos encontrados

Lexia	Classificação
Internetês	Neologismo (internet + sufixo ês) que designa a linguagem utilizada no meio virtual
Trade marketing	Empréstimo linguístico da língua inglesa
Trader	Empréstimo linguístico da língua inglesa
YouTube	Empréstimo linguístico da língua inglesa
Youtuber	Empréstimo linguístico da língua inglesa

Fonte: elaborado pelos estudiosos

A partir da síntese do Quadro 1, descrevemos as análises:

- *Internetês*[37]

  Classificação: neologismo lexical, utilizando recursos linguísticos já existentes para a formação da nova palavra. Significado: jargão utilizado por usuários no meio digital, principalmente nas redes sociais e contextualização, que consiste na utilização do *internetês*, que vem crescendo nos últimos tempos.

- *Trade marketing*

  Classificação: Empréstimo linguístico da língua inglesa, utilizado em empresas de marketing como estratégias de compra e venda. Significado: estratégias que visam à maximização de vendas e melhorar a qualidade dos produtos para os usuários finais. Contextualização: o mercado de *trade marketing* precisou ajustar algumas medidas em seus produtos para melhorar o desempenho das vendas.

- *Trader*

  Classificação: neologismo semântico, utilizado para designar usuários que realizam investimentos no mercado financeiro. Significado: termo utilizado para referir-se ao profissional ou àqueles que investem dinheiro no mercado financeiro. Contextualização: qualquer pessoa pode se tornar um *trader*, não importa a profissão.

- *YouTube*

  Classificação: Empréstimo linguístico da língua inglesa referente a uma plataforma de divulgação. Significado: O *YouTube* é uma plataforma de compartilhamento e divulgações de vídeos. Contextualização: Ontem publiquei meus vídeos no *YouTube*! A galera curtiu!

- *Youtuber*

  Classificação: neologismo semântico referente ao léxico *YouTube*. Significado: usuários que publicam constantemente vídeos na plataforma do *YouTube*, a fim de obter maior número de segui-

---

[37] Internetês é um neologismo (de: internet + sufixo ês) que designa a linguagem utilizada no meio virtual, em que "as palavras foram abreviadas até o ponto de se transformarem numa única expressão, duas ou no máximo três letras", onde há "um desmoronamento da pontuação e da acentuação", pelo uso da fonética em detrimento da etimologia, com uso restrito de caracteres e desrespeito às normas gramaticais. Para alguns investigadores, o internetês é uma "forma de expressão grafolinguística [que] explodiu principalmente entre adolescentes que passam horas em frente do computador[...] (Fruet, 1995, p. 16).

dores e também recursos financeiros por meio de publicações e investimentos. Contextualização: Os *Youtubers* mais famosos do Brasil conseguiram dobrar seu número de seguidores.

- *Followers* (seguidores)

  Classificação: empréstimo linguístico da língua inglesa. Significado: usuários que acompanham e seguem influenciadores de conteúdo digital. Contextualização: Meu número de *followers* diminuiu o ano passado. Não sei, mas acredito que os conteúdos que postei não estavam legais.

- *Influencer* ou *Digital Influencer*

  Classificação: empréstimo linguístico da língua inglesa. Significado: pessoas que postam conteúdos no meio virtual e conseguem atrair seguidores. Contextualização: Minha colega de classe se tornou *Influencer* nas redes sociais. Acho que vou segui-la para acompanhar suas postagens sobre culinária.

- *Businessman* (empresário ou homem de negócios)

  Classificação: empréstimo linguístico da língua inglesa, retratando a palavra *Business* (negócios) + *man* (homem). Significado: referente ao profissional envolvido no ramo empresarial, mercado de ações e investimentos e contextualização: Meu pai é um homem muito ocupado. Ele é um *Businessman*.

CONSIDERAÇÕES FINAIS

As unidades lexicais de uma determinada língua sofrem constantes evoluções, permitindo a seus falantes a utilização dos diversos recursos linguísticos para expressar-se e comunicar-se com pessoas do mundo inteiro. Nesse mesmo raciocínio, os empréstimos linguísticos e os neologismos são exemplos de que a língua é um fenômeno interminável, mutável e em constante aprimoramento. Palavras que muitas vezes nem conhecemos seu significado, mas pelo simples uso por meio de pessoas ao nosso redor faz com que as incorporemos em nossa comunicação diária.

Nessa perspectiva, a pesquisa compreendeu que diversos recursos neológicos e empréstimos lexicais importados da língua inglesa, e que pertencem ao vocabulário tecnológico que foram obtendo inúmeras utilizações com o passar do tempo. O *internetês*, por exemplo, são jargões que os usuários utilizam em contextos informais, principalmente quando estão se comunicando nas redes sociais. Na verdade, trata-se de uma linguagem que já está imersa no imaginário das comunidades virtuais, em qualquer faixa etária, como uma maneira de se expressar apresentando uma competência de escrita de mais de uma forma.

Ademais, percebeu-se que alguns neologismos semânticos e lexicais, como "*Youtuber*" e "*Trader*", por meio de combinações da linguagem formaram unidades lexicais referentes a profissões, em que: *Youtube*= *Youtube*+ sufixo r; *Trade*= *Trade*+sufixo r. Por isso, estima-se que muitas palavras neológicas serão incorporadas na língua, em vista da forte interação entre esses elementos e seus usuários que utilizam o mundo digital frequentemente.

Outro destaque do estudo é a presença dos estrangeirismos incorporando à língua com extensão de sentido, como *Businessman, Influencer ou Digital Influencer,* entre outros, marcando seu *status* na língua portuguesa.

REFERÊNCIAS

ALVES, Ieda Maria. O conceito de neologia: da descrição lexical à planificação linguística. **Alfa**: Revista de Linguística, São José do Rio Preto, v. 40, p. 11-12, 1996. Disponível em: https://periodicos.fclar.unesp.br/alfa/article/view/3992. Acesso em: 2022.

ALVES, Ieda Maria. **Neologismo**: criação lexical. São Paulo: Ática, 2007.

ALVES, Mariane Antero. Análise de neologismos por empréstimos no português brasileiro. **Caligrama**: Revista de Estudos Românicos, v. 18, p. 35-37, 2012. Disponível em: http://www.periodicos.letras.ufmg.br/index.php/caligrama/article/view/1973. Acesso em: 2022.

AULETE DIGITAL. **Dicionário Caldas Aulete**. Disponível em: https://aulete.com.br. Acesso em: 15 out. 2022.

BHABHA, Homi. **O Local da** Cultura. Tradução de Myriam Avila, Eliane Livia Reis e Glauce Gonçalves. Belo Horizonte: Editora UFMG, 1998.

BISPO, Maria de Fátima Fernandes. **Seleção lexical neológica nas redes sociais**: uma proposta para o ensino da língua. De volta ao futuro da língua portuguesa, 2017. p. 3333-3343. Disponível em: http://siba-ese.unisalento.it/index.php/dvaf/article/view/18047. Acesso em: 2022.

CAMBRIDGE. **Advanced Learner's Dictionary**. Cambridge, UK: Cambridge University Press, 2008. Disponível em: http://dictionary.cambridge.org/. Acesso em: 2022.

CARVALHO, Nelly. **Empréstimos linguísticos**. Recife: UFPE, 2002.

DE CARVALHO, Nelly Medeiros. A Criação Neológica. **Trama**, Paraná, v. 2, p. 194-196, 2000. Disponível em: https://e-revista.unioeste.br/index.php/trama/article/view/681. Acesso em: 27 out. 2022.

CARVALHO, N. **Princípios básicos de lexicologia.** Recife: Editora da UFPE, 2011.

DICCIONARIO de americanismos. **Asociación de Academias de la Lengua Española**. Madrid: Santillana, 2010. Disponível em: www.asale.org. Acesso em: 15 out. 2022.

FRUET, Fabiane Sarmento Oliveira *et al.* Internetês: ameaça ou evolução na língua portuguesa? **Revista da ANPOLL**, São Paulo, n. 1, p. 1-286, 1995.

HORA, Livia Carneiro; COSTA, Natalina Sierra Assêncio. Renovação Lexical da Língua no Contexto Digital. *In:* TENO, Neide Araújo Castilho; JUNIOR, Ivo Di Camargo. **Linguagem e Educação**: Interseções entre Linguística Aplicada, Análise do Discurso e a Sociolinguística. São Paulo: Mentes Abertas, 2021. p. 79-89. Acesso em: 28 out. 2022.

MCCLEARY, Leland. **Sociolinguística**. Santa Catarina: UFSC-Universidade Federal de Santa Catarina, 2009. p. 31-38. Disponível em: https://diversitas.fflch.usp.br/leland-emerson-mccleary. Acesso em: 18 out. 2022.

NEVES, Maria Helena de Moura. **Gramática do português falado.** São Paulo: Humanitas/FFLCH/USP; Campinas: Editora da Unicamp, 1999.

OLIVEIRA, Stela Fernandes Silva de. **Influência da escrita digital em textos de alunos do ensino médio**: o internetês em foco. 2023. Dissertação (Mestrado em Letras) – Universidade Estadual de Mato Grosso do Sul, Campo Grande, 2023.

OXFORD dictionary of English. 3. ed. London: Oxford University Press, 2012. Disponível em: http://oxforddictionaries.com/. Acesso em: 25 out. 2022.

REAL ACADEMIA ESPAÑOLA. **Diccionario de la lengua española**. 23. ed. Disponible em: https://dle.rae.es. Acesso em: 20 out. 2022.

SALOMÃO, Ana Cristina Biondo. Variação e Mudança Linguística: Panorama e Perspectivas da Sociolinguística Variacionista no Brasil. **Fórum Linguístico**,

Florianópolis, v. 8, n. 2, p. 187-207, jul./dez. 2011. Disponível em: https://perio-dicos.ufsc.br/index.php/forum/article/view/1984 8412.2011v8n2p187/21673. Acesso em: 2022.

SANDMANN, Antônio José. Morfologia lexical. **Repensando a língua portu-guesa**, 1992. p. 72-74. Disponível em: https://www.acervodigital.ufpr.br/han-dle/1884/69311. Acesso em: 21 jul. 2022.

TRAVAGLIA, Luiz Carlos. **Gramática e interação**: uma proposta para o ensino de gramática. 11. ed. São Paulo: Cortez, 2006.

O LIVRO DIDÁTICO DO ENSINO MÉDIO: NO CAMINHO PARA UMA COMPREENSÃO CONSISTENTE DA VARIAÇÃO LINGUÍSTICA?[38]

Elaine Peixoto Araújo
Marcelo Nicomedes dos Reis Silva Filho

INTRODUÇÃO

O ensino da variação linguística nas salas de aula de Língua Portuguesa tem ganho espaço cada vez mais amplo nas últimas décadas em razão do avanço e difusão dos estudos de natureza sociolinguística, que passaram, por sua vez, a elucidar questões relativas à diversidade presente no ambiente escolar. A partir de então, as interações linguísticas passaram a ser ali analisadas levando-se em consideração diferentes fatores como região, idade, grupo social, registro, que evidenciam o caráter heterogêneo das línguas. Assim sendo, de acordo com Alckmin (2001, p. 33),

> Língua e variação são inseparáveis: a Sociolinguística encara a diversidade não como um problema, mas como uma qualidade constitutiva do fenômeno linguístico. Nesse sentido, qualquer tentativa de buscar apreender apenas o invariável, o sistema subjacente — se valer de oposições como "língua e fala", ou competência e performance — significa uma redução na compreensão do fenômeno linguístico. O aspecto formal e estruturado do fenômeno linguístico é apenas parte do fenômeno total.

Nesse cenário, documentos normativos que regem a educação de nosso país passaram a trazer como aprendizagem essencial a análise do fenômeno da variação linguística em seus diferentes níveis e em suas diversas dimensões, de maneira que os estudantes possam ampliar a sua compreensão a respeito do caráter vivo e dinâmico das línguas, fundamentando o seu combate a preconceitos de natureza linguística (Brasil, 2018). Somado a isso, avaliações de larga escala — a exemplo do Enem

---

[38] Artigo apresentado à disciplina Tópicos em Sociolinguística, ministrada no Doutorado em Linguística da Universidade do Estado de Mato Grosso (Unemat).

(Exame Nacional do Ensino Médio) — também incluíram em suas matrizes a variação linguística como objeto de conhecimento a ser trabalhado com os estudantes nessa etapa de ensino.

Tendo em vista esse contexto, delimitamos o objeto de pesquisa deste estudo, que é a presença da variação linguística nos livros didáticos de Língua Portuguesa do ensino médio. Pensamos, portanto, em analisar como a variação linguística se apresenta no livro didático dessa etapa de ensino, tendo em conta que esse objeto do conhecimento precisa ser trabalhado nas escolas, e o livro didático é, normalmente, o principal recurso pedagógico utilizado no processo de ensino-aprendizagem das escolas públicas brasileiras.

Em decorrência desse objetivo geral, distinguimos os objetivos específicos de debater sobre o ensino de Língua Portuguesa no ensino médio por meio dos livros didáticos, identificar conexões entre os estudos de natureza sociolinguística com a Educação e analisar a presença de teorias sociolinguísticas no livro didático focalizando os fenômenos da variação linguística. Para a consecução dos objetivos, optamos pela realização de uma pesquisa qualitativa tendo-se a análise documental como percurso metodológico (Lima Junior *et al.*, 2021).

O corpus de nossa pesquisa é constituído dos volumes da coleção *Multiversos Linguagens*[39], que foi adotada em todas as escolas de ensino médio da rede pública maranhense para o triênio 2021/2022/2023. Trata-se, então, de um estudo original e relevante, visto que análises de livros didáticos de Língua Portuguesa pertencentes a esse triênio ainda não foram realizadas, bem como se faz necessário investigar como os fenômenos relacionados à variação linguística têm alcançado as escolas públicas maranhenses em nossa atualidade.

Por último, buscamos interpretar os dados da referida coleção com base em teóricos que se ativeram a estudos sociolinguísticos, tais como Alkmin (2001), Faraco (2020) e Bortoni-Ricardo (2004), mais especificamente, aos fenômenos relacionados à variação linguística e no que preceituam os documentos curriculares norteadores — a exemplo da Base Nacional Comum Curricular do Ensino Médio (BNCC-EM) — para o ensino da variação linguística no componente curricular de Língua Portuguesa.

---

[39] Coleção no link: https://pnld.ftd.com.br/ensino-medio/linguagens-e-suas-tecnologias/multiversos/.

1 AS CONCEPÇÕES TEÓRICAS DA SOCIOLINGUÍSTICA

Tendo-se como objetivo primeiro o de analisar como a variação linguística é apresentada no livro didático do ensino médio, faz-se necessário que apresentemos as concepções teóricas que fundamentam a nossa pesquisa, ancoradas na Sociolinguística.

A Sociolinguística, em 1964, surgiu como uma subárea da Linguística com o intuito de ater-se à relação entre língua e sociedade. Ela foi-se afirmando como área relevante para responder a perguntas não elucidadas à época, passando a ter como ponto de partida as comunidades linguísticas.

Anteriormente, os estudos linguísticos descreviam a língua como um sistema formal, desvinculado da fala, e destacavam principalmente a sua estrutura interna em detrimento de seus aspectos sociais. Contudo os estudos sociolinguísticos passaram a analisar como fatores sociais afetavam o uso e a variação da língua em uma sociedade, observando fatores como idade, gênero, profissão, origem étnica, região geográfica e grau de formalidade. Dito de outro modo, a Sociolinguística passou a "[...] relacionar as variações linguísticas observáveis em uma comunidade às diferenciações existentes na estrutura social desta mesma sociedade" (Alkmin, 2001, p. 22).

No que se relaciona à questão da importância do conceito de variação para os estudos socio(linguísticos), sabemos que a variação é um fenômeno natural às línguas, visto que estas últimas são estruturas vivas e, por essa razão, estão sempre se modificando em articulação com fatores sociais. A variação seria, em linhas gerais, entendida como um fenômeno baseado em diferentes maneiras de "se dizer a mesma coisa em um mesmo contexto e com o mesmo valor de verdade" (Taralo, 1986, p. 8), considerando-se os níveis lexical, fonético, morfológico, sintático, entre outros. Trata-se de um conceito central na Sociolinguística, na medida em que a diversidade se constitui o seu próprio objeto (Alkmin, 2001), ou seja, a língua falada em seu contexto social, em situações de uso, que se caracterizam exatamente pela heterogeneidade. Quanto aos diferentes modos de "se dizer a mesma coisa" (Taralo, 1986, p. 8), dá-se-lhes o nome de variedades linguísticas.

Os fenômenos relacionados à variação linguística ganharam espaço na sala de aula de Língua Portuguesa graças à difusão dos estudos de natureza sociolinguística, que proporcionou a sua socialização entre os professores desse componente curricular. Desse processo de difusão, passou-se a aplicar os resultados obtidos em tais estudos com o fim de solucionar problemas educacionais e de elaborar propostas de trabalho pedagógico mais efetivas. Criava-se então uma nova corrente, a da Socio-linguística Educacional (Bortoni-Ricardo, 2014, p. 158).

A Sociolinguística trouxe diversas contribuições relevantes para o ensino da língua materna no Brasil. Entre as principais, podemos destacar o conhecimento e valorização dos diferentes tipos de varie-dades linguísticas, bem como a compreensão dos valores sociais que estão associados a cada uma delas. Além disso, a Sociolinguística nos trouxe a compreensão sobre a necessidade de considerarmos o contexto de uso de cada variedade, lutando contra o preconceito linguístico e reconhecendo que existem várias normas brasileiras devido à natureza heterogênea das línguas.

Consequentemente, de posse desses conhecimentos teóricos fun-damentais, o professor passa a conscientizar os estudantes de que todos possuem um modo de falar válido e que precisa ser legitimado. Isso con-tribui para que se desenvolva no espaço escolar uma pedagogia cultural-mente sensível aos saberes e atenta às diferenças entre a cultura discente e aquela pertencente à escola (Bortoni-Ricardo, 2004). Como resultado, os estudantes se sentem mais à vontade para se expressar, uma vez que o professor adota uma postura acolhedora, sem julgamentos, demons-trando responsabilidade e sensibilidade em relação às produções orais e escritas deles (Bortoni, 2022).

Podemos perceber com isso que a compreensão dos fenômenos da variação linguística por parte dos estudantes contribui para que busquem conhecer e analisar os diversos usos da língua, levando-os a escolher os recursos expressivos, a variedade e o estilo em função das situações comunicativas das quais participam.

Em síntese, os elementos teóricos discutidos até aqui apontam para o objetivo a que enseja a nossa pesquisa — o de analisar como a variação linguística é apresentada no livro didático do ensino médio. Para explicar como pudemos alcançá-lo, trataremos, na próxima seção, dos aspectos metodológicos de nossa pesquisa, no sentido de esclarecer como se deu o nosso processo investigação e quais foram as etapas por nós desenvolvidas.

2 ASPECTOS METODOLÓGICOS DA PESQUISA

Ao tratarmos do processo de escolha do nosso livro didático, primeiro pensamos nos livros adotados pela rede pública de ensino do estado do Maranhão, local onde desenvolvemos a nossa pesquisa. Assim, optamos pela análise da coleção *Multiversos Linguagens*, uma vez que esta foi adotada para ser trabalhada integralmente com os estudantes do ensino médio, ou seja, seus seis volumes e seu tomo específico de Língua Portuguesa precisam ser trabalhados ao longo de três anos na rede pública estadual maranhense.

Acreditamos, em vista disso, ser pertinente uma análise dos livros de tal coleção, de maneira que possamos analisar como a variação linguística é ali abordada e quais materiais didáticos estão disponíveis para os professores planejarem suas aulas com base nesse objeto de conhecimento (a variação linguística).

Ademais, procederemos igualmente à análise da Base Nacional Comum Curricular para o Ensino Médio, por se tratar da matriz para o planejamento dos currículos de todos os municípios brasileiros, apresentando as aprendizagens essenciais que precisam ser garantidas nos três anos do ensino médio. Trata-se de

> [...] um documento de caráter normativo que define o conjunto orgânico e progressivo de aprendizagens essenciais que todos os alunos devem desenvolver ao longo das etapas e modalidades da Educação Básica, de modo a que tenham assegurados seus direitos de aprendizagem e desenvolvimento, em conformidade com o que preceitua o Plano Nacional de Educação (PNE) (Brasil, 2018, p. 7).

Com o fim de alcançarmos aquilo que pretendemos, optamos pelo desenvolvimento de métodos e técnicas pertencentes à metodologia de investigação científica da Análise Documental — seguindo a abordagem proposta por Lima Junior *et al.* (2021). Essa abordagem nos permitirá identificar informações específicas nos livros didáticos anteriormente citados — o nosso objeto de estudo — de acordo com os objetivos de pesquisa por nós estabelecidos.

Durante o desenvolvimento de uma pesquisa baseada na Análise Documental, o pesquisador inicia com uma avaliação preliminar do seu objeto de estudo, em nosso caso dos livros didáticos. Nessa fase inicial, realizamos o exame e a crítica de cada um deles, observando elementos como os autores, a organização dos sumários, a abordagem adotada, a linguagem empregada e a lógica interna que os sistematiza.

Em seguida, procedemos à análise propriamente dita, que "consiste na obtenção de informações significativas as quais irão possibilitar a elucidação do objeto de estudo e contribuir na solução dos problemas de estudo propostos" (Lima Junior *et al.*, p. 45). Passamos, então, a observar como a variação está presente na coleção, ou seja, como ela se apresenta nos textos escolhidos das seções, bem como nos pequenos *boxes* (quadros informativos) — denominados #saibamais, #conceitos, #paralembrar, #ficaadica e #sobre — e nas atividades propostas aos estudantes.

Com o objetivo de termos uma observação mais alinhada com aquilo que orienta a BNCC Ensino Médio para o ensino da variação linguística no ensino médio, elaboramos quatro questões de análise que estão relacionadas às competências e habilidades esperadas para essa etapa de ensino, a saber:

> Questão 01 - Como é despertada, na coleção, a atitude de respeito frente às variedades linguísticas e consequente combate ao preconceito linguístico. Questão 02 - Como a língua é apresentada na coleção? Questão 03 - As variações linguísticas são apresentadas levando-se em conta seus tipos e dimensões? Questão 04 - Os livros analisados propõem atividades que envolvem a variação em todas as práticas de linguagem (leitura, oralidade, produção de textos e análise linguística/semiótica) e campos de atuação (práticas de estudo e pesquisa, jornalístico-midiático, atuação na vida pública e artístico)? (BNCC)

Ao termos buscado respostas para as quatro questões previamente estabelecidas em todos os volumes da coleção e gerado, com isso, nossos dados, interpretamos cada um deles fundamentando-nos em teóricos da Sociolinguística e na BNCC Ensino Médio. Em resumo, realizamos os procedimentos metodológicos que se seguem, conforme o que propõe Lima Junior *et al.* (2021):

a. Análise preliminar da coleção *Multiversos Linguagens*;

b. Revisão do estado da arte sobre os fenômenos relacionados à variação linguística;

c. Pesquisa na Base Nacional Comum Curricular para o Ensino Médio de conceitos, competências específicas e habilidades relacionados aos fenômenos da variação linguística (presentes nas páginas 465, 481, 499, 500 e 507);

d. Elaboração de quatro macroperguntas com base nos conceitos, competências específicas e habilidades relacionadas à variação linguística encontradas;

e. Análise propriamente dita (interpretação dos dados do *corpus* – o que encontramos no livro didático e o que esperamos segundo os teóricos da Sociolinguística e a BNCC, visando ao cruzamento dos dados);

f. Apresentação dos resultados.

A metodologia de investigação escolhida nos deu a possibilidade de criação de procedimentos que nos fizeram analisar em profundidade os livros didáticos em questão. A seguir, procederemos à descrição da coleção *Multiversos Linguagens*, dos autores Maria Tereza Rangel Arruda Campos, Lucas Sanches Oda, Inaê Coutinho e Carvalho e Rodolpho Gazzetta.

3 A COLEÇÃO ESCOLHIDA, *MULTIVERSOS LINGUAGENS*

Figura 1 – Coleção Multiversos Linguagens

Fonte: PNLD - FTD Educação[40]

---

[40] Disponível em: https://pnld.ftd.com.br/ensino-medio/linguagens-e-suas-tecnologias/multiversos/. Acesso em: 12 dez. 2024.

A coleção selecionada para a nossa análise é intitulada *Multiversos Linguagens* e compõe-se de seis volumes direcionados à área do conhecimento "Linguagens e suas Tecnologias" (a qual abrange o componente curricular de Língua Portuguesa juntamente com Arte, Educação Física). Nesse formato no qual se apresentam os livros da coleção, percebemos uma mudança metodológica que acompanha o Novo Ensino Médio e, em razão disso, pudemos perceber grande integração entre esses componentes curriculares nas páginas de todos os seis volumes. De acordo com a BNCC Ensino Médio (Brasil, 2018), ao longo dos três anos de Ensino Médio, a área de Linguagens

> [...] tem a responsabilidade de propiciar oportunidades para a consolidação e a ampliação das habilidades de uso e reflexão sobre as linguagens – artísticas, corporais e verbais (oral ou visual-motora, como Libras e escrita), que são objeto de seus diferentes componentes [...] (Brasil, 2018, p. 474).

Observamos, portanto, que a coleção escolhida está em consonância com as linhas do documento norteador. Além dos seis volumes, a coleção se completa com um tomo específico do componente de Língua Portuguesa (Multiversos: língua portuguesa, ensino médio)[41]. Ela foi por nós escolhida por ser a coleção distribuída para todas as escolas da rede pública de ensino do estado do Maranhão no triênio de 2021/2022/2023, sendo distribuídos em uma de suas escolas, os volumes 01 e 02 aos estudantes de primeiro ano ("Cidade em pauta" e "Natureza em pauta"), os volumes 03 e 04 aos estudantes de segundo ano ("Identidades e Diversidade: Lugares, falas e culturas") e, por fim, os volumes 05 e 06 aos estudantes de terceiro ano ("Mundo do trabalho" e "No mundo dos afetos")[42].

No que se refere ao tomo específico de Língua Portuguesa, há uma orientação na rede pública maranhense para a sua divisão da seguinte maneira: das seis unidades ali existentes, duas delas se destinam a cada ano do ensino médio, de modo que ao término deste os estudantes tenham trabalhado as seis unidades e o tomo de Língua Portuguesa integralmente.

Percebemos que, tanto nos seis volumes quanto no tomo, há propostas alicerçadas na BNCC Ensino Médio, nas quais os estudantes são levados a refletir sobre a variação linguística por meio das práticas da oralidade,

---

[41] Link do tomo específico de Língua Portuguesa: https://pnld.ftd.com.br/ensino-medio/lingua-portuguesa/multiversos-lingua-portuguesa.

[42] Todos os volumes da coleção podem ser acessados por meio do endereço: https: //pnld.ftd.com.br/ensino-medio/linguagens-e-suas-tecnologias/.

leitura, produção de textos e análise linguística/semiótica em todos os campos de atuação. Na sequência, apresentaremos a análise da coleção escolhida, no intuito de estabelecer diálogo com os estudos de natureza sociolinguística e com as competências específicas e habilidades apresentadas na BNCC que se relacionam ao fenômeno da variação linguística.

4 A VARIAÇÃO LINGUÍSTICA NA COLEÇÃO *MULTIVERSOS LINGUAGENS*: UMA BREVE ANÁLISE

Nesta seção, analisaremos o nosso corpus — a coleção *Multiversos Linguagens* — fundamentando-nos em nossas quatro questões norteadoras. Essas questões buscam investigar a presença do fenômeno da variação linguística nos materiais didáticos distribuídos nas escolas estaduais maranhenses. Para interpretar os nossos dados, recorreremos aos teóricos da Sociolinguística e ao documento da Base Nacional Comum Curricular para o Ensino Médio.

Ao analisarmos as unidades do tomo específico de Língua Portuguesa que tratam da variação linguística, identificamos uma seção presente na sexta unidade, intitulada "#para explorar" (Campos; Oda, 2020, p. 302). Essa seção tem como objetivo proporcionar aos estudantes o acesso a conhecimentos que possam ser aplicados na vida cotidiana e no mundo do trabalho, contribuindo para seu enriquecimento cultural e o desenvolvimento de atitudes cidadãs.

Diante desse formato de apresentação do fenômeno da variação linguística, percebemos uma abordagem isolada, que se restringiu a uma seção de apenas seis páginas, não perpassando outros objetos do conhecimento presentes naquele livro didático, tais como períodos compostos por subordinação (Campos; Oda, 2020, p. 189), concordância verbal e colocação pronominal (Campos; Oda, 2020, p. 231) para citarmos alguns exemplos. A abordagem da variação linguística poderia ter sido feita, ainda que rapidamente, na forma de *boxes* no decorrer de todo o livro. Observamos poucos *boxes* relacionados à variação, como o da página 292 (Campos; Oda, 2020).

4.1 A língua varia

Todas as línguas possuem uma característica em comum: a grande heterogeneidade. Embora haja uma ilusão de homogeneidade, a multiplicidade de contextos de uso da língua em diferentes regiões, épocas e situações a torna muito variada. Essa variação linguística é influenciada por diversos aspectos: geográficos, compreendendo variação entre países falantes da mesma língua e regiões de uma mesma nação; classes sociais; grau de escolaridade; profissão; faixa etária etc. Dada essa multiplicidade de aspectos e de contextos em que é empregada, não é possível afirmar que existe uma regra de variação, mas diferentes formas de uso da mesma língua. Considerar uma das variações melhor em detrimento das demais é reproduzir preconceito linguístico.

Certamente teriam sido oportunidades produtivas de levar os estudantes à reflexão de que existem a gramática da norma culta (ou norma-padrão, como é citada no livro) e a gramática da língua (por exemplo, discussões, no livro, sobre o uso do *onde* não se referindo a lugares nas orações subordinadas adjetivas ou a concordância verbal variável no modo imperativo).

Essas oportunidades, além do mais, estariam em conformidade com habilidades que precisam ser desenvolvidas no ensino médio, como a EM13LP08 (Brasil, 2018, p. 499), a qual se centra na análise dos elementos e aspectos da sintaxe do Português e nos efeitos de seus diferentes usos para "potencializar os processos de compreensão e produção de textos e possibilitar escolhas adequadas à situação comunicativa".

Acreditamos, ainda, que outros fenômenos sociolinguísticos, tais como a presença de normas brasileiras, o caráter heterogêneo da língua, a adequação das variedades linguísticas ao contexto de uso etc., poderiam ter estado presentes no decorrer de todo o tomo em forma de *boxes*, sobretudo por se tratar do tomo específico de Língua Portuguesa da coleção.

Nesse sentido, Faraco (2020) pontua que, para chegarmos a uma compreensão consistente da variação linguística, precisamos desenvolver uma pedagogia que seja capaz de evidenciar a realidade heterogênea da língua, inserindo-a nas demais pedagogias da língua: da leitura, da análise linguística-semiótica, da oralidade, da produção textual. Por essa razão, teria sido mais produtivo se a variação estivesse interligada aos outros objetos de conhecimento, de modo que os estudantes pudessem refletir sobre o caráter amplo da variação, que alcança as línguas de diferentes maneiras, em todas as práticas de linguagem e campos de atuação.

Na esteira dos procedimentos metodológicos por nós delineados, passemos às questões formuladas para o desenvolvimento de uma análise mais aprofundada de todos os volumes da coleção.

Questão 1 - Como é despertada a atitude de respeito frente às variedades linguísticas e consequente combate ao preconceito linguístico?

No tomo único, percebemos que os autores consideraram a heterogeneidade uma característica de todas as línguas. Pontuaram que, apesar da aparente homogeneidade de uma língua, fatores como região, épocas, classes sociais, grau de escolaridade, profissão, registro, faixa etária etc. contribuem para o surgimento de diferentes formas de uso de uma mesma língua chamadas de variações. Observamos atitude de respeito frente às variedades linguísticas, na medida em que foi considerado que uma variação não poderia ser classificada como melhor do que as outras, sob o risco de se estar reproduzindo preconceito linguístico (Campos; Oda, 2020).

O conhecimento e utilização da norma-padrão e variedades urbanas de prestígio foram incentivados no decorrer das páginas dos seis volumes, sobretudo nas situações de interação mais monitoradas. Foram observadas também atividades nas quais as variedades que se distanciam da norma-padrão não são consideradas formas linguísticas deslegitimadas ou inadequadas, mas, sim, formas que se adaptam às mais diversas situações comunicativas. É possível perceber isso em uma atividade proposta pelos autores:

> É possível identificar desvios da norma-padrão relacionados à flexão verbal nesse trecho. A) Identifique esses desvios. B) Que aspecto da oralidade e da linguagem informal justifica esses desvios? [...] por que esses desvios da norma-padrão são adequados quando se considera o contexto da escrita do diário e o da sua publicação? (Campos *et al.*, 2020d, p. 120).

Percebemos que toda a coleção analisada se encontra em consonância com aquilo que orienta a Base Nacional Comum Curricular, sobretudo naquilo que contempla a habilidade EM13LP17 (Brasil, 2018). Segundo essa habilidade, trata-se de uma aprendizagem essencial respeitar a diversidade linguística e combater os preconceitos de natureza linguística por meio da análise do fenômeno da variação em seus diferentes níveis e dimensões, análise essa que levará os estudantes a ampliarem sua compreensão quanto à heterogeneidade das línguas e sobre a maneira como se constituem as variedades, sejam elas de prestígio ou estigmatizadas.

Acreditamos que as informações presentes na coleção contribuem para uma pedagogia da variação linguística no sentido proposto por Faraco (2020)[43], uma vez que favorecem a adoção de uma postura crítica diante dos preconceitos linguísticos com vistas a combatê-los. Conforme afirma Faraco (2020, s/p), é essencial "[...] respeitar a linguagem do outro, que significa respeitar os outros em todas as suas dimensões, a fim de que sejamos uma sociedade que se acolha criticamente, que entenda a sua diversidade e ofereça todas as oportunidades de inclusão, inclusive a linguística".

Questão 2 - Como a língua é apresentada na coleção?

Parte inferior do formulário

A coleção *Multiversos Linguagens* evidencia que a modalidade escrita se modifica mais lentamente do que a modalidade falada, sugerindo com isso que as línguas variam. A língua é apresentada, em todos os volumes e no tomo específico, como uma entidade viva, que possui caráter dinâmico por ser falada em lugares diversos, por diferentes pessoas e em situações variadas, não sendo, dessa maneira, única, tampouco uniforme: "Diferentemente do que propõe o senso comum, a língua não é uma entidade imutável, que tem todas as suas regras e palavras registradas definitivamente nas gramáticas e nos dicionários" (Campos; Oda, 2020, p. 302).

Em um outro volume, foi evidenciado que uma pessoa pode realizar diferentes usos da língua, a depender do nível de formalidade que demanda a situação ou da intimidade com o interlocutor, expressando-se por conta desses fatores de maneira mais ou menos formal (Campos *et al.*, 2020a). No volume Multiversos: linguagens – natureza em pauta (Campos *et al.*, 2020b), são formuladas questões motivadoras que incentivam os alunos a perceberem que uma língua oferece diversas possibilidades e que, por exemplo, na oralidade e em contextos informais, ela pode apresentar usos diferentes das variedades prestigiadas da língua.

Tais questões levam os estudantes a inferir que os usos linguísticos podem contemplar "a norma-padrão", no entanto é considerado que uma língua é algo maior do que a norma-padrão, vai além dela (Campos *et al.*, 2020b, p. 118). No volume Multiversos: linguagens – no mundo dos afetos,

---

[43] Conforme Faraco (2020, s/p), formulamos um conceito para o que seja uma pedagogia da variação linguística. Consiste em um conjunto de práticas educativas que visam à integração positiva e produtiva do fenômeno da variação linguística em todas as dimensões do ensino de Língua Portuguesa.

observamos trechos que apontam igualmente para a ideia de diferentes formas de utilização da língua: "Na linguagem cotidiana e informal, certas convenções gramaticais não são seguidas" (Campos *et al.*, 2020d, p. 120).

Percebemos que os trechos acima estão em consonância com a concepção de língua apresentada na competência específica n.º 04 da área de linguagens e suas tecnologias, na qual se afirma que uma língua é um fenômeno "[...] (geo) político, histórico, social, variável, heterogêneo e sensível aos contextos de uso [...]" (Brasil, 2018, p. 481). Assim sendo, ela se mostra como entidade heterogênea, apresentada como um conjunto de variedades e, por isso, todas legítimas por serem produto da cultura e história humanas (Alkmin, 2001).

No tocante à questão da "norma-padrão", observamos que na BNCC Ensino Médio não há uma referência direta sobre ela tal qual existe na coleção *Multiversos Linguagens*, no entanto podemos inferir que ela se insere nas "variedades linguísticas de prestígio" mencionadas no documento norteador (Brasil, 2018, p. 500). Faraco (2020, s/p) nos traz reflexões a respeito da "norma-padrão" no sentido de afirmar que ela é estreita, dogmática e não se baseia nas variedades linguísticas mais prestigiadas dos falantes urbanos brasileiros em situações mais monitoradas de suas interações sociocomunicativas. Ele propõe que haja uma atualização do que denominamos norma-padrão levando-se em conta esses fatores para que seja definida, em seu lugar, uma "norma de referência". Além disso, no que se relaciona ao seu ensino, o linguista afirma ser essencial o domínio das práticas de linguagem que envolvem a norma-padrão para que ela seja aprendida de forma contextualizada e não como um objeto isolado.

Bortoni-Ricardo (2005), por sua vez, denomina a norma-padrão de norma culta e, igualmente, defende a sua utilização em estilos mais monitorados da língua. A linguista argumenta ser necessário que os estudantes saibam adequá-la a situações interacionais de maior grau de formalidade, de maneira que possam ampliar a sua competência linguística.

Questão 3 - As variações linguísticas são apresentadas levando-se em conta seus tipos e dimensões?

As variações linguísticas são apresentadas na maioria dos tipos e dimensões apresentados pela BNCC Ensino Médio (Brasil, 2018), isto é, em seus tipos fonético-fonológico, lexical, sintático e estilístico-pragmático e dimensões regional, histórica, social, situacional e etária.

Observamos no tomo específico, mais especificamente na página 302 (Campos; Oda, 2020), atividades que levavam os estudantes a compreenderem o sentido de expressões utilizadas em três países lusófonos (Brasil, Angola e Moçambique). Em seguida, foram apresentados os tipos (ou níveis) de variação — morfológico, sintático, fonético-fonológico ou lexical — com a explicação de que podem se dar nas modalidades falada e escrita.

Além dos tipos, verificamos a presença de diferentes elementos que motivam a variação, tais como região, agrupamento social, história e registro. Contudo, mesmo diante de todo o detalhamento para a explicação dos tipos e elementos motivadores, não observamos o conceito propriamente dito do que sejam variações linguísticas.

Os exemplos que ilustram os tipos e elementos motivadores se valem de imagens da revista *Superinteressante*, trechos de artigos, entrevistas, receitas e chamam a atenção dos estudantes por tratarem de variações presentes em diversos pontos da lusofonia (Florianópolis, Cuiabá, Salvador, Porto Alegre, cidades de Portugal etc.).

Como atividade, é proposta na página 307 (Campos; Oda, 2020) a análise do depoimento de uma mulher do município de Timbiras (MA) por meio da qual os estudantes são incentivados a propor expressões sinônimas para as que foram apresentadas, assim como são levados a compreender que a oralidade possui variações que a escrita em geral não possui (repetição de conectivos como "aí", supressão de marcas de plural em substantivos, supressão de desinências verbais etc.).

No volume Multiversos: linguagens – cidade em pauta (Campos *et al.*, 2020a, p. 59), em uma unidade que trata da questão da urbanização das cidades por intermédio do romance *Memórias Póstumas de Brás Cubas*, pudemos perceber o tratamento das variações linguísticas na literatura, ao ser afirmado que um texto literário apresenta as variações utilizadas pelos falantes de uma época (variação histórica): "A literatura, a depender das escolhas e do estilo do autor, pode revelar registros da linguagem de uma época, formas de uso da língua praticadas por uma classe social e variações utilizadas pelos falantes."

Embora não tenha sido mencionado o tipo estilístico-pragmático ou situacional na coleção analisada, observamos, em vários momentos voltados à produção de textos, a orientação para que haja a adaptação da linguagem ao grau de formalidade ou informalidade da situação interacional e do gênero em questão, em conformidade com a habilidade EM13LP08, que também enfatiza a adequação de formas linguísticas às situações comunicativas (Brasil, 2018).

No volume Multiversos: linguagens – diversidade – lugares, falas e culturas (Campos *et al.*, 2020c, p. 20), percebemos que o uso de variantes linguísticas é considerado um elemento favorecedor do processo de verossimilhança na literatura. Desse modo, a escolha de variantes lexicais relacionadas ao gênero, instrução, classe social e idade das personagens de uma determinada região permite que um romance se torne mais próximo da realidade, ou seja, mais parecido com o que é verdadeiro.

Sobre essa questão, González (2022) afirma que variantes diastráticas podem desempenhar um papel importante na caracterização de personagens na literatura. Ele sugere ainda que essas variantes sejam trabalhadas no ensino de Língua Portuguesa, permitindo que os estudantes reflitam sobre o prestígio e estigmas associados a elas.

Questão 4 - Os livros analisados propõem atividades que envolvem a variação em todas as práticas de linguagem (leitura, oralidade, produção de textos e análise linguística/semiótica) e campos de atuação (práticas de estudo e pesquisa, jornalístico-midiático, atuação na vida pública e artístico)?

No tomo e nos volumes analisados, observamos que as atividades envolvem a leitura de diversos gêneros discursivos, que, por sua vez, apresentam variedades linguísticas em seus diferentes tipos e dimensões. Citamos como exemplo uma atividade de leitura que envolve um gênero pertencente ao campo da vida cotidiana, a receita culinária, a qual foi retirada de um site português. O texto apresenta variantes lexicais como "sainhas" (gordura de porco), "lume brando" (fogo baixo), "alourar" (dourar), entre outras (Campos; Oda, 2020, p. 306).

Com relação à prática de linguagem da oralidade, são propostas atividades que incentivam os estudantes a adequar sua linguagem ao gênero oral em questão, ao grau de formalidade/informalidade e ao perfil de seus interlocutores. Como exemplo, podemos citar uma atividade de participação em uma palestra, na qual os estudantes precisam adequar a sua fala ao contexto da apresentação. A análise linguística/semiótica perpassa todas as práticas de linguagem, na medida em que é constante a reflexão sobre a língua durante o estudo e utilização das variantes sintáticas, fonético-fonológicas, lexicais etc. nas mais diversas atividades propostas pela coleção analisada.

Sobre a prática de linguagem de produção de textos, percebemos a presença de atividades que envolvem a adequação da linguagem ao gênero discursivo pretendido, como no caso de comentários a serem postados em sites de notícias.

No que se refere aos campos de atuação, percebemos que todos foram contemplados na coleção. As atividades da coleção envolvem a presença de variedades linguísticas em gêneros relacionados ao campo das práticas de estudo e pesquisa (artigos científicos e mapas linguísticos), jornalístico-midiático (entrevistas), vida cotidiana (receitas culinárias) e campo da vida pessoal (relatos autobiográficos). Desse modo, percebemos que a coleção desenvolve o tratamento dos fenômenos relacionados à variação linguística na direção de agregá-los de maneira produtiva no conjunto das pedagogias da língua, sejam elas de leitura, oralidade, produção de textos e análise linguística/semiótica. Tal tratamento caracteriza-se como consonante às orientações apresentadas por Faraco (2020, s/p).

Em suma, os dados apresentados nesta seção de análise apontam para o objetivo de nossa pesquisa, que é o de analisar como a variação linguística é apresentada na coleção *Multiversos Linguagens*. Os fenômenos concernentes à variação linguística foram apresentados de forma satisfatória, na medida em que a coleção conseguiu contemplar as quatro questões por nós elaboradas, mostrando-se alinhada com os estudos sociolinguísticos de referência e com a BNCC do Ensino Médio (Brasil, 2018).

CONSIDERAÇÕES FINAIS

Por meio da análise da coleção *Multiversos Linguagens*, pudemos concluir que os fenômenos relacionados à variação linguística foram apresentados de maneira satisfatória, uma vez que os estudantes conseguem ser capazes de compreendê-los e utilizá-los nas práticas de linguagem pertencentes a todos os campos de atuação. No entanto há de se registrar a ausência do conceito de variação linguística propriamente dito, que se constituiria um importante elemento introdutório aos estudantes de ensino médio.

Apesar da ausência do conceito, a coleção aborda as variedades linguísticas nos mais diversos pontos da lusofonia de forma dinâmica e atual, com atividades que levam os estudantes a compreenderem facilmente seus tipos e dimensões.

No tomo específico de Língua Portuguesa (Campos; Oda, 2020, p. 302), notamos a apresentação dos fenômenos da variação linguística isolados, em uma seção apenas. Todavia, nos outros volumes que compõem a coleção, pudemos percebê-los perpassados em diversos objetos de conhecimento. Como exemplo, podemos citar o volume Multiversos: linguagens – cidade em pauta (Campos *et al.*, 2020a) em que há orientação de adequação da linguagem em comentários de internet a depender da formalidade ou informalidade da situação. Ou ainda no volume Multiversos: linguagens – natureza em pauta (Campos *et al.*, 2020b), quando no momento da produção de contos, observamos orientações de adequação de variedades linguísticas àquele gênero discursivo (utilização de variedades diatópicas, caso os estudantes quisessem dar mais realismo àquele texto).

De uma forma geral, a coleção apresenta uma abordagem razoável dos fenômenos da variação linguística, que levam os estudantes a integrá-los nas práticas de linguagem de leitura, produção de textos, análise linguística/semiótica e oralidade. Acreditamos que a coleção favoreça uma compreensão consistente da variação linguística, uma vez que, por meio de sua análise, conseguimos contemplar as quatro questões elaboradas por nós, percebendo que ela se encontra em alinhamento com os estudos sociolinguísticos de referência e com as aprendizagens esperadas para o ensino médio. Entretanto temos consciência de que uma compreensão consistente da variação depende ainda de outros fatores que vão além dos livros didáticos, relacionados a posturas críticas frente aos estigmas, ao respeito à linguagem do outro, ao oferecimento de todas as oportunidades de inclusão... Estamos diante de uma utopia?

Esperamos, por fim, que os professores de Língua Portuguesa saibam lidar com a diversidade linguística presente na escola, de forma a saber utilizar o material didático a contento. Para tanto, são indispensáveis estudos e atualização constantes a fim de que o fenômeno da variação linguística não seja tratado de maneira folclorizada ou cosmética, tal como Faraco (2020) menciona.

REFERÊNCIAS

ALKMIM, Tânia Maria. Sociolinguística. *In:* MUSSALIM, Fernanda; BENTES, Anna (org.). **Introdução à linguística:** domínios e fronteiras. v. 1. São Paulo: Cortez, 2001.

BORTONI, Stella. **Contribuições da sociolinguística educacional para o processo de ensino e aprendizagem da linguagem.** Disponível em: https://www. stellabortoni.com.br/index.php/artigos/707-iootaibuicois-ia-soiiolioguistiia--iiuiaiiooal-paaa-o-paoiisso-iosioo-i-apaioiizagim-ia-lioguagim. Acesso em: 27 maio 2022.

BORTONI-RICARDO, Stella Maris. **Educação em língua materna:** a sociolinguística na sala de aula. 2. ed. São Paulo: Ed. Parábola, 2004.

BORTONI-RICARDO, Stella Maris. **Manual de sociolinguística.** São Paulo: Contexto, 2014.

BORTONI-RICARDO, Stella Maris. **Nós cheguemu na escola, e agora? Sociolinguística e educação.** São Paulo: Ed. Parábola, 2005.

BRASIL. Ministério da Educação. **Base Nacional Comum Curricular:** Educação é a base: Ensino Médio. Brasília: Ministério da Educação, 2018. Disponível em: http://basenacionalcomum.mec.gov.br/images/historico/BNCC_EnsinoMedio_embaixa_site_110518.pdf.Acesso em: 28 maio 2022.

CAMPOS, Maria Tereza Rangel Arruda *et al.* **Multiversos:** linguagens: cidade em pauta: ensino médio. v. 1. São Paulo: FTD, 2020a.

CAMPOS, Maria Tereza Rangel Arruda *et al.* **Multiversos:** linguagens: natureza em pauta: ensino médio. v. 2. São Paulo: FTD, 2020b.

CAMPOS, Maria Tereza Rangel Arruda *et al.* **Multiversos:** linguagens: diversidade: lugares, falas e culturas: ensino médio. v. 6. São Paulo: FTD, 2020c.

CAMPOS, Maria Tereza Rangel Arruda *et al.* **Multiversos:** linguagens: no mundo dos afetos: ensino médio. v. 6. São Paulo: FTD, 2020d.

CAMPOS, Maria Tereza Rangel Arruda; ODA, Lucas Kyigaru Sanches. **Mutiversos:** língua portuguesa: ensino médio. São Paulo: FTD, 2020. Volume único. Disponível em: https://pnld.ftd.com.br/ensino-medio/lingua-portuguesa/multiversos-lingua-portuguesa. Acesso em: 27 maio 2022.

FARACO, Carlos. **Bases para uma pedagogia da variação linguística**. Abralin ao vivo apresentado por Raquel Freitag. 2020. 1 vídeo (1h 9min 15seg). Publicado pelo canal Abralin ao vivo. Disponível em: https://www.youtube.com/watch?-v=3kS-RHie0Zw. Acesso em: 28 maio 2022.

GONZÁLEZ, César Augusto. **Conhecimentos sociolinguísticos na aula de português**. 26 maio 2022. 1 vídeo (1h 43min 15seg). Publicado pelo canal do Grupo de Estudos em Língua Portuguesa no III Ciclo de Palestras do GELP-U-FCG. Disponível em: https://www.youtube.com/watch?v=a9z6IFY8jbI. Acesso em: 26 maio 2022.

LIMA JUNIOR, Eduardo Brandão *et al*. Análise documental como percurso metodológico na pesquisa qualitativa. **Cadernos da Fucamp**, São Paulo, v. 20, n. 22, p. 36-51, 2021. Disponível em: https://revistas.fucamp.edu.br/index.php/cadernos/article/view/2356. Acesso em: 28 maio 2022.

PNLD – FTD Educação. Disponível em: https://pnld.ftd.com.br/ensino-medio/linguagens-e-suas-tecnologias/multiversos/. Acesso em: 12 dez. 2024.

TARALLO, Fernando. A pesquisa sociolinguística. São Paulo: Ática, 1986.

A INFLUÊNCIA DO VÊNETO NO PORTUGUÊS EM UMA SITUAÇÃO DE CONTATO

Katiuscia Sartori Silva Cominotti

INTRODUÇÃO

O tema da imigração é uma área muito ampla para pesquisas no Espírito Santo, sendo estudada em seus aspectos históricos, geográficos, sociológicos, culturais e ainda arquitetônicos. Entretanto a imigração no estado constitui um rico material de pesquisas para diversas áreas e foi tema de muitos estudos, com respeito a seus aspectos históricos, geográficos, sociológicos e arquitetônicos. Entretanto, no campo da Linguística, apesar da necessidade de pesquisas que retratem a língua falada nessas comunidades, que analisem o contato entre o português e a(s) língua(s) estrangeira(s) e que se volte para o problema educacional que surge desse contato, pouco foi feito até agora.

A língua é um bem comum a todos, determinante territorial e cultural de um povo. A linguagem implica, a cada instante e simultaneamente, uma instituição atual e passada, isso torna complexo o estudo e a definição de língua, mas não tira a importância e a necessidade de fazê-lo, pois a língua e suas mudanças são elementos inseparáveis e a diversidade linguística deve ser vista como uma qualidade constitutiva do fenômeno linguístico.

É por meio da linguagem, em suas diversas modalidades, que o indivíduo tem a possibilidade de transmissão, expressão e fixação de ideias que permitem a comunicação e a construção da história e dos valores culturais. Esses fatores são determinantes no processo de interação social do indivíduo, uma vez que a língua participa e está relacionada a todos os atos das relações humanas. Segundo Biderman,

> [...] a linguagem não é apenas um instrumento de comunicação, mas também o próprio pensamento do ato. O conhecimento não se separa da forma linguística em que se expressa, e por isso a linguagem também constitui o limite, ainda que móvel, do pensamento [...] A linguagem não se organiza apenas segundo princípios racionais. As

> palavras irradiam a capacidade de comunicação para os domínios mais amplos da vida e das forças que a integram, modificam-na e a expressam (Biderman, 2001, p. 125).

A língua falada reflete a cultura de uma comunidade bem como as relações sociais entre os seus membros e suas atitudes quanto ao comportamento dos membros da comunidade. Assim, é inevitável que, ao ouvir ou ao falar determinada língua, os indivíduos reajam de forma a lhe atribuir valores, avaliando subjetivamente o falante e, por se tratar de uma postura subjetiva de cada falante sobre sua língua, o estilo da fala configura-se como um importante parâmetro condicionante do discurso, principalmente quando se trata de mudança.

A mudança se processa no comportamento linguístico de falantes com pronúncia regional, submetidos a um meio onde entram em contato pronúncias diversas, e essa diversidade de pronúncias em todo Brasil é resultado de um grande fluxo da imigração italiana. Um bom exemplo é a imigração para o Espírito Santo, em especial Alfredo Chaves, ES, onde se registra a importância dos descendentes de italianos na configuração da identidade capixaba. Uma realidade que se verifica a cada dia e traz consigo um conjunto de fatores sociais, e, entre os quais, a diversidade linguística.

1 REFERENCIAL TEÓRICO

Para a execução desta pesquisa, trabalhamos com vista na Sociolinguística, que é o estudo das correlações sistemáticas entre formas linguísticas variantes e determinados fatores sociais e a mudança linguística uma vez que não podem ser estudadas sem que se leve em consideração o meio social em que os falantes estão inseridos.

Adotamos a proposta de estudos de "contatos linguísticos e interação social", pois é de extrema importância relacionar um conjunto de fatores linguísticos e sociais, que tendem a contribuir, ou não, para a manutenção e/ou substituição de uma língua minoritária na região em que ela se encontra.

2 METODOLOGIA

O Referencial Teórico adotado nesta pesquisa é o da Sociolinguística, na sua vertente do Contato Linguístico. O objetivo deste estudo é verificar o porquê o vêneto está deixando de ser falado pelos informantes mais jovens da comunidade de São Bento de Urânia, no município de Alfredo Chaves – ES, a qual, apesar de pertencer à Sede do município, está localizada no interior do município, longe do centro da cidade, e se caracteriza por ser um lugar de difícil acesso. Nela vivem, atualmente, cerca de mil pessoas, praticamente todos descendentes de imigrantes do Vêneto, Itália.

Os informantes foram selecionados por faixa etária (de 8 a 14 anos; de 15 a 29; de 30 a 49; e acima de 50), gênero (masculino e feminino) e grau de escolaridade (até 4 anos de escolarização; de 5 a 8 anos; mais de 8 anos). Entretanto, devido às características da comunidade, não encontramos informantes com a escolarização necessária para completar todas as células, conforme os pressupostos de Labov (1972, 1994, 2001). O estudo teve 62 entrevistas selecionadas.

Contudo, para esse artigo, priorizamos as entrevistas dos idosos, o que nos possibilita estudar mais detalhadamente como a influência do vêneto no português se dá. Assim, procurando delimitar a nossa análise, para atender aos objetivos do estudo, mas também não perdendo a oportunidade de descrever esse contato nos aspectos em que é mais forte, ou seja, nos mais velhos, e assim entender como a língua vêneta não foi capaz de chegar até a geração dos mais jovens. No quadro a seguir, podemos ver a distribuição dos informantes.

Quadro 1 – Informantes de São Bento de Urânia – Alfredo Chaves

Faixa etária	A - Até 4 anos de escolarização		B - 05 a 08 anos de escolarização		C - + de 08 anos de escolarização	
	F	M	F	M	F	M
I - 08-14	2	2	2	2	-	-
II - 15-30	3	2	3	3	3	2
III - 31-50	2	4	3	4	3	3
IV - + 50 anos	6	5	2	2	2	2
TOTAL	62 informantes					

Fonte: a autora

2.1 A comunidade em estudo – características

Alfredo Chaves fica a 81 km da capital, Vitória, e possui uma população de 13.990 habitantes, distribuída, em sua maioria, na zona rural. Diversas são as localidades rurais, onde a natureza privilegiou com piscinas naturais, cachoeiras, poços, vales e rios. A Sede está 16 m acima do nível do mar, mas em certas regiões ultrapassa 1.200 m. Cerca de 83% das terras alfredenses estão em altitude.

A comunidade de São Bento de Urânia é um dos sete distritos de Alfredo Chaves, fica a 40 km da sede, no interior do município, é o ponto geográfico mais alto do município, com quase 1000 m de altitude. Sua população é de aproximadamente 900 pessoas, e sua economia é baseada na agricultura de verduras e legumes. A fundação da comunidade foi feita por colonizadores italianos. Foi fundada sob orientação do humanismo latino, realçando valores como empreendedorismo, solidariedade, religiosidade e reciprocidade, todos tão necessários para que os imigrantes se erguessem na Nova Terra. Na comunidade as culturas da uva e do inhame têm raízes muito antigas, que se confundem com a história dos imigrantes italianos que desbravaram uma terra até então selvagem. Uma comunidade que se expressa como núcleo que transpôs barreira muita vez estimada como óbice definitivo. Que delineou na esperança, no lavor e na fé uma prodigiosa saga tão cara ao Mundo Ocidental, economia baseada na propriedade privada; no destino empresarial, que dá ao ser humano a condução de seu futuro.

2.2 A colonização italiana em Alfredo Chaves

Por ter recebido grande contingente de imigrantes de diversas origens, é inegável a importância do Brasil como uma fonte de estudos na área de línguas em contato. Isso é especialmente relevante no Espírito Santo, onde o papel da imigração europeia no século 19 foi determinante na configuração étnica, cultural e econômica da sociedade. A imigração italiana no Espírito Santo deixou marcas profundas nos mais diversos domínios de sua vida cultural e social, influenciando também o elemento luso-brasileiro dominante na região.

No que se refere à imigração italiana no Espírito Santo, aponta-se normalmente como causa da vinda desse contingente populacional a substituição da mão de obra negra e escrava nas fazendas de café. Por

ESTUDOS SOCIOLINGUÍSTICOS E O CONTATO LINGUÍSTICO ENTRE LÍNGUAS
MINORITÁRIAS NO CONTEXTO BRASILEIRO

sua vez, a partir de 1848, ocorreram na Europa revoltas populares que visavam à unificação dos diversos reinos que compunham o continente. Essas revoltas geraram um grande empobrecimento, causando fome e falta de emprego à população pobre, mais notadamente camponeses, fazendo com que houvesse emigração em massa de sua população a outros países.

A colonização da atual cidade de Alfredo Chaves teve início quando Dom Pedro II doou 500 ha de terra ao guarda de honra da corte, o português Augusto José Alvares e Silva. Grupos de imigrantes italianos continuavam chegando ao Espírito Santo, e as terras incultas de Alfredo Chaves eram o destino da maioria dos que desembarcavam em Benevente. Ao chegar ao Espírito Santo, a Alfredo Chaves, o imigrante italiano trouxe consigo seu modo de vida e suas crenças. Com o passar das gerações, muitas e necessárias adaptações foram acontecendo, e o que restou pode ser considerado o núcleo, a essência, a cultura. Ela se expressa principalmente na religiosidade, na culinária e na música. Em 1888, a Colônia Imperial do Rio Novo tinha 5.201 habitantes, e o Núcleo do Castelo, dentro da Colônia e abrangendo a maior parte do território de Alfredo Chaves. Na sua criação, em 1880, eram pouco mais de mil habitantes, dos quais cerca de 900 eram italianos. Densidade semelhante à do Rio Novo tinha a Colônia de Santa Isabel, formada por alemães, e com a qual, por muitos anos, o norte de Alfredo Chaves manteve intensa comunicação. O ritmo da chegada de imigrantes só decresceu depois do decreto do Governo Italiano, de 20 de julho de 1895, proibindo a vinda de colonos para a Província.

2.3 O papel da sociolinguística

De acordo com Alkmim (2005), o termo Sociolinguística fixou-se a partir de 1964, quando se realizou um congresso organizado por William Bright, na Universidade da Califórnia, em Los Angeles. Desse congresso participaram estudiosos

> [...] que se constituíram, posteriormente, em referência clássica na tradição dos estudos voltados para a questão da relação entre linguagem e sociedade: John Gumperz, Einar Haugen, William Labov, Dell Hymes, John Fisher, José Pedro Rona. Ao organizar e publicar, em 1966, os trabalhos apresentados no referido congresso sob o título Sociolinguistics, Bright escreve o texto introdutório "As dimensões da Sociolinguística", em que define e caracteriza a nova área de estudo (Alkimim, 2005, p. 28).

A Sociolinguística é, pois, um ramo da Linguística que estuda a relação entre estrutura e funcionamento da língua e a sociedade que a utiliza como meio de comunicação. A Sociolinguística surge com a intenção de trazer o papel dos fatores sociais para a configuração das línguas, papel que estava sendo desconsiderado pelas outras teorias.

De maneira simples, podemos dizer que o objeto de estudo da Sociolinguística é a língua observada, descrita e analisada em seu contexto social, isto é, em situações reais de uso. Seu ponto de partida é a comunidade linguística, um conjunto de pessoas que interagem verbalmente e que compartilham um conjunto de normas com respeito aos usos linguísticos. Suas áreas de interesse são as questões relacionadas à variação e à mudança linguística, ao surgimento e substituição linguística, ao contato entre línguas, ao bi ou multilinguismo e ao ensino de língua materna.

Definindo a língua como um fenômeno intimamente relacionado à comunidade que a utiliza, os estudos sociolinguísticos vêm contribuindo para a compreensão das implicações políticas e sociais da linguagem, não somente em se tratando de línguas majoritárias, mas também das línguas de minorias. Em vista disso, são caros à Sociolinguística os estudos de contato linguístico e suas implicações linguísticas e sociais.

2.4 O contato linguístico

Os contatos linguísticos são tão antigos que se perdem na história da humanidade. Eles se dão com o deslocamento de indivíduos sozinhos ou em grupos e até populações inteiras no espaço geográfico. Segundo Couto (2009, p. 50-51), há quatro situações pelas quais as pessoas e suas respectivas línguas entram em contato.

A primeira diz respeito à imigração de um povo para um território já ocupado por outro, e lá se encontram as línguas da sociedade local e dos imigrantes. Esse tipo de contato pode levar a diversos resultados, a depender do poder e do prestígio do grupo que fala cada uma das línguas. Alguns exemplos são a formação de ilhas linguísticas ou a substituição da língua do grupo minoritário.

A segunda situação também se refere à imigração, mas, desta vez, o grupo mais forte é que migra para o território do mais fraco. Seria o caso de colonizadores, ou conquistadores. Nesse contexto, comumente são implantadas a língua e a cultura dos que têm mais poder, mas pode haver também a formação de línguas crioulas, como sucedeu em Guiné-Bissau, Serra Leoa e Papua-Nova Guiné.

Na terceira situação, verifica-se a migração de ambos os povos para um terceiro território — frequentemente uma ilha —, que não pertence a nenhum deles.

Na quarta situação, tem-se um modelo que engloba as situações de contato temporário ou sazonal, como é o caso de um povo que se desloca ao território do outro, para fins comerciais ou de trocas. O autor também coloca nesse tipo o contato entre línguas de povos de fronteira: se há acidentes geográficos, como rios, florestas e/ou cadeias de montanhas, cada grupo pode falar a própria língua ou adotar a de maior prestígio.

Coube aqui elencar as diferentes maneiras em que o contato linguístico pode ocorrer, uma vez que na comunidade em estudo, São Bento de Urânia, no ES, ocorreu a primeira situação de contato, quando um povo migra para outro território. Contudo na localidade que os imigrantes chegaram não havia ocupação por outros povos. Isso evidencia que os contatos linguísticos podem surgir de diferentes formas, assim como trazer consequências diversas.

3 RESULTADOS

Conforme consta de nosso capítulo metodológico, esta análise é qualitativa, de cunho interpretativo, e se constitui de uma análise do contato linguístico entre o português e o vêneto, especialmente no que respeita aos aspectos relacionados à substituição deste no decorrer de alguns anos.

Esta pesquisa analisou os fatores que contribuíram para a manutenção e/ou substituição do vêneto numa comunidade do interior do Espírito Santo. E os resultados aqui apresentados são recortes dessa pesquisa, que teve como foco demonstrar os motivos pelos quais os idosos da comunidade, falantes da língua vêneta, optaram por não a transmitir aos filhos, netos e os jovens da comunidade, em geral. A partir de nossas entrevistas podemos observar os seguintes fatores que possivelmente contribuíram para que esse fato ocorresse.

3.1 Os domínios de uso da língua

em São Bento de Urânia, segundo os informantes, o vêneto ainda é falado pelos informantes mais idosos, com os parentes e amigos, em suas residências, na roça e na igreja, após a celebração de domingo. Os informantes afirmam que o falam, porém percebemos que eles não os utilizam com os mais jovens. Isso explica o porquê de os informantes mais jovens afirmarem que não ouvem o vêneto ser falado na comunidade. Foi também relevante perguntar a esses informantes mais velhos onde o vêneto é falado, já que um expressivo número de nossos informantes na faixa etária acima dos 50 anos afirma que ouve e fala o vêneto. As respostas foram:

Tabela 1 – Domínios de uso do vêneto

Em que lugares o vêneto é falado?		
Domínios	Número de citações	%
Quando se encontram, sem local específico	31	50
Lar	28	45
Igreja	5	8
Roça	2	3
Festas	1	1
Não souberam responder	13	20

Fonte: a autora

Pela Tabela 1, vemos que a maioria dos informantes disse ouvir o vêneto quando as pessoas se encontram, sem lugar específico. Isso nos revela que os domínios em si não são os determinantes para o uso de uma língua; as pessoas falam quando há interlocutor e se sentem à vontade para fazê-lo. A seguir apresentamos alguns excertos de entrevistas com nossos informantes, a respeito do uso da língua de imigração em São Bento de Urânia.

> **Excerto 1**
>
> – Todos nós, o finado meu pai, mas não falamos a língua correta. [...] Ouço sim, na igreja, em casa, nos encontros. (Inf. 49, IV, M, C)[44].
>
> – Os mais velhos [falam] quando se encontram porque os novatos não sabem nada não. (Inf. 56, IV, F, B).
>
> – Troca[45] as conversas tudo em italiano[46]. [...] Nas festas. (Inf. 57, IV, F, A).

No início da colonização de São Bento de Urânia, os imigrantes não tinham conhecimento do português. Aos poucos, porém, a língua majoritária assumiu gradativamente seu espaço na comunidade. O português, para a geração mais jovem, tornou-se a "língua social", a língua de que precisam para se comunicar com pessoas de diferentes lugares, a que eles ouvem nas ruas, na escola e quando encontram com os amigos da mesma idade. Appel e Muysken (1996) declaram que, no processo de substituição de uma língua por outra, cada vez mais falantes usam a língua majoritária em âmbitos em que dantes era empregada a minoritária.

3.2 Competência linguística

Com objetivo de constatar a vitalidade do vêneto, perguntamos aos nossos informantes sobre quais línguas eles falam. Os resultados mostramos a seguir.

Gráfico 1 – Línguas faladas pelos descendentes de imigrantes italianos de São Bento de Urânia

---

[44] As siglas utilizadas referem-se, respectivamente, à identificação do informante, sua faixa etária, sexo/gênero e nível de escolaridade, conforme Quadro na página 4.

[45] A palavra *troca*, nesse excerto, significa falar e responder, num diálogo.

[46] Os informantes de nossas entrevistas referem-se ao vêneto como italiano. Quando dizem "falar italiano", na realidade, estão dizendo "falar vêneto".

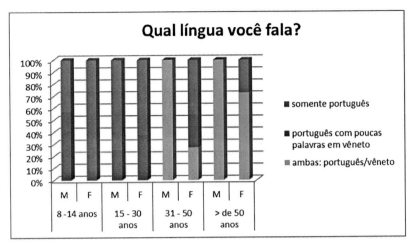

Fonte: a autora

Como é possível ver no gráfico, o vêneto foi deixando de ser falado através das gerações. As meninas afirmam não conhecer nenhuma palavra no vêneto — assim como não fazem questão de falá-lo. Isso é um fato preocupante para a manutenção da língua minoritária, já que a mulher é sua maior difusora no âmbito do lar.

Quando perguntamos aos informantes quais teriam sido as causas de o vêneto não ter sido transmitido aos jovens, obtivemos as seguintes respostas:

> Excerto 2
> — Era proibido falar italiano, na escola batiam [os professores]. Depois foi mudando. Aqui só havia italiano. A lei começou proibir não podia falar. Já pegava da escola. Ali proibiu. Nem eu com minha mulher falava porque não podia. (Inf. 25, IV, M, A).
> — Na escola as professoras pegavam a gente pelo pé, as professoras batiam, eu fiquei de castigo porque a gente conversava mal. Hoje ninguém mais comenta, ninguém dá mais valor, foi desprezada [a língua de imigração]. (Inf. 32, IV, M, B).

O fato de a escola ser apontada como inibidora da língua vêneta, segundo os informantes desta pesquisa, está relacionado à Campanha de Nacionalização do Ensino, iniciada na década de 30 pelo governo brasileiro, época que as línguas de imigração sofreram forte repressão por parte do governo. Esse foi o momento em que os imigrantes e seus descendentes foram obrigados a falar somente o português (Pesavento, 1980, p. 156-182; Seyferth, 1986; Zanini, 2006).

Outra razão apontada para o abandono da língua de imigração foi o preconceito. Nos excertos a seguir, podemos verificar a forte influência da instituição educacional e do preconceito na escolha linguística dos informantes do distrito de São Bento de Urânia.

Excerto 3

– Você conversa as pessoas perguntam da onde nós somos. A gente se sente até constrangido. Parece que a gente não sabe nem falar direito. (Inf. 22, III, F, A).

– Porque a gente vai na sociedade [o informante quis dizer na cidade] e lá na cidade não tem ninguém que fala italiano e a gente tem que ir conforme o barco. Não conversa porque o jovem, a juventude tem vergonha do sotaque. (Inf. 36, III, M, C).

Além da proibição imposta aos descendentes de imigrantes italianos de falar o vêneto, a ridicularização da pronúncia do português dessas pessoas desenvolveu o sentimento de vergonha. Conforme Frosi (2010, p. 185), "A substituição da língua materna por outra não conhecida, não sabida, estranha à vida da comunidade, causou constrangimento [...], vergonha, medo, sentimento de inferioridade, acabrunhamento, bloqueio, em suma, produziu estigmatização. [...] a interdição da palavra étnica feriu a identidade linguística e cultural do ítalo-Brasileiro; instaurou o silêncio, a não comunicação no seu próprio contexto de vida" (Frosi, 2010, p. 185).

4.3. TRANSMISSÃO INTERGERACIONAL NO CONVÍVIO DO LAR

Fasold (1996), na perspectiva de transmissão intergeracional, afirma que, ainda que haja um bom número de falantes, a ameaça de uma mudança linguística torna-se realidade se esses indivíduos não conseguirem transmitir a língua a seus filhos. Montrul (2013) corrobora essa afirmação, quando diz que: "o uso da língua na família e a sua transmissão para os filhos e para as futuras gerações também determinam o grau de manutenção ou de perda de uma língua num contexto bilíngue"[47] (Montrul, 2013, p. 33).

---

[47] "El uso de la lengua en familia y la transmisión de la lengua a los hijos y a las futuras generaciones también determinan el grado de mantenimiento o pérdida de una lengua en un contexto bilingüe".

O gráfico a seguir comprova que o português é a língua usada nas situações domésticas, pois 79% afirmam falar a língua neste ambiente.

Gráfico 2 – Transmissão da língua para os filhos segundo informantes de São Bento de Urânia

Fonte: a autora

Diante dos resultados observados pelo gráfico, é oportuno aqui especificar que todas as 62 respostas do nosso corpus foram analisadas, e, visto que ele não era exclusivo de informantes que possuíam filhos, o número de 20% apresentado no gráfico acima se refere a estes.

Também foi importante analisar em vista desse resultado o papel da mulher na difusão do vêneto, tendo em vista que são elas as principais transmissoras da linguagem aos filhos e, consequentemente, peças fundamentais para a manutenção ou a substituição de uma língua minoritária no lar.

Pela análise do papel desempenhado pela mulher na comunidade, acreditávamos que elas, mais apegadas às tradições ancestrais e mais circunscritas ao ambiente familiar, iriam mostrar-se favoráveis à transmissão da língua de imigração, porém as mulheres de nossa pesquisa revelam preferência pelo português. Algumas informantes afirmaram não querer ensinar o vêneto aos filhos, para que eles não fossem repreendidos ou sofressem algum constrangimento perante a sociedade:

> **Excerto 4**
>
> – Os Gava [família do marido] fala com a língua presa então eu prefiro ensinar o português pra minha filha. Sim já passei por constrangimento. Não... na verdade eles [Falando de outra pessoa] falam feio. (Inf. 55, II, F, B).
>
> – Eu falo e meus netos falam que eu falo errado. Vai na loja todo mundo percebe. (Inf.60, IV, M, A).

Pelo exposto, vemos que as mulheres tiveram um papel fundamental na interrupção da transmissão do vêneto aos filhos e, consequentemente, na sua substituição pelo português.

CONCLUSÃO

Ao longo da história da colonização, houve muitos processos de inibição dos falares dialetais, sejam eles de origem histórica, sejam de origem sociolinguística (atitudes dos próprios falantes). Nos dias atuais, o fator mais inibidor provavelmente seria a marginalização sofrida pela fala dialetal, por pertencer a um grupo minoritário. Esse grupo, consciente de que usar uma língua sem prestígio não ajuda na conquista de um melhor nível social, não se interessa em perpetuá-la e não ensina, a priori, às gerações mais novas.

Ao encerrarmos este artigo, ressaltamos que o sentimento de pertencimento à comunidade italiana está presente e é forte nos moradores da comunidade estudada, assim como as características linguísticas do vêneto são ainda preservadas pelos idosos. Porém constatou-se que os mais velhos não transmitissem o vêneto aos seus filhos, e os principais fatores que contribuíram para essa atitude foram:

i. a escola, e, segundo os informantes desta pesquisa, esse fato está relacionado à Campanha de Nacionalização do Ensino, iniciada na década de 30 pelo governo brasileiro;

ii. o preconceito sofrido pelos informantes ao usarem a língua.

Em São Bento de Urânia, o conjunto de repressão associada ao preconceito se instaurou sobre a fala dos moradores da comunidade pesquisada e fez com que o valor atribuído ao português fosse maior do que ao vêneto, principalmente pelos mais jovens.

As sociedades selecionam alguma variedade linguística como sendo "melhor", "mais correta" e "mais bonita", assim como estipulam que as outras variedades são "feias" ou "erradas", e, por consequência, são ridicularizadas, rejeitadas, estigmatizadas. E, como sabemos, os conceitos de "feio" e "bonito", no sistema linguístico, não têm razão de ser. Sua existência é o resultado dos preconceitos sociais.

Por fim constatamos que, apesar de o vêneto se encontrar escasso nas faixas etárias mais jovens, pode-se afirmar que os traços do dialeto italiano ainda estão presentes em São Bento de Urânia, o que nos mostra a necessidade de buscarmos formas para a revitalização da língua na localidade e a valorização da língua e da cultura de antepassados italianos.

REFERÊNCIAS

ALKMIM, T. Sociolinguística. *In:* MUSSALIM, F. B.; BENTES, A. C. (org.). **Introdução à Linguística:** Domínios e Fronteiras. 2. ed. São Paulo: Cortez, 2001. p. 21-41.

APPEL, R.; MUYSKEN, P. **Bilinguismo y contacto de lenguas.** Barcelona: Ariel, 1996.

ARQUIVO PÚBLICO DO ESTADO DO ESPÍRITO SANTO. **Imigrantes:** estatísticas. Disponível em: http://www.ape.es.gov.br/imigrantes/html/estatisticas.html. Acesso em: 1 dez. 2017.

BAKER, C.; JONES, P. S. **Encyclopedia of bilingualism and bilingual educacion.** Clevedon, Avon: Multilingual Matters, 1998.

BIDERMAN, M. T. C. **Teoria Linguística:** Leitura e Crítica. 2. ed. São Paulo: Martins Fontes, 2001.

CHAMBERS, J. **Sociolinguistic theory.** 2. ed. Oxford, Cambridge: Blackwell, 2003.

COUTO, H. H do. **Linguística, ecologia e ecolinguística:** contato de línguas. São Paulo: Contexto, 2009.

FASOLD, R. **La sociolingüística de la sociedad:** Introducción a la sociolingüística. Tradução de Margarita España Villasante e Joaquín Mejía Alberdi. Madrid: Visor libros, 1996.

FROSI, V. M. Bilinguismo de português e dialetos italianos: nossa língua, nossa cultura, nossa identidade. *In:* FROSI, V. M.; FAGGION, C. M.; DAL CORNO, G. O. M. **Estigma:** cultura e atitudes linguísticas. Caxias do Sul: Educs, 2010. p. 179-197.

LABOV, W. **Socilinguistic Partterns.** Philadelphia: University. Of Pennsylvania Press. 1972.

MOLLICA, M. C. (org.). **Introdução à sociolinguística.** Rio de Janeiro: UFRJ, 1992.

MONTRUL, S. **El bilingüismo en el mundo hispanohablante.** West Sussex, UK: Wiley-Blackwell, 2013.

PESSALI, H. **Alfredo Chaves:** uma visão histórica e política. Alfredo Chaves: Câmara Municipal de Alfredo Chaves, 2010.

PESAVENTO, S. J. O imigrante na política rio-grandense. *In:* DACANAL, J. H.; GONZAGA, S. (org.). **RS:** imigração e colonização. Porto Alegre: Mercado Aberto, 1980. p. 156-194.

PERFIL HISTÓRICO DE ALFREDO CHAVES. **Perfil do município.** Disponível em: http://www.alfredochaves.es.gov.br/default.asp. Acesso em: 10 jul. 2013.

SEYFERTH, G. Etnicidade e cultura: a constituição da identidade teuto-brasileira. *In:* ZARUR, G. de C. L. (org.). **Etnia e nação na América Latina.** v. 2. Washington: Secretaria Geral da OEA, 1996. p. 17-36.

VILAÇA, A. **Receita para um Romanceiro:** São Bento de Urânia. Vitória: SEBRAE, 2010.

WEINREICH, U. **Languages in Contact:** Findings and Problems. Preface by André Martinet. 7. ed. Paris: Mouton & Co., 1970.

ZANINI, M. C. C. **Italianidade no Brasil Meridional:** a construção da identidade étnica na região de Santa Maria-RS. Santa Maria: UFSM, 2006.

POLÍTICAS PÚBLICAS DE ENSINO: UM ESTUDO SOBRE O PROCESSO DE OFICIALIZAÇÃO DA LIBRAS NO BRASIL

Alessandra Figueiredo Kraus Passos
Joelma Aparecida Bressanin

INTRODUÇÃO

Pensar no ensino para o sujeito surdo, no Brasil, remete-nos ao processo de constituição em que se deu a oficialização da Língua Brasileira de Sinais – Libras. A complexidade histórica da educação para surdos merece um olhar mais minucioso, se pretendemos desenvolver análises sobre a oficialização da Libras e sobre as políticas públicas de ensino para surdos, a partir de sua instituição como língua natural dos surdos e como segunda língua oficial do nosso país.

Quando historicizamos a constituição da Libras, a(s) memória(s) se mostra(m) como a premissa fundamental para entendermos as filiações em que o processo de significação do sujeito surdo ganhou essa forma e não outra: efeitos de uma materialidade histórica marcada pela relação da Libras com a língua de sinais francesa, nos primeiros anos de funcionamento do Instituto Nacional de Educação de Surdos – Ines e depois sua relação com a língua de sinais americana, posterior a década de 1960.

Segundo Silva (2012), pesquisas realizadas na área da Linguística sobre a Libras iniciaram na década 1980. A maior parte delas trata exclusivamente de sua estrutura linguística; de seu processo de aquisição; de sua escrita; dos seus aspectos fonético-fonológico, morfológico, sintático; sua cultura; educação bilíngue de questões relativas à tradução e interpretação etc.

Após a oficialização da Libras pela Lei n.º 10.436/2002, que a reconhece como sendo a língua da comunidade surda do Brasil e segunda língua oficial do país, observa-se um maior número de pesquisas que tomam a língua de sinais como objeto de investigação. Todavia, ao procurarmos saber sobre o funcionamento das políticas públicas de ensino de línguas, no modo de uma organização de significação que afeta os sentidos da Libras, de sinalizadores dessa língua e nas determinações do Estado que se configuram em torno dela para normatizar seu ensino, deparamo-nos com algumas dificuldades, pois não encontramos pesquisas que tratem/abordem sobre esse assunto.

Para esta pesquisa, fundamentamo-nos nos estudos desenvolvidos na História das Ideias Linguísticas (HIL), em uma articulação com Análise de Discurso (AD) sobre as línguas que aqui denominaremos de "línguas orais", no sentido peculiar em que se opõem à Libras, enquanto sendo língua de sujeitos que sinalizam ou de sujeitos que oralizam. Abordamos algumas noções da área para entender o funcionamento das políticas públicas de ensino para pessoas surdas e o processo de oficialização da Libras, no Brasil, levando em consideração as questões particulares de uma língua como essa apresenta em relação às línguas orais, para assim tentar compreender o que o funcionamento dessas políticas públicas pode nos dizer sobre a oficialização e o funcionamento da própria língua. No entanto nos dedicamos em ancoragem analítica, na leitura de políticas públicas que tratam do ensino especial para surdos, arquivos/pesquisas que nos permitam compreender os sentidos que se foram construindo a Libras e seu uso.

Nessa perspectiva, o que nos interessa é explicitar e entender o funcionamento das políticas públicas de ensino para o sujeito surdo e o processo de oficialização da Libras, suas condições de produção e sua historicidade. Dessa forma, algumas perguntas norteiam nosso trabalho: Como se dão a construção e o funcionamento das políticas públicas de ensino para pessoas surdas? Quais são as condições de produção e de oficialização da Língua Brasileira de Sinais?

1 O PROCESSO DE INSTITUCIONALIZAÇÃO DA LIBRAS

Segundo estudos realizados por Lima (2004, p. 13), para tratar da história do sujeito surdo, primeiro é necessário saber que a maior parte não é contada por seus protagonistas, e sim por pessoas ouvintes que de uma forma ou de outra estavam relacionadas a esse sujeito. Devido a isso, é complexo afirmar que os fatos abordados/tratados cronologicamente sobre a história do sujeito surdo sejam precisos.

Rememorar a história do processo de institucionalização da Libras é pensar no modo como os sentidos significam o sujeito surdo. Isso nos conduz a compreender a interpelação do indivíduo em sujeito pela ideologia (Althusser, 1980), pois pensar no espaço educacional como sendo um lugar em que se formam cidadãos, suas políticas linguísticas interpelarão os sujeitos que constituem e são ao mesmo tempo constituídos nesse processo de saber da língua. É nesse espaço simbólico, das práticas educacionais de pessoas surdas, que devemos compreender as condições de produções "nas/pelas quais são formulados e realizados os processos educacionais para/com sujeitos surdos, nos colocando para a compreensão dos modos como a história, discursivamente, constitui os processos e os sujeitos por (n)eles constituído" (Barros; Lopes, 2016, p. 108).

Segundo Orlandi (2001), é de suma importância analisar as informações que levem à formação de ideias linguísticas, ou seja, analisar a história da constituição da língua nacional e do conhecimento linguístico para então construir sua forma. Em seus estudos historiográficos do Português no Brasil, a autora declara que academias, com função institucionalizadora, e o Diretório, com seu poder normatizador, produziram, com o passar de dois séculos, uma memória da língua portuguesa no Brasil, em outras palavras, as instituições escolares são exatamente a representação do lugar onde se constituem e se institucionalizam os saberes. Partindo desse pressuposto, torna-se importante sabermos do processo de oficialização da Libras, como sendo a segunda língua nacional do país, porém teremos que entender, primeiro, a constituição do saber metalinguístico sobre essa língua.

a. MARCO NA HISTÓRIA DOS SURDOS

No Brasil, os surdos já existiam mesmo antes de os portugueses chegarem. Todavia, assim como em todo o mundo, o surdo ficava à margem da sociedade, pois eram considerados seres sem razão, sem capacidade de receber educação e de se socializarem, viviam em situações precárias e desumanas. Assim como os demais países, no Brasil, o acesso à educação era proporcionado/permitido somente aos filhos da nobreza e ao clero, devido aos interesses aristocráticos. Nas primeiras décadas do século 19, houve algumas mudanças significativas na educação escolar do país, a criação das escolas de primeiras letras, repercutindo, assim, os primeiros momentos de organização do Estado Imperial. No entanto essa mudança que aparentemente tinha a intenção de proporcionar educação a todos significava, na verdade, um interesse em garantir os futuros súditos do Novo Império.

No período em que o ensino das primeiras letras estava funcionando no Brasil e o interesse pela educação dos surdos estava se expandindo em todo o mundo, oriundo da França, chegou ao Brasil, provavelmente, segundo Rocha (2008, p. 27), em 1855, o francês surdo Eduard Huet[48], interessado em ensinar a língua de sinais aos surdos do Brasil. A partir de então, iniciou-se um processo fundamentador na constituição do sujeito surdo brasileiro. Trata-se do início do processo de institucionalização da língua de sinais no Brasil.

A abertura da materialização de instituto próprio para a educação de surdos, no Brasil, deu-se com a iniciativa de Huet, o qual principiou seu trabalho no Colégio de Vassimon. Para expandir melhor seus objetivos, Huet enviou um documento ao Império brasileiro solicitando um espaço mais conveniente para ampliar seu trabalho.

> Seria desejável que se encontrasse um campo adjacente ao estabelecimento, e bastante vasto, para poder encerrar todas as espécies de culturas. Eu não me associei com M. Vassimon por falta de meios, e porque eu não tinha o local apropriado para as minhas visões. Espero a sanção de nossa obra pelo estado, propondo-me a pedir ao Governo a concessão de um terreno suficiente, de fácil cultura com respeito à idade e a fraqueza das crianças, no qual será eregido um estabelecimento monumental para glória nacional, com o reino glorioso de Vossa Majestade[49] (Huet, 1985 *apud* Rocha, 2008, p. 28).

Posterior ao envio desse documento, Huet enviou, em abril de 1856, outro documento, porém o enviou à Comissão Diretora responsável pelo trabalho desenvolvido no Instituto. Nesse documento o francês agradece o apoio recebido do imperador e aproveita para relatar a situação precária a que o Instituto estava submetido. Aproveitou o ensejo para pedir mais apoio.

> A casa atual não está em condições higiênicas favoráveis a saúde dos alunos... as camas apertadas uma contra a outra o mais perto possível; eu mesmo me vejo obrigado a dormir fora por falta de espaço, e como os meus exercícios acontecem num salão, o uso do giz e dos quadros cobre os móveis de uma poeira que os deteriora (Huet, 1985 *apud* Rocha, 2008, p. 30).

---

[48] Professor surdo que era sucessor do método de ensino do Abade L´Epée (Rocha, 2010, p. 41).

[49] Documento traduzido por Gustavo de Sá Duarte Barbosa (Huet, 1985 *apud* Rocha, 2008, p. 28).

De acordo com os estudos realizados pela Federação Nacional de Educação e Integração dos surdos – Feneis (2019?), Dom Pedro II encarregou, a pedido de Huet, o Marquês d'Abrantes a organizar uma equipe para promover a fundação da primeira Instituição para educação de Surdos-Mudos[50] no Brasil. Rocha (2008, p. 31) nos aponta que tal comissão, seguindo orientações de D. Pedro II, reuniu-se no dia 3 de junho de 1856, para decidir que se deve:

> 1º – promover a definitiva instalação do Instituto dos Surdos-Mudos;
> 2º – Procurar um prédio para a sede do estabelecimento;
> 3º – Não remover os alunos que já estavam no Colégio D. Vassimon, antes que a esposa de Huet viesse tomar conta das meninas.

Segundo Honora e Frizanco (2009), a fundação dessa Instituição consolidou-se em 26 de setembro de 1857, no estado do Rio de Janeiro, surgindo assim: Instituto dos Surdos-Mudos do Rio de Janeiro, atual Instituto Nacional de Educação dos Surdos – Ines, o primeiro instituto educacional brasileiro para surdos, um marco na história da comunidade surda. De acordo com Rocha (2008), o apoio financeiro tanto desejado por Huet foi atendido por meio da provação da Lei de n.º 939, a qual proporcionava ao Instituto e aos alunos financiados pelo governo, que ali residiam, uma verba que serviu de grande auxílio para que essa instituição permanecesse em funcionamento.

Conforme Leite (2006?, p. 25), ao passo que o Instituto progredia, passava a receber, em regime de internato, alunos surdos oriundos, em sua maioria, de diversas partes do país. Dessa forma, fortalecendo a constituição de uma só língua de sinais, no Brasil. Inicialmente as disciplinas ofertadas pelo currículo da Instituição eram: Língua Portuguesa, História e Geografia do Brasil, Aritmética, Linguagem Articulada (para os que tivessem capacidade), Doutrina Cristã e Escrituração Mercantil.

Segundo Rocha (2008, p. 34), em dezembro de 1861, provavelmente por motivos pessoais, Huet não consegue permanecer à frente do Instituto. Em decorrência desse fato, o professor francês propõe ao imperador sua saída. Após sua saída, o Instituto ficou sob a responsabilidade do frei João do Monte do Carmo por curto período de tempo. No mesmo ano, a direção do Instituto foi sucedida por Ernesto do Padro Seixas.

---

[50] Surdo-mudo foi o primeiro termo a ser utilizado/usado pelo Instituto Nacional de Educação dos Surdos – Ines nesse período, 1857.

No ano seguinte, em julho de 1862, o cargo de Huet foi substituído por Dr. Manuel de Magalhães Couto, um homem que não tinha a mesma capacidade que Huet, não era surdo nem especialista em surdez. Em consequência desse impasse, após uma vistoria governamental, no ano de 1868, o Instituto foi visto apenas como um abrigo para pessoas surdas. Não aceitando a situação, Dom Pedro II demite Magalhães e contrata o médico sergipano Tobias Rabello Leite.

Com a intenção de reerguer a qualidade do ensino no Instituto, Leite implementou várias ações, uma das que mais se destacou foi a de oferecer ensino profissionalizante aos surdos. Acreditava que isso os tornaria capazes de se socializarem e garantirem suas subsistências. Outra ação realizada por Leite que também se destacou foi traduzir várias obras francesas para a língua portuguesa.

Um fato relevante que deve ser ressaltado é uma publicação de extrema relevância para comunidade surda, pois a obra intitulada *Iconografia dos Sinais dos Surdos-Mudos*, publicada em 1875, foi desenhada pelo ex-aluno surdo do Instituto Flausino José da Costa Gama e que também trabalhou na mesma Instituição na função de repetidor, no período de 1871-1879. Denotando assim como o uso da língua de sinais já ocupava um lugar na educação dos surdos e já havia conquistado um grande espaço na sociedade.

De acordo com Estrobel (2008), com a predominância do oralismo, desde 1880, a educação dos surdos passou por várias fases de fracasso, e, graças à insistência dos defensores da língua de sinais, conseguiram no Congresso Mundial de surdos ocorrido em Paris, no ano de 1971, que a língua de sinais fosse novamente valorizada.

Estudos realizados pela Feneis (2019?) revelam que a partir dos resultados positivos desse Congresso iniciaram-se as discussões a respeito do bilinguismo. No Brasil, os registros indicam que essa discussão teve início na década de 1980, com as pesquisas realizadas pelas professoras Lucinda Ferreira Brito e Eulália Fernandes sobre a educação dos surdos no Brasil.

As pesquisas dessas professoras seguiram o padrão internacional de abreviação das línguas de sinais. A primeira nomeação dada a Língua Brasileira de Sinais foi "Língua de Sinais Brasileira dos Centros Urbanos – LSCB" e, posteriormente, a partir de votação, em uma reunião realizada na Federação Nacional de Educação e Integração dos Surdos – Feneis, no mês de outubro de 1993, para decidirem entre os nomes LSCB ou Libras, foi acordado que a nomeação da língua usada pela comunidade surda seria da segunda opção. A partir daí, a professora Lucinda Ferreira Brito passou a empregar a abreviação Libras, criada pela própria comunidade surda.

Goldfeld (1997; Moura, 2000 *apud* Botelho, 2009, p. 32) afirma que a Língua de sinais brasileira teve, em consequência da chegada de Huet, influência da Língua de sinais francesa, que posteriormente foi combinando com os sinais já utilizados pelos sujeitos surdos brasileiros. Provavelmente a partir dessa combinação e com a criação de outros novos sinais a Língua brasileira de sinais foi se constituindo.

Silva (2012) vai dizer que, na perspectiva discursiva, a edificação do instituto Ines produz um acontecimento, a marca do real da história, o ato desencadeador do processo de produção de sentidos, pois é a partir dessa institucionalização e de suas políticas que se vai construindo um modo de compreender o sujeito surdo e do conhecimento que aí se vai constituindo. Acontecimento esse que passa a ser a materialização/consolidação desse espaço na educação de pessoas surdas no Brasil na produção de saber sobre a Língua Brasileira de Sinais.

Barros e Lopes (2016), apoiadas nos fundamentos da Análise de Discurso, elaboram "a hipótese de que o espaço simbólico, afetado pela história e interpelado em sujeito pela ideologia", vai determinar de alguma forma os efeitos de sentido que significa/significaram os sujeitos que foram submetidos aos processos educacionais elaborados por uma instituição.

Para Di Renzo (2012, p. 54-60), a escola, sendo um lugar de legitimação da língua pátria, funciona também como o lugar onde todo conhecimento sobre uma língua é absorvido. Segundo a autora:

> Fundar uma escola significa *intervir* no espaço público uma vez que compete à Instituição Escolar a (en)formação d/o sujeito cidadão. É por esta razão que falar em política linguística implica observar as razões do Estado e das instituições que vão tomar a constituição da língua nacional como valor, como princípio ético (Di Renzo, 2012, p. 60).

Ao fazermos um percurso na história do processo de constituição da língua portuguesa do Brasil, pelo viés da História das Ideias Linguísticas articulada à Análise de Discurso, percebemos que a criação dos grandes colégios brasileiros foi o lugar de conhecimento legítimo, o espaço onde a língua poderia ser disciplinarizada, chegando-se a uma unidade linguística, uma língua nacional, e que o sujeito fosse constituído nacionalmente.

Partindo desse pressuposto, é possível observar que de modo parecido o Instituto Nacional de Educação de Surdos – Ines também foi um lugar de construção do saber sobre a língua dos surdos, pois era constituído de regulamentos, programas, limitações de conteúdos que poderiam ou não ser ensinados aos alunos surdos no processo de sua escolarização.

De acordo com Orlandi (2005b *apud* Silva, 2012.), ao estudar sobre a língua portuguesa do Brasil, a autora leva em consideração o aspecto social, histórico e cultural da língua falada no Brasil. Corroborando Orlandi, Silva (2012) diz que é possível instituir uma relação com a historicidade da Libras, pois esta tem também, em seu processo de formação, a intervenção dos aspectos histórico, cultural e social.

Ainda, em seu estudo sobre a língua portuguesa do Brasil e a língua portuguesa de Portugal, Orlandi (2005b *apud* Silva, 2012, p. 111) afirma que "falamos a 'mesma' língua, mas falamos diferente". Isso, também, pode ser acrescentado a Libras, pois segundo Silva (2012, p. 111) é o mesmo que dizer "sinalizamos a 'mesma' língua, mas sinalizamos diferente", visto a Libras ter relação com a Língua Portuguesa do Brasil.

Ao fazermos a retrospectiva desse processo de constitucionalização da Libras, é interessante ressaltarmos o imaginário de sujeito surdo e de escola para surdos que funcionava no período em que o Ines foi criado. Deveria ser um lugar de alfabetizar e disciplinar o sujeito surdo, para que este pudesse receber o título de cidadão brasileiro. Em suma, esse lugar representa a construção de saber sobre a Libras e, ao mesmo tempo, o processo de constituição do cidadão brasileiro surdo.

2 POLÍTICAS PÚBLICAS DE ENSINO NA EDUCAÇÃO ESPECIAL PARA SURDOS BRASILEIROS

Refletir sobre as políticas públicas de ensino para educação de sujeitos surdos, no Brasil, permite-nos lançar um olhar discursivo sobre essas políticas e analisar o modo como elas possibilitam ao sujeito surdo construir uma relação com o conhecimento.

É no retrospecto histórico das constituições de leis de políticas públicas de ensino na educação especial para surdos que poderemos entender também como se constitui esse sujeito de direito. Pensar nessas leis que foram criadas para materializar os direitos à educação dessas pessoas surdas é pensar na acessibilidade como sendo outro modo de significar os indivíduos surdos, de forma que possa ganhar corpo no meio social e despertar sujeitos históricos com acessibilidades políticas a suas habituais formas de viver.

Segundo Orlandi (2015), o sujeito para se formar cidadão não necessita apenas de informações, mas também de mobilidade política e histórica, acessibilidade. Isso só acontece no processo de formação do sujeito. É a formação que proporciona ao sujeito as condições de criar um espaço politicamente significado das diferenças entre os sujeitos, daquela diferença que se diz e da ressignificação do sujeito, em relação a outros diferentes processos de produção de sentidos realizados pela memória.

Para compreendermos o funcionamento das políticas de educação para sujeitos surdos, torna-se necessário discorrer sobre as condições de produção que sustentam as políticas públicas de ensino que vêm se desenvolvendo desde a época do Império, com a criação do Instituto dos Surdos Mudos, em 1857, atualmente nomeado como Instituto Nacional da Educação dos Surdos – Ines, no Rio de Janeiro. Naquele período, por se tratar ainda de uma minoria, o direito à educação para pessoas surdas era baseado nas leis criadas para o atendimento educacional às pessoas com deficiência em geral.

Cabe destacar que os surdos existem desde que o homem é homem. Coincide com a existência da humanidade. Enquanto humano está sempre fadado a comunicar-se. Partindo desse pressuposto, é natural a existência de uma língua utilizada por esse grupo de sujeitos, que infelizmente ainda não é reconhecida socialmente por seus falantes serem considerados uma minoria linguística. Como diria Sacks (2010, p. 105), "A língua emerge — biologicamente — de baixo, da necessidade irreprimível que tem o indivíduo humano de pensar e se comunicar". O uso dessa língua, inicialmente, acontecia de forma informal, ou seja, familiares desses sujeitos, que sabiam a língua, eram os "intérpretes" no processo de comunicação com sujeitos ouvintes.

A língua de sinais, utilizada por comunidades surdas, nem sempre foi respeitada, ou até mesmo outrora nunca mencionada em estudos linguísticos até a década de 1960. Isso também pode ser confirmado nos estudos realizados por Quadros e Karnopp (2004). Segundo esses autores, os estudos linguísticos das línguas de sinais tiveram início com o trabalho precursor de William Stokoe, que foi seguido por outros estudiosos que também tentaram demonstrar que os "gestos" usados pelos surdos são, na verdade, uma língua sinalizada.

Como qualquer problema para se tornar uma política pública precisa, em primeiro lugar, ser um problema que esteja causando um desconforto coletivo e que, em busca de resolver esse tal problema, o grupo se organize politicamente e procure, por meios legais, uma solução pacífica, estudiosos e comunidades surdas se uniram para lutar juntos pelo direito de terem sua própria língua.

Outrora a promulgação das políticas públicas que legalizaram a Libras como segundo língua do país brasileiro, os surdos em todo o mundo eram considerados sujeitos sem razão, sem capacidade de receber educação e se socializar, viviam em situações precárias e desumanas. De acordo com estudos realizados por Honora e Frizanco (2009), a prova da discriminação com essas pessoas, nesse período, é a legislação do Código Civil, datado em 1º de janeiro de 1916, na Lei de n.º 3.071, §5º, que diz:

> São absolutamente incapazes de exercer pessoalmente os atos da vida civil:
> I – os menores de 16 (dezesseis) anos;
> II – os loucos de todos os gêneros;
> III – os Surdos-Mudos, que não puderem exprimir a sua vontade;
> IV – os ausentes, declarados tais por ato do juiz (Lei de nº 3.071, § 5º *apud* Honora; Frizanco, 2009, p. 30).

A Lei, nesse período, excluía claramente o direito da pessoa surda de exercer qualquer ato da vida civil. Segundo Honora e Frizanco (2009), o contexto histórico da educação dos surdos, no Brasil, passou por um longo período tenebroso, dominado pelo método oralista[51]. Durante muitos anos, os surdos lutaram pelo direito de receber a educação por meio da Língua de sinais.

Em 1988, a Constituição Federal passou por uma revisão, onde seu artigo 208, inciso III, determina que "o dever do Estado com a educação será efetivado mediante a garantia de: atendimento educacional especializado aos portadores de deficiência, preferencialmente na rede regular de ensino", porém ainda existe um preconceito e o estigma de que todo surdo é mudo.

Embora a educação dos surdos e a Língua de sinais estivessem aparentemente progredindo, aqui no Brasil a luta pelo direito à educação especializada e pela liberdade de usar sua própria língua só começou a

---

[51] Método de ensino para surdos que visa à integração da criança surda na comunidade ouvinte, enfatizando a língua do país (Goldfeld, 1997).

ter grandes mudanças depois que comunidades brasileiras de sujeitos surdos lutaram incessantemente por esse direito e conseguiram no ano de 2002 a promulgação das Leis n.º 10.436, de 24 de abril de 2002, e n.º 10.098, de 19 de dezembro de 2002, pelo governo de Fernando Henrique Cardoso. Leis essas que dão o direito aos sujeitos surdos, a condição de serem cidadãos brasileiros. Não obstante a glória recebida, continuaram a lutar pela sanção dessas Leis.

No ano de 2005, sob o governo de Luiz Inácio Lula da Silva, conseguiram mais uma conquista: a promulgação de um decreto que tornaria, a partir dessa data, obrigatória a inclusão da disciplina (Libras) nos cursos de formação de professores, tanto para o magistério como para o ensino superior nos cursos de Letras, Pedagogia, Educação Especial e Fonoaudiologia.

Em 2010, é oficializada/regulamentada a Lei Federal n.º 12.319/2010, que fortalece o reconhecimento da Libras como segunda língua oficial do país, o reconhecimento do profissional intérprete, em sala de aula, repartições públicas e demais ambientes que for necessário, como também a promulgação da Lei n.º 13.146/2015, pelo governo de Dilma Rousseff. As nuanças desse processo, ainda, têm sido árduas para as instituições de ensino, pois são poucos os profissionais interessados em aprender com afinco essa "nova" segunda língua oficial do país.

Ao refletirmos sobre as condições de produção que sustentam as políticas públicas de ensino para o sujeito surdo brasileiro, foi possível perceber que essas políticas propiciaram no processo de constituição desse sujeito de direito, pois, segundo Silva (2012), a legitimação da Libras não é simplesmente um mecanismo de comunicação/expressão, mas também a construção de uma identidade, a identidade do sujeito surdo. Somente a partir da promulgação dessas leis foi possível encontrar discussões/pesquisas sobre a importância/valorização do uso dessa língua dentro da comunidade surda e nos ambientes escolares e sociais. Consequentemente as práticas/métodos de ensino para esse sujeito tornaram-se mais acessíveis. Portanto, as políticas públicas de ensino para a educação do sujeito surdo foram essenciais para dar legitimidade ao processo de constituição dessa forma-sujeito atual, ou seja, desse sujeito jurídico, que, assim como qualquer outro cidadão brasileiro, também tem seus direitos e deveres. Direito à cidadania, à educação, à língua etc.

CONSIDERAÇÕES FINAIS

Buscamos, nesta pesquisa, compreender o processo de oficialização da Libras, suas condições de produção, sua historicidade e entender o funcionamento das políticas públicas de ensino relativas à educação especial para surdos, no Brasil. Para isso, tomamos como pressupostos teórico-analíticos os estudos realizados pelo viés da História das Ideias Linguísticas na sua relação com a Análise de Discurso.

Conforme mostramos, no decorrer do trabalho, refletir sobre essas questões nos possibilitou compreender as condições de produção que proporcionaram o processo de oficialização da Libras, a partir do discurso da criação do Ines, enquanto espaço legitimado para a oficialização dos meios pelos quais essa construção acontece. Discutir esse processo é colocar em circulação os sentidos que determinam o sujeito surdo, para compreender a interpelação do indivíduo em sujeito pela ideologia (Pêcheux, 2009), pois pensar no espaço educacional como sendo um lugar em que se formam cidadãos com seus direitos e deveres pressupõe observar as políticas linguísticas formuladas pelo Estado atuando na individuação dos sujeitos que constituem e, ao mesmo tempo, são constituídos nesse processo de saber a(s) língua(s) (Orlandi, 2001).

Em outras palavras, pensar na história da constituição do sujeito surdo nos possibilitou, pelo viés discursivo, compreender como se constitui essa forma-sujeito no atual sistema capitalista. Para Orlandi (2001 *apud* Silva, 2012), o sujeito para se formar cidadão não necessita apenas de informações, mas também de mobilidade política e histórica, acessibilidade. Segundo a autora, só acontecerá no processo de formação do sujeito. É na formação que se proporciona ao sujeito as condições de criar um espaço politicamente significado das diferenças entre os sujeitos, daquela diferença que se diz e da ressignificação do sujeito, em relação a outros diferentes processos de produção de sentidos realizados pela memória.

Almejamos com nosso trabalho ter contribuído com a consolidação dos estudos das Histórias das Ideias Linguística, em uma articulação com a Análise de Discurso, como sendo um espaço de possibilidades para compreender estes funcionamentos. Esperamos também que nossa compreensão venha contribuir para pensar/compreender as condições de produção do sujeito surdo brasileiro de direito por meio do processo de constituição da forma sujeito jurídico, pelo modo como a historicidade e a discursividade significam os sujeitos.

REFERÊNCIAS

BARROS. Renata C. B de.; LOPES. Patrícia de C. Condições de produção da língua brasileira de sinais em uma escola do Sul de Minas Gerais. *In:* ORLANDI, Eni P. (org.). **Instituição, relatos e lendas:** narratividade e individuação dos sujeitos. Pouso Alegre: Univás; Campinas: RG Editores, 2016. p. 107-129.

BRESSANIN, Joelma Aparecida. **Política de formação continuada de professores em Mato Grosso:** Uma análise discursiva do programa Gestar. 2012. 151 f. Tese (Doutorado em Linguística) – Instituto de Estudos de Linguagem, Universidade Estadual de Campinas, Campinas, 2012.

DIAZ, Cora Maria Fortes de Oliveira Beleño. **Surdez, letramento, inclusão e políticas públicas:** uma reflexão para as práticas pedagógicas. 2011. 118 p. Dissertação (Mestrado em Letras e Ciencias Humanas) – Universidade do Grande Rio Professor José de Souza Herdy, Duque de Caxias, 2011.

DI RENZO, Ana Maria. **Estado, a Língua Nacional e a Construção das políticas Linguísticas.** Campinas: Pontes Editores, 2012.

GESSER, Audrei. **LIBRAS?:** que língua é essa?: crenças e preconceitos em torno da língua de sinais e da realidade surda. São Paulo: Parábola Editorial, 2009.

GUIMARÃES, Eduardo. Sinopse dos estudos do português no Brasil. *In:* GUIMA-RÃES, Eduardo (org.). **Língua e cidadania:** o Português no Brasil. Campinas: Pontes, 1996. p. 127-138.

HONORA, Márcia; FRIZANCO, Mary Lopes Esteves. **Livro ilustrado de Língua Brasileira de sinais:** desvendando a comunicação usada pelas pessoas com surdez. São Paulo: Ciranda Cultural, 2011.

LIMA, Maria do Socorro Correia. **Surdez, Bilingüísmo e Inclusão:** entre o dito, o pretendido e o feito. 2004. 271 p. Tese (Doutorado em Linguística Aplicada) – Instituto de Estudos da Linguagem, Universidade Estadual de Campinas, Campinas, 2004.

MAIA, Valdeci; VELOSO, Éden. **Aprenda LIBRAS com eficiência e rapidez.** v. 1. Curitiba, PR: Mãos Sinais, 2009.

MAIA, Valdeci.; VELOSO, Éden. **Aprenda LIBRAS com eficiência e rapidez.** v. 2. Curitiba, PR: Mãos Sinais, 2012.

ORLANDI, Eni Pulcinelli. **Discurso e Texto:** formulação e circulação dos sentidos. 4. ed. Campinas: Pontes Editores, 2012.

ORLANDI, Eni Pulcinelli (org.). **História das ideias linguísticas:** construção do saber metalinguístico e constituição da língua nacional. Campinas, SP: Pontes; Cáceres, MT: Unemat Editora, 2001.

ORLANDI, Eni Pulcinelli. **Análise de Discurso:** princípios e procedimentos. 7. ed. Campinas: Pontes, 1999.

ORLANDI, Eni Pulcinelli. Linguagem e educação social: uma relação sujeito, indivíduo e pessoa. **RUA** [online], v. 2, n. 21, p. 187, nov. 2015.

PÊCHEUX, Michel. [1989]. **Semântica e discurso:** uma crítica à afirmação do óbvio. Tradução de Eni Pulcinelli Orlandi *et al.* 4. ed. Campinas, SP: Editora da Unicamp, 2009.

ROCHA, Solange. **O INES e a educação de surdos no Brasil:** aspectos da trajetória do Instituto Nacional de Educação de Surdos em seu percurso de 150 anos. 2. ed. Rio de Janeiro, RJ: Governo Federal, 2008. 1 v.

ROCHA, Solange. **Memória e história:** a indagação de Esmeralda. Petrópolis, RJ: Arara Azul, 2010.

SACKS, Oliver. **Vendo vozes:** uma viagem ao mundo dos surdos. Tradução de Laura Teixeira Motta. São Paulo, SP: Companhia das Letras, 2010.

SILVA, Carmem Luci da Costa. Os movimentos enunciativos da criança na linguagem. **Revista da ABRALIN**, v. Eletrônico, n. Especial, p. 77-94. 2.ª parte, 2011.

SILVA, Fábio Irineu da; REIS, Flaviane *et al.* **Aprendendo língua brasileira de sinais como segunda língua.** Santa Catarina: NEPES, 2007.

SILVA, Nilce Maria da. **Instrumento linguísticos de Língua Brasileira de Sinais:** constituição e formulação. 2012. 272 f. Tese (Doutorado em Linguística) - Instituto de Estudos de Linguagem, Universidade Estadual de Campinas, Campinas, 2012.

STROBEL, Karin Lilian; FERNANDES, Sueli. **Aspectos lingüísticos da LIBRAS.** Curitiba: SEED/SUED/DEE, 1998.

Links de apoio

BRASIL. **Lei n. 10.436 de 24 de abril de 2002.** Dispõe sobre a Língua Brasileira de Sinais - Libras e dá outras providências. Disponível em: http://www.planalto. gov.br/ccivil_03/leis/2002/l10436.htm. Acesso em: 17 set. 2014.

BRITO, Lucinda Ferreira. **Gramatica de LIBRAS.** Disponível em: http://pt.scribd.com/doc/22653284/A-Gramatica-de-Libras-LUCINDA-FERREIRA-BRITO. Acesso em: 17 set. 2014.

FENESIS. **História da Educação do surdo no Brasil.** 2019?. Disponível em: http://www.feneis.com.br/page/noticias_detalhe.asp?categ=1&cod=623. Acesso em: 2 set. 2013.

LEITE, Emeli Marques Costa. **Os papéis do intérprete de Libras na sala de aula inclusiva. 2006?.** Disponível em: http://editora-arara-azul.com.br/pdf/livro3. pdf. Acesso em: 13 abr. 2017.

L'ÉPÉE, Abée Charles Michel de. Institution des sourds et muets par la voie des signes méthodiques, ouvrage qui contient le projet d'une langue universelle par l'entremise dessignes naturels assujettis à une méthode. Première et Deuxième partie. Nyon l'Aîné, Paris, 1776. Disponível em: (c) Bibliothèque interuniversitaire de médecine (Paris): http://www.bium.univ-paris5.fr/histmed/medica/ cote?38462. Acesso em: 24 out. 2015.

SILVA, Suzyane Santos e. **Educação de surdos:** um olhar sobre a Lei nº 10.436 de 24 de abril de 2002. Disponível em: http://www.portaleducacao.com.br/pedagogia/artigos/20513/educacao-letra5surdos-1-olhar-sobre-a-lei-n-10436-de-24-de-abril-de-2002. Acesso em: 8 set. 2016.

SÓCIO-HISTÓRIA DO CONTATO ENTRE O VÊNETO E O PORTUGUÊS: UM ESTUDO DE CASO

Ludimilla Rupf Benincá

INTRODUÇÃO

O reconhecimento de que o Brasil é um país multilíngue em termos de usos linguísticos em diferentes domínios parece estar escapando do ambiente acadêmico e começa, a passos lentos, a ser expandido para domínios mais leigos, até mesmo no âmbito jornaístico. Com a publicação, em 2010, do Inventário Nacional da Diversidade Linguística, passamos a enxergar os falantes que até então oscilavam nas políticas linguísticas nacionais entre invisíveis e silenciados. Nesse cenário, inclui-se ainda a cooficialização, em alguns municípios brasileiros, de idiomas falados por seus habitantes, que passa a ser um instrumento legal com o intuito de promover o *status* de tal língua.

O fato é que temos apenas uma língua oficial, mas são diversas as línguas faladas em nosso território, o que desmistifica a ideia de país monolíngue, conforme apresenta Maher (2013), que ainda acrescenta que o multilinguismo é a normalidade, já que os 193 países reconhecidos pela ONU falam 6 mil línguas. Torna-se, assim, cada vez mais difícil ignorar a existência dos brasileiros que se comunicam em uma das 200 línguas faladas, apesar de eles representarem apenas 1% da população, segundo dados apresentados por Altenhofen (2009), que destaca o descompasso político que circunda tal fato, na medida em que, dessas 200 línguas, 190 estão ameaçadas.

Ou seja, temos leis e políticas linguísticas de valorização da diversidade. O problema é exatamente a promoção social para a efetivação desses instrumentos institucionais, que precisam se converter em reais atitudes dos falantes para que valorizemos os indivíduos bilíngues e estes se sintam enaltecidos como tal, afirmando sua identidade.

Se hoje aceitamos, pelo menos no nível legal, o multilinguismo como um importante fator de preservação de traços culturais e identitários de um povo, ao longo da história do Brasil tivemos momentos em que falar uma das línguas trazidas pelos imigrantes, especialmente o italiano e o alemão, era uma afronta, o que ocorreu durante a Era Vargas entre os anos 30 e 40, quando a estratégia política era justamente a de apagar essas origens do imaginário coletivo, e assim desmobilizar possíveis agrupamentos identitários que não se colocassem como genuinamente brasileiros. Em 1938, com o Decreto-Lei n.º 406, as escolas públicas foram oficialmente proibidas de ensinar as línguas dos imigrantes. Também se tornou proibido, nesse período, o ensino em casa ou em escolas especializadas, o que contribuiria para a instauração do nacionalismo almejado por Vargas.

Essa política, aliada a pressões sociais de diferentes ordens ou mesmo simplesmente à falta de utilidade no nível comunitário da língua minoritária, provocou a perda gradativa de línguas. Quando uma língua morre, leva consigo importantes elementos do imaginário coletivo, que dificilmente podem ser "traduzidos", como as lendas e histórias dos antepassados, as lembranças e os sentimentos de pertencimento a sua origem e mesmo aspectos imediatos da vida cotidiana transmitidos pela tradição oral, como costumes, brincadeiras e até receitas culinárias.

A família Benincá[52] seguiu esse caminho, infelizmente muito comum, e até mesmo natural, considerando a Lei da Terceira Geração (Weinreich, 1970[1953]), segundo a qual é comum o desaparecimento de uma língua minoritária, imersa em um espaço de uma língua majoritária de maior prestígio, a partir da terceira geração de indivíduos. De acordo com essa lei, quando existe o contato de uma língua minoritária em um espaço de outra, majoritária, sistematicamente os falantes deixam, com o passar das gerações, de falar sua língua e adotam a majoritária, que se expande a diferentes domínios.

Neste artigo, mostramos o caminho desse desaparecimento, considerando os descendentes dos genearcas Matilde Biz e Pietro Benincà, que saíram da comuna de Follina, na região do Vêneto, chegaram ao Espírito Santo no final do século 19, subiram o rio Benevente e se instalaram em uma área bastante isolada, hoje pertencente ao município de Alfredo Chaves e chamada de Santo Antônio da Cachoeirinha.

A importância de estudos desse tipo se concentra exatamente no mapeamento das perdas linguísticas (para localizar no tempo quando e por que elas se deram), na investigação do sentimento de pertença à

---

[52] Nos documentos de registro de entrada de imigrantes, o sobrenome é grafado como Benincà. Hoje há variações na grafia, mas grande parte dos descendentes são registrados como Benincá, por isso escolhemos essa grafia para representar a parentela.

cultura, e assim tornar possível a proposta de políticas linguísticas de revitalização da língua, o que significa também resgatar lembranças perdidas na história.

A opção por fazer isso considerando uma família se deu justamente por ela sinalizar o desejo de coesão, com a instituição de uma festa anual da família, conforme se pode ver no relato abaixo, de uma das organizadoras.

> *Sempre tive um desejo enorme de ver todos juntos, nossa família é enorme e poucos conhecem a história, é como se eu tivesse essa missão [...]. Acredito que a motivação foi mesmo apresentar os membros uns aos outros, apresentar a luta dos nossos antepassados para chegar ao Brasil. [...] Aos poucos queremos apresentar aos nossos filhos e a nós mesmos o dialeto para que não se percam nossas raízes.*
> **G.A.B., mulher, 37 anos, 5ª geração**

Os membros não necessariamente têm contato uns com os outros, por isso preferimos chamar o grupo de *parentela*, como sugere Marques (2011, p. 2531), já que analisamos apenas falantes com o sobrenome Benincá, descendentes dos mesmos genearcas.

1 A IMIGRAÇÃO E O VÊNETO

Quando pensamos em imigração no Brasil, em especial no Espírito Santo, não podemos deixar de elencar fatores econômicos e sociais essenciais, que fizeram com que a chegada dos imigrantes no século 19 não se tratasse de uma simples escolha de viver em uma nova pátria, mas de uma tentativa dos imigrantes de se ressignificar e encontrar uma saída.

No Brasil, sentia-se a necessidade de estabelecer uma nova forma de trabalho para as lavouras de café, já que o tráfico negreiro havia sido proibido, o que tornava mais cara a mão de obra escrava. No caso específico do Espírito Santo, soma-se ainda o fato de que essa província se manteve intencionalmente inexplorada durante o ciclo do ouro em Minas Gerais, e, após o esgotamento de suas minas, buscou-se retomar o tempo perdido e finalmente colonizar o Espírito Santo, e a estratégia de trazer imigrantes europeus se mostrou uma alternativa mais eficaz e barata, já que os recursos humanos e financeiros eram escassos (Franceschetto, 2014, p. 55).

Entre os italianos, o período da "grande emigração" se dá entre 1887 e 1902, tendo como pico o ano de 1891 (Trento, 1989, p. 36). Os imigrantes provenientes da Itália vinham especialmente do Norte e muitas vezes não carregavam a identidade italiana, já que a Itália havia se unificado há pouco tempo e a ideia de Estado Nacional estava em construção (Dadalto, 2008, p. 152). Portanto, os imigrantes que aqui chegavam eram vênetos (a maioria, representando 39% do total, segundo Franceschetto, 2014, p. 104), lombardos, trentinos etc., e não italianos, e falavam suas línguas locais, não o italiano-padrão.

Na Europa, miséria. A chamada "emigração da fome", que se dá em massa especialmente entre 1880 e a Primeira Guerra Mundial, tem uma motivação tão forte, que faz com que aldeias inteiras se desloquem quase como em procissão, a pé, até o porto mais próximo. Segundo dados do Instituto Nacional de Estatística da Itália[53], entre 1875 e 1915 quase metade da população italiana emigrou, especialmente para o Brasil, para a Argentina e para os Estados Unidos. A falta de propriedade, a escassez de alimentos, o excesso de trabalho nos campos e a falta de dinheiro são motivos mais que suficientes para que muitos assumissem o risco de atravessar o Atlântico com suas famílias (Trento, 1989, p. 29). Vale mencionar uma cantiga rural recolhida por Franzina (1976, p. 204 *apud* Trento, 1989, p. 29) que demonstra o desejo de "desforra" dos trabalhadores rurais ao emigrarem: "Iremos para a América, para aquele belo Brasil, e aqui nossos senhores trabalharão a terra com a pá"[54].

Os camponeses italianos, desiludidos com sua colocação, eram influenciados por agentes de imigração que pintavam um Brasil bastante distante do real e os iludiam com promessas de ganhos e de propriedade garantidos. Para ter credibilidade, algumas situações eram forjadas, como supostas cartas de emigrantes prosperando no Brasil e dando notícias a seus familiares, bem como a palavra de autoridades locais, assegurando a veracidade das informações passadas pelos agentes (Trento, 1989, p. 29).

Já em terras brasileiras, muitos imigrantes passaram por dificuldades das mais diversas. Funcionários da imigração se aproveitavam da situação de fragilidade e muitas vezes tiravam vantagem sobre a dificuldade dos

---

[53] *Apud* SARTORI, Tríssia Ordovás. **A fome é o fio condutor da imigração**. Disponível em: http://pioneiro. clicrbs.com.br/rs/geral/cidades/italianos/noticia/2015/05/a-fome-e-o-fio-condutor-da-imigracao-italiana-4763198.html. Acesso em: 16 ago. 2017.

[54] Anderemo in Mèrica
In: tel bel Brasil
E qua i nostri signori
Lavorerà la terá col badil

imigrantes, chegando a trocar comida por objetos de valor trazidos da terra natal, conforme aponta Pessali (2010, p. 18). As dificuldades eram as mais diversas, e a língua, nesse momento, era o elemento de lastro, que os mantinha unidos, era o elemento igual em meio a tantos diferentes.

Muitos italianos acabaram trabalhando em outros setores além da agricultura, em obras públicas e privadas. Muitas vezes, isso ocorria enquanto esperavam pela destinação dada pelo Estado às suas terras (o serviço de assentamento e demarcação dos terrenos era desorganizado, o que costumava gerar certa demora). Há registro de mão de obra dos imigrantes na construção do Teatro Melpomeme, no Largo da Conceição (hoje, Praça Costa Pereira), segundo Franceschetto (2014, p. 119). O próprio Pietro Benincà, genearca dessa parentela, ao se instalar em Santo Antônio da Cachoeirinha, hoje pertencente ao município de Alfredo Chaves, trabalhou, em 1910, na construção da estrada de ferro que passa por Matilde.

2 A TRAJETÓRIA DOS BENINCÀ

Seguindo a trajetória de muitos de seus compatriotas, Pietro Benincà e Matilde Biz saíram da comarca de Follina, em Treviso, na região do Vêneto, em 1879, com seus filhos Pierina (8), Luigi (4) e Celeste (2), segundo dados do Arquivo Público do Estado do Espírito Santo. Nos registros da família, constam que esses filhos eram mais velhos à sua chegada; que um deles, Giovani (5), faleceu em viagem e foi jogado ao mar, e ainda que outros dois filhos, Maria (3), e David (2), vieram com os pais e foram batizados e registrados no Brasil. Aqui tiveram mais cinco filhos: Pelegrino, Constante, Clemente, João e Vitório (que morreu solteiro com 28 anos).

A família chefiada por Pietro Benincá embarcou com outras 40 com destino ao Brasil no navio Presidente, e em 17 de janeiro de 1880, desembarcou no Porto de Benevente, atual Anchieta. Os membros ficaram 40 dias nesse local; não se adaptando ao clima quente do litoral, seguiram de barco pelo rio Benevente e chegaram à localidade de Alto Benevente, onde hoje fica a sede de Alfredo Chaves. Passaram mais alguns dias até que subiram através de picadas no meio da mata virgem com seus pertences até Santo Antônio da Cachoeirinha, aonde chegaram em 7 de julho de 1880. Ali construíram sua moradia provisória e iniciaram o labor na terra. Onde ficava essa moradia hoje é o Cruzeiro do Galo, próximo à igreja de

Santo Antônio da Cachoeirinha, mantendo-se preservado como local de culto religioso.

Depois disso, Pietro construiu o casarão que serviu de morada a filhos e posteriormente a noras, genros e netos, que moravam todos sob o mesmo teto, guardando tradições italianas. Atualmente, o casarão não existe mais, mas a propriedade continua com descendentes da família Benincá. O trecho a seguir demonstra um pouco dessa trajetória:

> Ele [Pietro] contou pra mim a dificuldade que ele teve quando chegou ali. Lá no quarto dele tinha um caixão desse tamanho, desse comprimento e largo assim. Ele falou que panhou esse caixotão aqui na Alfredo Chaves, nas costas, e levou pra picada na mata lá em cima. Ele falou que quando ele chegou — não sei se você viu, mas na frente da casa dele, tem um cruzeiro até hoje, se tratava aquilo o Cruzeiro da Sexta-feira Santa — aí ele quando chegou, foi morar em cima da cabana, do cruzeiro, lá em cima. Diz ele. A casa dele era tapada de palha, parede de palha, por dentro e por fora. Agora as porta eu não sei como que eles fizeram. Morou ali 8 anos. E papai nasceu 8 anos depois. Eles chegaram em 80 e meu pai nasceu em 88. Já nasceu dentro do sobradão. Procê ver como é que era. [...] Saía de lá e vinha aqui panhar muda de café e muda de outra coisa, que lá em cima não tinha nada. E o pessoal hoje diz que a coisa tá runha. E eu que tô com 90 ano, e eles faz 130 ano que chegaram. Faço ideia o que sofreu aqueles pobre.
> Da Itália ele contou pouca coisa. Contou — a única coisa que eu sei, que ele falava — que os animais lá na Itália no inverno já vivia preso, tinha já... Hoje se fala curral, o italiano falava estala. Então era tudo fechada, a casa tudo fechada, e prendia o gado dentro, e vivia ali. No verão eles tinha que arranjar comida, preparar a ração das vaca pra quando chegasse o frio, dar pras vaca no cocho.
> **V. B., homem, 90 anos, 3ª geração**

Os descendentes mais antigos guardam na memória algumas dessas lembranças, que marcaram sua história ou a história de sua família, como está expresso na narrativa a seguir.

> Eles contavam histórias em italiano?
> Contava. Eu lembro que na cozinha lá de Boa Vista, juntava talvez até com primas minha já com idade, juntava com a nonna, que morava tudo perto, aí eles conversava conversa longa italiano, eles contava as coisa deles, as história deles.

> *Mamãe de infância contava isso: que eles eram em muitos irmãos, ela contava assim pra nós, que o pai dela bebia muito, e a nonna, com eles tudo pequeno, quando ele chegava bêbado em casa, então ele corria atrás, batia. Então mamãe contava que a nonna panhava eles tudo pequeno e saía pelo meio do pasto, pelo meio da roça. Ali, quando ele via que não tinha ninguém dentro de casa, ele juntava a mochila dele e saía de Santo Antônio [...] e ia lá pra Feira Dura, pra um terreno que eles tinha, e ficava lá, e quando ele vinha, vinha bonzinho que só vendo. Mas ali se bebesse fazia tudo de novo.*
> **M. M. B. A., mulher, 78 anos, 4ª geração**

Poucas dessas narrativas, demonstrando os percalços vividos pelos imigrantes, sua instalação no Brasil ou mesmo sobre suas vivências na Itália, mantiveram-se ao longo das gerações. A informante A. B. ressalta o silêncio dos antepassados em relação a isso:

> *Eles contava tão pouco e a gente também não perguntava. Minha tia que falava um pouco, como a história do aipim [antes da entrevista, contou que os genearcas saciavam a fome dos filhos com aipim, porque era um gênero alimentício de produção mais rápida]. Lá em casa eles já não falava mais da origem deles não. Nem se tocava no assunto. Era até pra tocar pra gente saber, né? Alguma coisa que falava que era difícil... Tinha uma mala lá em casa muito grande, que ele [Pietro] trouxe nas costas de Anchieta até Santo Antônio.*
> **A. B., mulher, 60 anos, 5ª geração**

Os genearcas eram muito religiosos. Pietro trabalhou na construção da igreja de Santo Antônio, que se mantém bastante preservada. Segundo relatos de familiares, e registrado por Caus (2016, p. 453), a imagem de Nossa Senhora do Carmo que se encontra à esquerda do altar dessa igreja foi comprada por Pietro como pagamento de uma promessa: Pietro teve seu nariz quebrado por um galho de árvore no dia de Nossa Senhora do Carmo, e, sem acesso a serviços de saúde, prometeu a essa santa que, se ficasse curado, compraria uma imagem e doaria à igreja. Apesar de seu nariz ter ficado torto, Pietro curou-se do ferimento, por isso cumpriu sua promessa.

Reproduzindo a tradição arquitetônica italiana, a igreja de Santo Antônio tem ao lado uma torre (chamada em vêneto de *campanile*) com sinos. Esses sinos foram trazidos da Itália, pesam de 6 a 12 arrobas, o que equivale a 90 e 180 kg, respectivamente, e foram levados nas costas, por duas pessoas por vez, de Alfredo Chaves até Santo Antônio da Cachoeirinha, numa época em que não havia estradas. Isso evidencia a fé e o desejo de construção e transformação dos que ali residiam, entre eles a família de Pietro. Atrás da igreja, encontra-se o cemitério onde repousam os restos mortais de Pietro, Matilde e alguns de seus filhos.

Hoje a parentela Benincá encontra-se bastante dispersa. V.B. conta um pouco sobre a diáspora da família, que começou já na segunda geração, com os filhos de Pietro e Matilde:

> *[Meu pai] ficou ali até 1950, nós fiquemo lá. Nós tinha um terreno aqui na Boa Vista, mas nós ia trabalhar de segunda a sexta, e voltava sábado. Voltava lá pro ninho de novo. O ninho era o casarão. [...] Eu casei dia dezoito de setembro de 48. Dia dois de janeiro [de 1950] que eu vim praí. Nós compremo uma fazenda eu com mais quatro irmão e papai junto. Hoje não é mais fazenda, hoje é um pequeno, mas 135 alqueire nós compramo aqui numa pancada só.*
>
> *Por que vocês saíram do casarão?*
> *A família não dava mais pra viver lá, nós tinha que pular, então compremo. Ficou pequeno, era 5 alqueire o terreno de meu avô lá, que ele ganhou quando veio da Itália.*
>
> *E para onde foram os irmãos?*
> *David foi pra Castelo, Luís saiu pra Minas Gerais, lá pra Itueta. (O Luís, filho do David) ficou no casarão. Dormia junto com meus irmão lá, num salão. Luís viveu muito lá com finado papai. Eu vi um filho do Luís, ou neto, lá no 51, lá no Moacir[55]. Pierina morava logo pra cima, no alto de São Gabriel. Celeste morreu lá em cima no Córrego do Ouro, município de Castelo, bem no interior, lá pertinho do Forno Grande.*
> **V. B., homem, 90 anos, 3ª geração**

Essa diáspora se deu tanto entre os descendentes de Pietro e Matilde no Espírito Santo quanto entre os indivíduos que carregam o sobrenome Benincà e não têm ligação direta entre si. Conforme dados de 2014 do site *Forebears*, que demonstra a distribuição de sobrenomes nos diferentes países, o sobrenome Benincà tem maior incidência no Brasil, com 2671 indivíduos, seguido de Itália (638); Argentina (164); França (159); Estados Unidos (25); Austrália (24); Espanha (8); Uruguai (3); África do Sul (2); Paraguai (1); Suíça (1); Países Baixos (1); Canadá (1); Dinamarca (1) e Portugal (1). Analisando esses dados, podemos ter a dimensão da extensão da emigração na Itália, já que no Brasil temos mais de quatro vezes mais membros com esse sobrenome do que na Itália, seu berço.

---

[55] Córrego Moacir, em Governador Lindemberg (ES). 51 é a forma como os moradores se referem à sede desse município.

Em algumas famílias da parentela Benincá analisada, o vêneto, apesar de ter sido a língua materna de alguns integrantes, mantém-se apenas como uma língua de herança, que nos termos de Lima-Hernandes (2016, p. 98), "como o próprio nome deixa transparecer em seu sentido habitual, remete à ideia de que alguém recebe de gerações passadas algo precioso, do qual deve tomar posse como uma continuidade familiar e como uma necessidade de delineação identitária". Ou seja, hoje o vêneto não passa de um elo no passado; para os mais antigos, é um grande baú que guarda histórias, canções e memórias; para os mais novos, quase nada restou dessa língua.

3 O CONTATO LINGUÍSTICO

Para Montrul (2013, p. 23), a língua é um signo de identidade de uma comunidade e compõe seu patrimônio coletivo. Sabemos que existe uma forte relação entre os aspectos culturais de um povo e a língua através da qual ele os transmite. Por isso, é impossível dissociar o falante da língua que fala. Ao deixar sua terra natal com tudo o que era possível carregar, sem a perspectiva de retorno, os italianos trouxeram consigo sua língua, e principalmente sua forma de ver o mundo e suas lembranças mediadas por ela.

Na viagem, já se depararam com falantes que não compartilhavam com eles a língua, já que na Itália não se falava italiano, como mencionamos anteriormente, e sim uma série de línguas locais, que até hoje são erroneamente chamadas por muitos de "dialetos", no sentido de menosprezá-las e reduzi-las a variações, geralmente baixas, do idioma oficial e nacional. Ao contrário disso, as línguas italianas, assim como qualquer língua, são igualmente boas e úteis à comunicação entre seus falantes. Sobre esse *status* do dialeto, Freitas, Balthazar e Lunati (2015, p. 756) ressaltam a afirmação de Avolio (2011 *apud* Freitas, Balthazar e Lunati, 2015, p. 756), de que "os dialetos não deveriam ser considerados *filhos* do italiano e sim seus *irmãos*. Dessa forma, seria impróprio falar de 'dialetos italianos', mas, como sugere o autor, seria mais oportuno o conceito de 'dialetos ítalo-românicos' ou de 'dialetos da Itália'".

Quando mais de uma língua é falada em um mesmo espaço, podemos dizer que naquela comunidade há multilinguismo, ou, nos termos de Montrul (2013, p. 28), bilinguismo social, que se caracteriza por haver em uma comunidade diferentes línguas convivendo, mesmo que não necessariamente pelos mesmos falantes. Assim, o início da imigração do

Espírito Santo foi marcado pelo multilinguismo, já que aqui conviviam europeus falantes de diferentes línguas de imigração, falantes do português brasileiro, além de indígenas e africanos.

O multilinguismo pode se apresentar sob diferentes formas, de acordo com as características de uso de uma ou outra língua. Destacamos a diferença entre bilinguismo e diglossia: tanto a diglossia quanto o bilinguismo pressupõem a utilização de duas línguas.

O primeiro ocorre quando essas são utilizadas regularmente, ou seja, dois sistemas linguísticos coexistem em uma mesma comunidade de fala (Tarallo; Alkmin, 1987, p. 12). O bilinguismo pode ter várias causas, que são de natureza histórico-social, como a migração de pessoas de grupos étnicos diferentes para uma mesma região e a conquista armada que resulta em colonização, por exemplo (Tarallo; Alkmin, 1987).

Quando o bilinguismo envolve uma hierarquia entre as duas línguas, ou seja, uma língua é mais privilegiada do que a outra, passa a se chamar diglossia, que é a "compartimentalização de cada um dos dois sistemas com vista a suas funções sociais" (Tarallo; Alkmin, 1987, p. 12). Uma comunidade se encontra em situação diglóssica quando, pela visão de Ferguson (*apud* Tarallo; Alkmin, 1987, p. 68), há uma hierarquia entre duas variedades, uma alta e outra baixa. A variedade alta, no nível funcional, é usada formalmente nos registros escrito e oral, e ainda, "coloca-se como principal veículo literário" (Tarallo; Alkmin, 1987, p. 68), enquanto a variedade baixa é mais usada em situações informais. Como exemplo de comunidades diglóssicas, Ferguson cita, entre outras, o Haiti, que tem como língua alta o francês-padrão e como língua baixa, o crioulo (Tarallo; Alkmin, 1987, p. 69). Podemos adicionar o exemplo do Brasil, em que as diferentes línguas de imigração são utilizadas em domínios diferentes daqueles em que se usa o português, ou seja, há especialização funcional.

Hamel (1988, p. 51) define a diglossia "*como parte integrante de un conflicto intercultural, cuyos aspectos sociolingüísticos se manifiestan en una relación asimétrica entre prácticas discursivas dominantes [...] y prácticas discursivas dominadas*". Esse processo pode ser resolvido por dois modos: o deslocamento, que consiste na substituição da língua dominada pela dominante por razões sócio-históricas, ou a resistência, que ocorre quando a língua dominada se consolida (Hamel, 1988). Em geral, essas duas línguas possuem diferenças na forma de aquisição. Normalmente, a língua baixa é adquirida no contato familiar, enquanto a alta é, muitas vezes, aprendida quando a criança entra na escola. Hamel, analisando a diglossia entre o espanhol (língua alta A) e línguas indígenas (língua baixa B), afirma:

> *En el contexto sociolingüístico de la diglosia nos interesa investigar si existe una distribución nítida entre las lenguas A y B, de manera que B se adquiere exclusivamente como lengua materna y A se adquiere (proceso no dirigido) o se aprende (proceso dirigido) como segunda lengua. O si, por el contrario, existen familias que socializan a sus hijos en español como primera lengua, aunque siga hablando la lengua indígena entre adultos* (Hamel, 1988, p. 60).[56]

Segundo Schiffman (1997, p. 206), em muitas comunidades em situação diglóssica, a variedade alta (ou língua alta) é controlada por uma pequena parcela da população, e a variedade baixa (ou língua baixa) goza de menos prestígio social do que a primeira. Portanto, as pessoas que têm apenas o domínio da variedade baixa encontram-se em situação de desprestígio social. Altenhofen (2013) destaca que a ideia de língua minoritária, que se aproxima da ideia de variedade baixa de Shiffman (1997), tem muito mais relação com o *status* político de que determinada língua goza do que com a representatividade numérica.

Labov (2008[1972]) demonstrou como, em termos sociolinguísticos, o prestígio social de formas linguísticas em variação pode ser determinante para seu uso. Da mesma forma, o *status* político de uma língua pode ser um elemento muito forte para a "decisão" do falante de uma língua minoritária de mantê-la como forma de comunicação cotidiana ou de substituí-la, em diferentes domínios, pela língua majoritária e que goza de maior prestígio social. Segundo o levantamento feito por Freitas, Balthazar e Lunati (2015, p. 763), o italiano nunca representou uma língua de alto status no Brasil, o que impacta nas políticas linguísticas, especialmente educacionais, relacionadas a ela.

Peres (2011) pesquisou a utilização do vêneto na comunidade de Araguaia, na zona rural do município de Marechal Floriano (ES). Os resultados obtidos deixam claro que a vitalidade dessa língua não está

---

[56] No contexto sociolinguístico da diglossia, interessa-nos investigar se existe uma distribuição clara entre as línguas A e B, de modo a que B seja adquirida exclusivamente como língua materna e A seja adquirida (processo não dirigido) ou aprendida (processo dirigido) como segunda língua. Ou se, pelo contrário, há famílias que socializam os seus filhos em espanhol como primeira língua, embora continuem a falar a língua indígena entre os adultos.

garantida; o declínio do uso se evidencia ano após ano, já que as gerações mais jovens não utilizam o vêneto.

Cominotti (2015) analisou uma comunidade da área rural do Espírito Santo — São Bento de Urânia, em Alfredo Chaves — e percebeu que o caminho do vêneto nessa comunidade é o da substituição pela língua majoritária. Conforme a autora relembra, a vitalidade de uma língua de imigração está diretamente ligada aos domínios em que ela é utilizada. Se essa língua for utilizada no lar e também em instituições públicas e religiosas, a expectativa de que essa língua seja mantida na comunidade aumenta consideravelmente.

No caso de São Bento de Urânia, Cominotti (2015, p. 123) aponta como os seguintes fatores que podem ter sido os principais motores para a substituição do vêneto pelo português: falar vêneto não é visto como uma marca de prestígio social; não há apoio institucional do Estado nem medidas para a valorização da língua; a sociedade e a escola discriminam os falantes; os falantes não demarcam sua identidade italiana, mas sim brasileira, e não reconhecem a necessidade de preservação de sua língua.

4 METODOLOGIA

4.1 Coleta de dados

Verificamos, por conhecer membros da parentela em questão, que o vêneto desapareceu dos diversos domínios de comunicação, e hoje o português é a língua por meio da qual os descendentes interagem, narram suas histórias, demonstram seus desejos, dúvidas, necessidades, escrevem etc.

Como nossa intenção é localizar no tempo em que momento se deu esse desaparecimento, entrevistamos o membro mais antigo da parentela e outros membros que tiveram contato com o vêneto. Pedimos que contassem que língua era falada em suas casas quando crianças, em que momento aprenderam o português, se ensinaram ou não aos filhos e o que os levou a "escolher" o português em detrimento do vêneto.

Além disso, criamos um formulário para ser respondido remotamente para que fosse possível alcançar um maior número de informantes, visto que os descendentes de Pietro Benincà e Matilde Biz, genearcas da parentela analisada, espalharam-se pelo território do Espírito Santo e também de outros estados e até mesmo de outros países. Para isso, utilizou-se o aplicativo Google Forms, a partir do qual foi gerado um formulário que foi enviado para os grupos da família, organizados em redes sociais.

4.2 Dados

Os dados se compõem de entrevistas com três membros da parentela Benincá e um membro da parentela Buffalo. Além disso, temos 24 formulários, que foram preenchidos remotamente, e foram o substrato para a análise percentual.

4.3 Informantes

Os informantes que responderam ao formulário pertencem da 4ª à 7ª geração, têm entre 21 e 68 anos e estão na faixa de escolaridade de 5-9 anos de estudo até a pós-graduação. O quadro a seguir ilustra a distribuição dos informantes:

Quadro 1 – Informantes

GERAÇÃO			IDADE			SEXO			ESCOLARIDADE		
Geração	N	%	Idade	N	%	Sexo	N	%	Escolaridade	N	%
4ª	7	29,16%	20-29	5	20,83%	Fem.	19	79,17%	0-4 anos	0	0,00%
5ª	10	41,66%	30-39	8	33,33%	Masc.	5	20,83%	5-9 anos	1	4,17%
6ª	6	25%	40-49	3	12,50%				Ensino Médio incompleto	2	8,33%
7ª	1	4,16%	50-59	7	29,17%				Ensino Médio completo	10	41,67%
			60+	1	4,17%				Ensino superior incompleto	2	8,33%
									Ensino superior completo	4	16,67%
									Pós-graduação	5	20,83%
total	24	100%	total	24	100%	total	24	100%	total	24	100,00%

Fonte: a autora

Os informantes das entrevistas foram escolhidos tendo como critério a aproximação com o vêneto. Três deles pertencem à parentela Benincá e viveram experiências diferentes em relação a essa língua: V.B. (homem, 90 anos, 3ª geração) teve o vêneto como língua materna e o substituiu ao longo da infância e adolescência, fora do lar; M. M. B. A. (mulher, 78 anos, 4ª geração) teve o português como língua materna, mas aprendeu vêneto sem total domínio; AB (mulher, 60 anos, 5ª geração) é monolíngue e não teve contato com o vêneto, apesar de ter morado no casarão construído pelos imigrantes. Como não há mais falantes na parentela Benincá, entrevistamos também um membro de uma família que preservou sua língua: O. B. (homem, 69 anos, 3ª geração).

5 ANÁLISE DOS DADOS: OS MEMBROS DA PARENTELA MANTIVERAM OU SUBSTITUÍRAM SUA LÍNGUA?

Os membros da parentela Benincá seguiram a tendência de substituição da língua de imigração pela língua majoritária. Logo após a instalação dos imigrantes em seu destino final, no caso dos Benincás, a localidade de Santo Antônio da Cachoeirinha, a língua de comunicação era o vêneto, especialmente porque, como apontam Peres, Cominotti e Dadalto (2015, p. 108), apenas o litoral do Espírito Santo era povoado; o interior foi desbravado e praticamente colonizado apenas por imigrantes (e obviamente a população nativa, muitas vezes ignoradas como civilizadas). Na verdade, é sempre importante lembrar que estamos mencionando as expressões "povoação" e "colonização" considerando os moldes de civilização ocidental moderna. O território do Espírito Santo era ocupado por vários grupos indígenas, que não podem ser desconsiderados. O contato do vêneto com o português no local de assentamento não se fazia tão presente, pois os imigrantes não foram alocados em uma cidade em construção, e sim e regiões não povoadas por falantes de português.

Pietro e Matilde se comunicavam entre si, com seus filhos e com muitos dos membros das comunidades vizinhas em vêneto. Seus filhos e netos eram bilíngues, tendo o vêneto como língua materna, mas foram ao longo dos anos substituindo sua língua pela majoritária, como podemos ver no relato de V. B. sobre o uso da língua vêneta.

Eu falava italiano quando era pequeno. Só italiano. Rezava também em italiano.

Português o senhor aprendeu como?

Você sabe que a melhor escola é a estrada, né? Então eu aprendi na estrada. Hoje eu não falo italiano mais não. Se você falar comigo eu te respondo. Agora, falar mesmo, eu não sei falar não...

E até que idade o senhor falou italiano?

Até 8 ou 9 ano eu acho. [...] Quando eu era pequeno, [...] falava na igreja e rezava tudo italiano. Agora como acabou eu não sei não.

O senhor ensinou italiano aos seus filhos?

Ah, não ensinei não. E eu nunca larguei meu pai. Sou o filho caçula do meu pai. E eu nunca larguei meu pai e ele nunca me largou. No fim da vida dele eu fiquei 10 dias na Santa Casa de Cachoeiro, morreu, truxe ele morto. [...] Mamãe ainda rezava. [...] Você já ouviu falar em De profundi? Do italiano, dos morto? Então, toda tarde nós rezava aquilo. Porque desse tamanho, o homem dentro de casa de manhã cedo, 10, 20 minuto antes de amanhecer o dia você não encontrava não, que papai não deixava não. Agora, de tarde, antes de acender a lamparina, que não tinha nada, já tava todo mundo jantado. Ela arrumava a cozinha dela pra lá e ele chamava: "vamo rezar o terço, senão eu vou dormir, hein". Ela vinha pra sala, rezava o terço. Cada um ia pro ninho dele e pronto.

Lá no casarão os mais velhos contavam histórias em italiano?

Pouco. Papai não contava não. Eu como era o caçulo, dos últimos tempos... [...] O Pietro saía lá pra estrada e papai falava: "vai lá e fica com o nonno". Então eu saía pra lá e pra cá com ele. Na frente da estrada tinha uma pedra cortada. Ele chegava e sentava e eu sentava e pronto. Eu acompanhava o nono. Ele morreu com 93 ano. [...] De novo, escapa um, de velho não escapa nenhum. [...] Aqui ninguém mais fala não. O italiano. Dos Benincá daqui não.

O senhor gosta de falar italiano?

Aqui não tem mais ninguém que fala. Falar eu não falo não. Eu falo assim o que tô acostumado: rezar o Pai Nosso, a Ave Maria em italiano, o De Profundi, eu rezo todo dia. De primeiro, antes de chegar a energia, aqui em casa toda tarde nós rezava o terço aqui.

V. B., homem, 90 anos, 3ª geração

Assim, podemos perceber que o vêneto se manteve como língua do lar até a 3ª geração. Já na quarta, começa a introdução do português na casa dos imigrantes, e o vêneto passa a ser apenas a forma de comunicação dos mais velhos, com as crianças dessa geração os pais se comunicavam em português. Essas crianças entendiam o vêneto por ouvir seus pais, avós e outros membros da comunidade falando entre si. Já na quinta geração, a língua dos vários domínios sociais — lar, comércio, igreja, escola — é o português. Podemos perceber essa trajetória da língua nos dois trechos a seguir, de mulheres da quarta e da quinta geração.

Entender italiano eu entendo, mas falar é muito difícil, alguma coisa... Como ontem, eu cheguei lá fora do bar, que teve quadrilha ontem de tarde aqui... Então eu vim de lá com uns negócio na mão, aí eu falei com o Buffalo assim: "Oh, Buffalo, não sei se você vai entender: fare e disfare è tutto lavorare". [...] Aí eu falei que eu entendo, o nosso daqui, se eu tiver que ir lá na Itália eu não sei se eu vou entender, porque lá eu acho que é uma língua italiana mesmo diferente.
Mamãe conversava tudo italiano com as irmã dela, com a nonna Augusta. Mamãe rezava em italiano.

Quando a senhora era criança, que língua era falada em casa?
Se falasse alguma coisa em italiano, falava talvez brincando. Eu sempre... não sei. Eu falo português, mas aquele português errado.

O italiano que a senhora sabe aprendeu com quem?
Com mamãe, eu via ela conversando com as irmã dela, ou talvez com minha avó, nonna Augusta, com o nonno Pelegrino ela conversava italiano.

Quando conversava em italiano era onde?
Mamãe em qualquer lugar que ela encontrava italiano ela conversava, mas mais era dentro de casa quando juntava as irmã e a minha avó [...] com a mãe dela.

Ela não ensinou a vocês o italiano?
Não, não. Ela falava e a gente prestava atenção no que falava. Dizer que ela ensinou... fala pra vocês aprender, não.
Eu ficar esticando conversa italiano, eu não sou capaz não.

A senhora gosta de encontrar alguém que fala italiano?
A gente sempre gosta, porque aí relembra os passado, né? Mas só que eu aqui, se tiver que ver, por exemplo, seria o Buffalo, que passa fazendo feira todo sábado, né? Eu converso com ele, ele conversa comigo, mas conversa tudo em brasileiro. Mas deixa que o dia que ele voltar aqui eu vou experimentar mandar ele falar italiano pra ver. Tem gente que ri de ver eles cantar italiano, eu não, eu gosto de ver cantar.

A senhora não ensinou pros filhos, né? Por quê?
Não, não. Se eu falo alguma coisa, talvez eles até entende. Porque a gente pra falar a verdade nem lembra... Agora eu vejo... A gente podia ter falado. Escrever não, porque eu não sei se mamãe ia saber escrever italiano pra gente.

M. M. B. A., *mulher, 78 anos, 4ª geração*

A. B. nasceu no casarão construído por Pietro e morou lá por alguns anos. Ainda assim, o "ninho", que é como V. B. se refere a esse local, não foi um espaço que servisse de ilha e preservasse o grupo, coibindo a infiltração do português, o que demonstra se tratar de uma pressão, ainda que indireta, da comunidade.

> *Quando eu nasci já era o português... porque as rezas ainda continuava latim. Você sabe que era cultivado o latim... as missas. Eu lembro da missa em latim. Mas a língua era falado o português. Agora porque que eles deixaram o italiano que eu não sei. [...] Não falo nada de italiano. Eu às vezes, conforme o que você fala, eu entendo.*
>
> *Sua mãe também era de origem italiana?*
>
> *Sim.*
>
> *E nem entre eles, eles falavam italiano?*
>
> *Não, eu não cheguei ver não. Se eles falaram falava bem antes que eu nascesse.*
>
> *E as situações que você viveu de italiano? Só na rua?*
>
> *Nem na rua. Quando a gente ia lá praqueles cantos da minha irmã, lá no alto, é que eles falava.*
>
> **A.B., *mulher, 60 anos, 5ª geração***

Como na parentela Benincá a direção dada ao vêneto foi a da substituição, entrevistamos um membro de outra parentela que ainda mantém a língua:

> *Só falo italiano às vezes.*
>
> *Na sua casa, quando o senhor era criança, que língua era falada?*
> *Só italiano. Aprendi com os pais. Você sabe que os pais era ainda mais coiso que a gente, porque a gente foi aprendendo o português... fora de casa, né? Eles sabia, falava alguma coisa (em português), né?*
>
> *E na igreja, que língua falava?*
> *A gente acompanhava o que eles falava. Português, né? Se a gente falava italiano, <u>ficava feio,</u> no meio dos outros. [...] Igual hoje... Se a gente vai na rua e fala italiano, os outro pensa que tá xingando.*
> *No comércio também acompanhava a língua de todo mundo. [...] Tem que acompanhar, né? Tudo meio enrolado, mas acompanhava.*
>
> *Ensinou aos filhos? Por quê?*

Sim. Porque falava com a esposa, e eles... Foi natural.

O português o senhor aprendeu quando?
Depois a gente ia ouvindo umas coisinha na rua e ia entendendo alguma coisa, né? Porque senão é difícil, pra falar a verdade, né? Se você vai conversar com um alemão, pra ele conversar em italiano, ele não fala não, de jeito nenhum.
O. B., homem, 69 anos, 3ª geração. Não pertence à parentela Benincá.

O que podemos observar sobre o vêneto na família Buffalo é que seu uso se dá em diferentes domínios, ainda que não seja a única língua desses domínios, o que é um traço de vitalidade da língua: casa, comércio, igreja. Apesar de o entrevistado dizer, no trecho anterior, que acompanha a língua da comunidade, ele também ressalta, em outros momentos da entrevista, que não tem vergonha de falar sua língua em público, e quando encontra outro falante, prefere conversar em vêneto. Não o faz sempre em sinal de respeito aos não falantes.

Ainda assim, essa vitalidade não está garantida, já que com a geração posterior (filhos e sobrinhos) O. B. se comunica em vêneto, mas com os netos, não. Então, é possível que haja substituição ostensiva em todos os domínios, pois a língua da comunidade, da igreja e da escola é o português, e não há mecanismos institucionais que visem à proteção da língua de imigração.

Considerando os 24 membros da parentela Benincá que responderam ao formulário, podemos perceber que cinco deles tiveram uma infância bilíngue em casa (20,83%). A distribuição desses informantes de acordo com a geração é a seguinte: 1 da 4ª, 2 da 5ª e 2 da 6ª, mas vale ressaltar que, seguindo a tradição italiana, muitos idosos moravam com o filho mais novo, e como a pergunta do formulário foi "Qual(is) língua(s) era(m) falada(s) na sua casa quando você era criança?", a resposta desses informantes pode envolver apenas expressões em italiano faladas pelos mais velhos, e não exatamente a comunicação cotidiana. A maioria já tinha o português como língua do lar (79,16%), e nenhum deles tinha só o italiano. Dos que responderam que só se falava português, três mencionaram que ouviam os avós falarem italiano. O informante i13, pertencente à 4ª geração, afirma que seus pais já falavam português em casa.

Sobre o grau de proficiência e compreensão do vêneto, temos a seguinte distribuição: 25% não fala nem entende e nunca ouviu algum familiar usar; 41,66% não fala nem entende, mas já ouviu familiares ou parentes usando; 29,16% entende um pouco, mas não fala; 4,16% entende algumas palavras em vêneto, e nenhum deles fala vêneto, em casa ou na rua. Por outro lado, a maioria deles gostaria de ter aprendido vêneto na infância (62,5%) e 95,83% sinalizam o desejo de aprender vêneto hoje, especialmente como forma de resgate às origens.

Da Itália, algumas marcas culturais foram mantidas, apesar de a língua não ser uma delas. Peres, Cominotti e Dadalto (2015, p. 110) elencam alguns desses traços, presentes nas comunidades imigrantes italianófonas: "o modelo familiar patriarcal, a alimentação e as diversões depois do culto dominical, como os jogos de cartas, a bocha e a mora".

O modelo familiar patriarcal não é exclusivo dessa cultura, mas nela esse modelo é bastante evidente, já que até mesmo a distribuição de herança ou o cuidado com os mais velhos são ecos dele. Vale ressaltar uma informação, que aparece na fala de mais de um dos entrevistados: o papel social dos gêneros no cotidiano dos imigrantes e seus descendentes. Os filhos não herdavam o sobrenome da mãe, por isso nesta pesquisa o enfoque acaba sendo o tronco masculino da árvore formada por Matilde Biz e Pietro Benincà. Pesquisando o sobrenome Biz no banco de dados "Imigrantes", do Arquivo Público do Estado do Espírito Santo, só encontramos a própria Matilde (seus filhos não têm esse registro). Isso fica claro na fala de V. B.:

Na minha família nenhum deles levou o nome da mãe. Ninguém. Nem nós... os meus irmãos, nem os meus filhos levou o nome da mãe não. Só Benincá. E os filho de David só levou Benincá também.
V. B., homem, 90 anos, 3ª geração

Os trechos a seguir também revelam o papel social dos gêneros:

Minha mulher... Novela foi feita pra mulher... Ela gostava da novela, então ela falava comigo... Eu chegava quase de noite... Quando eu chegava, e isse tomar banho, desde 15, 20 dias de casado, ela já tava com meu prato feito. Acabava de jantar, ela falava assim: "cê vai rezar o terço, que eu já rezei o meu e eu vou assistir a novela das 6", aí ia lá pro quarto e rezava o terço. Mas sempre era assim mesmo, com a filharada rezava o terço.

Nos tempos de minha mãe, nós rezava o terço no quarto dela ali. Ultimamente já rezava em português.
V. B., homem, 90 anos, 3ª geração

A gente trabalhava na roça e em casa. Levava as criança pequena pra roça, botava na peneira. [...] Estudar, estudei até o quarto ano só. Eu queria tanto estudar, ser professora. Eu tinha uma colega que foi estudar. E naquela vez estudava em Guarapari — e lá pro lado de Guarapari, eles falava que era Benevente — então ia estudar em Benevente, e ela ia e queria que eu fosse, mas papai não deixava. Ele falava que filha mulher não podia sair de casa pra fora, tinha que ficar em casa. Os menino podia sair, mas dos meus irmãos não saiu nenhum pra estudar. Aí não estudei não, fiz só o quarto ano, mas tá bom, pra me virar serve. Acho que se eu tivesse de estudar alguma coisa, eu queria fazer Matemática, porque é o que eu mais gosto. Na época não fui, e depois passou.
M. M. B. A., mulher, 78 anos, 4ª geração

Quanto à identidade, podemos dizer que muitos dos descendentes se consideram italianos, apesar de a língua não ser mais um traço que os une, especialmente no sentido de preservação de costumes e reconhecimento positivo da cultura italiana da imigração.

Eu sou brasileiro. Que eu nasci aqui, né? Meu pai e minha mãe todos dois é brasileiro, já nasceram aqui. Mas meu sangue é todo italiano, porque meus quatro vô, todos quatro é italiano.
V. B., homem, 90 anos, 3ª geração

O senhor se considera mais brasileiro ou mais italiano? Mais italiano, praticamente. A gente fala assim tudo meio enrolado, mas tem que falar com muita pessoa, porque a gente trabalha lá (na feira), e se não falar em português um pouquinho não entende as coisa, né?.
O. B., homem, 69 anos, 3ª geração. Não pertence à parentela Benincá.

Eu me considero sim uma itali... Descendente. [...] Eles tinha muito bons costume. Era um povo de bons costumes. Eles era de frequentar igreja... Isso aí a gente herdou... eu principalmente herdei deles.
A.B., mulher, 60 anos, 5ª geração

No formulário, fizemos a pergunta "Você se considera italiano no sentido de preservar a cultura, costumes, culinária etc.? Por quê?". 45,83% dos informantes se consideram italianos; 33,3% responderam "não", e

20,83% se consideram em partes. Os que não se consideram italianos não responderam por quê, apenas um deles se diz muito distante da culinária e cultura dos antepassados e outro afirma: "Me sinto um pouco apenas de coração". Esses dois informantes usaram a expressão "infelizmente não", demarcando apreço ou simpatia por essa origem.

Entre os que se consideram, pelo menos em partes, a culinária é o elemento mais presente como manifestação de preservação cultural, como se pode observar nas respostas seguintes: "Sim... A culinária (massa) e algumas palavras que tenho por costume e até meus bambinos fazem uso" (i1, 5ª geração); "Somente na culinária e festas típicas, durante o dia a dia deixamos a cultura se perder" (i12, 6ª geração) e "Me considero na culinária, por motivo de ainda fazer muitas coisas que aprendi com minha avó e minha mãe" (i13, 4ª geração). Há ainda alguns que mencionam a infância e ressaltam a tradição oral, passada pelos avós: "Sim. Admiro muito a cultura, e tento preservar um pouco do que vivenciei em minha infância com meus avós" (i2, 5ª geração); "Sim. Desde de criança ouvia e via meu avô mantendo sua tradição que foi passada também por suas gerações e nos ensinando sempre um pouquinho de tudo" (i11, 6ª geração).

Segundo Baker e Jones (1988, p. 182), o grau de escolarização é um importante fator de manutenção/substituição de uma língua minoritária: quanto menor escolaridade, maior a chance de uma língua se manter, já que a escola tem um forte peso normativo. Essa tendência não foi seguida na parentela Benincá, já que apesar da pouca escolarização dos descendentes mais próximos de Pietro (até a 4ª geração), o vêneto não se manteve, conforme podemos ver no trecho transcrito a seguir, de V. B.:

> *Papai me ensinou muito trabalhar, agora escola eu não fui não. Dizer que eu não fui é mentira. O pouquinho que estudei foi dentro da igreja. Eu já tinha 13 ano quando apareceu a professora lá. Quando chovia, papai mandava nós pra escola. Ela não vinha... O dia que tava bonito, tinha que ir trabalhar, então entrei zerado e saí também. Depois de casado que aprendi um pouco.*
> **V. B., homem, 90 anos, 3ª geração**

Até a segunda geração, e mesmo na terceira, houve muitos casamentos endogâmicos, com membros também de origem italiana, o que seria um fator de preservação da cultura e da língua. Mas esse fato não se verificou de forma tão ostensiva. Não podemos afirmar que havia pressão da comunidade em direção ao monolinguismo, mas nas relações externas ao lar, o português se encontrava espraiado (na fala de V. B., ele afirma ter aprendido português "na estrada").

Vale destacar que não apareceu na fala de nenhum dos informantes entrevistados ou na fala dos que responderam ao formulário a proibição do uso de variedades italianas durante a Era Vargas, portanto esse não parece ter sido um fator preponderante para a substituição. Não podemos afirmar com certeza o motivo para esse fato nem ser mencionado, mas tudo leva a crer que possa passar por desconhecimento dos informantes. Cominotti (2015, p. 121) mostra que na comunidade que ela pesquisou (São Bento de Urânia, Alfredo Chaves), a escola foi a principal instituição difusora dessa proibição. Entretanto as primeiras gerações da parentela Benincá não frequentaram assiduamente a escola.

A Lei da Terceira Geração, estabelecida por Weinreich (1970[1953]), preconiza que, em contextos de língua minoritária em contato com a majoritária, a tendência é que a primeira geração seja monolíngue na língua minoritária, a segunda seja bilíngue e a terceira seja monolíngue na língua majoritária. Assim, a língua minoritária se perde na terceira geração, que apenas entende, mas não a fala. Para Couto (*apud* Cominotti, 2015, p. 20), na quarta geração não há qualquer traço de conhecimento da língua dos antepassados.

A história do vêneto na parentela Benincá contraria em partes essas duas perspectivas: na quarta geração os entrevistados já tiveram como língua materna o português, mas na terceira o vêneto ainda era língua materna de alguns membros, que se tornaram bilíngues. Há alguns resquícios, ainda que vocabulares ou pelo menos na compreensão de algumas expressões, até a sexta geração, o que pode ser explicado pela situação de isolamento em que a comunidade se encontrava, o que diminuía a pressão pelo uso exclusivo do português.

CONSIDERAÇÕES FINAIS

Podemos afirmar que o vêneto não se manteve na parentela Benincá, o que é de certa forma um fenômeno esperado, de acordo com os postulados de Weinreich (1970[1953]). Como mostra o estudo de Cominotti (2015), mesmo em uma comunidade isolada, os falantes de vêneto vêm substituindo sua língua pelo português nos mais diferentes domínios, por isso é de se esperar que, em grupos menos coesos, essa perda seja ainda mais acelerada.

Fica claro que precisamos de políticas linguísticas institucionais, seja na escola, seja diretamente na comunidade, que valorizem as línguas de imigração e principalmente seus falantes, para que as pessoas não tenham vergonha de suas origens e também que não menosprezem as marcas linguísticas que carregam. Na fala de todos os entrevistados, apareceu o aspecto valorativo negativo em relação ao português que falam, como se fosse inferior às variedades faladas pelos monolíngues. Para reverter isso, é necessária mobilização das instituições públicas, de forma a romper com o preconceito linguístico nas diferentes esferas.

Um trabalho de resgate como este tem sua validade na preservação de memórias, no encontro com as origens e na demonstração da variedade que compõe nosso povo. Para ser realizado, contou com a ajuda de pessoas solidárias e interessadas, felizes por se verem representadas. Por isso, não podemos deixar de mencionar a importante colaboração de Aleida Benincá e Dila Benincá, filhas do representante mais velho ainda vivo dessa parentela, que abriram portas selecionando e contatando informantes.

REFERÊNCIAS

ALTENHOFEN, Cléo V. Bases para uma política linguística das línguas minoritárias no Brasil. *In:* NICOLAIDES, Christine *et al.* (org.). **Política e políticas linguísticas.** Campinas: Pontes, 2013.

ARQUIVO PÚBLICO DO ESTADO DO ES. Disponível em: https://ape.es.gov.br/.+ Acesso em: 12 ago. 2017.

BAKER, Colin; JONES, Sylvia Prys. **Encyclopedia of bilingualism and bilingual education.** Clevedon, UK: Multilingual Matters, 1998. p. 182. Adapted from Conklin & Lourie, 1983.

CALVET, Louis-Jean. **As políticas linguísticas.** São Paulo: Parábola, 2007.

CAMPOS, Cyntia Machado. **A política da língua na era Vargas:** proibição do falar alemão e resistências no Sul do Brasil. 1998. Tese (Doutorado em História) – Universidade Estadual de Campinas, Campinas, 1998.

CAUS, Celso Luiz. **Os Caus(z):** a trajetória de uma família camponesa da Itália para a América. Vitória: Grafitusa, 2016.

COMINOTTI, Katiúscia S. S. **O contato linguístico entre o vêneto e o português em São Bento de Urânia, Alfredo Chaves, ES:** uma análise sócio-histórica. 2015. Dissertação (Mestrado em Linguística) – Universidade Federal do Espírito Santo, Vitória, 2015.

DADALTO, Maria Cristina. O discurso da italianidade no ES: realidade ou mito construído? **Pensamento Plural,** Pelotas, v. 3, p. 147-166, 2008.

FISHMAN, Joshua A. Language and ethnicity: the view from within. *In:* COULMAS, Florian (ed.). **The handbook of Sociolinguistics.** London: Basil Blackwell, 1997.

FRANCESCHETTO, Cilmar. **Italianos:** base de dados da imigração italiana no Espírito Santo nos séculos XIX e XX. Vitória: Arquivo Público do Estado do Espírito Santo, 2014.

FOREBEARS. Disponível em: http://forebears.io/surnames. Acesso em: 12 ago. 2017.

FREITAS, Paula Garcia de; BALTHAZAR, Luciana Lanhi; LUNATI, Manuela. Dialetos e língua padrão: a educação linguística dos italianos em pátria e em contextos de imigração (1861-2015). **Fórum Linguístico,** Florianópolis, v. 12, n. 3, p. 755-770, 2015.

LABOV, William. **Padrões sociolinguísticos.** São Paulo: Parábola, 2008.

LIMA-HERNANDES, Maria Célia. Sociolinguísticas e línguas de herança. *In:* MOLLICA, Maria Cecília; FERRAREZI JR., Celso (org.). **Sociolinguística, sociolinguísticas:** uma introdução. São Paulo: Contexto, 2016.

MAHER, Terezinha Machado. Ecos de resistência: políticas linguísticas e línguas minoritárias no Brasil. *In:* NICOLAIDES, Christine *et al.* (org.). **Política e políticas linguísticas.** Campinas: Pontes, 2013.

MARQUES, Raquel dos Santos. Nome de família: práticas de nomeação e estratégia social no Rio Grande de São Pedro, Segunda Metade do Século XVIII. *In:* CONGRESSO INTERNACIONAL DE HISTÓRIA, 5., 2011, Maringá. **Anais [...].** p. 2530-2542.

MONTRUL, Silvina. **El bilinguismo en el mundo hispanohablante.** Oxford: Wiley-Blackwell, 2013.

PERES, Edenize Ponzo. Aspectos da imigração italiana no Espírito Santo: a língua e cultura do Vêneto em Araguaia. **Dimensões**, Vitória, v. 26, p. 44-59, 2011.

PERES, Edenize Ponzo; COMINOTTI, Katiúscia S. S.; DADALTO, Maria Cristina. O contato linguístico entre o vêneto e o português em São Bento de Urânia, Alfredo Chaves, ES: uma análise sócio-histórica. **(Con)Textos Linguísticos**, Vitória, v. 9, n. 14, p. 106-125, 2015.

PESSALI, Hesio. **Alfredo Chaves**: uma visão histórica e política. Alfredo Chaves: GSA, 2010.

RAJAGOPALAN, Kanavillil. Política Linguística: do que é que se trata afinal? *In:* NICOLAIDES, Christine *et al.* (org.). **Política e políticas linguísticas**. Campinas: Pontes, 2013.

SCHIFFMAN, Harold F. Diglossia as a sociolinguistic situation. *In:* COULMAS, Florian (ed.). **The handbook of Sociolinguistics**. London: Basil Blackwell, 1997.

TRENTO, Angelo. **Do outro lado do Atlântico**: um século de imigração italiana no Brasil. São Paulo: Nobel, 1989.

TRESSMANN, Ismael. **Da sala de estar à sala de baile**: estudo etnolinguístico de comunidades camponesas pomeranas do Estado do Espírito Santo. 2005. Tese (Doutorado em Linguística) – Universidade Federal do Rio de Janeiro, Rio de Janeiro, 2005.

VIEIRA, José Eugênio; VELTEN, Joel Guilherme. **Os italemães na terra dos botocudos.** Vitória: Grafitusa, 2015.

WEINREICH, Uriel [1953]. **Languages in Contact**: findings and problems. 7. ed. Paris: Mouton, 1970.

VARIAÇÃO LINGUÍSTICA NO PORTUGUÊS BRASILEIRO: ALGUNS TRAÇOS DE REGIONALISMO

Joana Margarete Saldivar Cristaldo Lera
Rosimar Regina Rodrigues de Oliveira

INTRODUÇÃO

Para discutirmos a temática da variação linguística, selecionamos a crônica "Sexa", de Luis Fernando Veríssimo, como objeto de análise. Neste texto observaremos traços de regionalismo contidos nesse diálogo de ficção. Vale ressaltar que no texto o cronista leva o leitor a ter a impressão de estar diante de um diálogo entre seus personagens, a crônica é escrita de uma forma bem próxima da realidade oral. Optamos por analisar esse texto por acreditar que a mesma muito enriquecerá as discussões a respeito do tema proposto: a questão da variação linguística, que é objeto de estudo da Sociolinguística. A Sociolinguística estuda a língua em uso, a fala analisada em seu contexto social, ou seja, em situações reais de uso da língua.

A variação linguística, segundo Fernandes e Costa (2014, p. 210), "são as diversas formas de dizer uma mesma coisa, sem prejuízo de entendimento na comunicação entre os falantes da língua". No interior de uma mesma língua, existem diferentes modos de falar que podem variar de acordo com a comunidade, e, mesmo dentro de uma mesma comunidade de fala, pessoas falam de maneira diferente em função, por exemplo, de sua origem regional/geográfica, de sua classe social, de suas ocupações, de sua escolaridade, idade, sexo. Ou seja, a língua apresenta muitas variações. Segundo Silva e Scherre (1996, p. 39), "a variação não existe só na comunidade, mas inclusive na fala de uma mesma pessoa". Conforme Alkmim (2012, p. 35), "língua e variação são inseparáveis: a sociolinguística encara a diversidade não como um problema, mas como uma qualidade constitutiva do fenômeno linguístico". O foco deste trabalho é a variante regional, ou seja, a fala característica de determinado grupo de falantes de uma mesma região do País. No caso da crônica "Sexa", percebemos traços de uma fala típica da Região Sul do Brasil.

Para abordarmos a questão das variações regionais, precisamos considerar que a língua portuguesa falada no Brasil foi trazida por portugueses, a partir do século 16. No Brasil a língua passou por mudanças, seja pelo contato com vasto vocabulário das línguas indígenas, com as línguas dos negros advindos da África ou por influências de muitos povos imigrantes colonizadores: italianos, espanhóis, franceses, holandeses, etc., que por aqui se instalaram, após a independência, em 1822. Podemos afirmar, assim, que muitas foram as influências culturais que se incorporaram à língua portuguesa falada no Brasil.

Vale ressaltar que a colonização no Brasil ocorreu de forma diferenciada de uma região para outra, fato que nos permite dizer que nosso país é composto por muitas misturas, com uma riqueza inestimável de vocabulários e expressões verbais, que chamamos de regionalismo. Ou seja, cada região do país apresenta suas características próprias, com suas tradições e falares diferenciados, porém nem todos os falares são igualmente valorizados. Ou seja, há os falares considerados bonitos e os considerados feios. Como exemplo podemos citar os falares da Região Nordeste e da Região Sul. Enquanto a forma de falar do sulista é considerada correta, superior, o modo de falar do nordestino é considerado errado, inferior. A que se deve essa divisão? Conforme Bagno (2007, p. 43), "divisão estúpida entre o certo e o errado, ainda mais estúpida porque se baseia em preconceitos sociais e culturais que já devíamos ter abandonado há muito tempo".

A base teórica principal deste artigo é a Sociolinguística, com foco nas discussões sobre as variações linguísticas e o preconceito linguístico. Ele está organizado numa parte teórica, onde discorreremos a respeito da Sociolinguística e outra parte na análise da crônica "Sexa", realizada a partir do referencial teórico da Sociolinguística, que embasa o presente trabalho. Esperamos dessa forma trazer uma contribuição teórica, ampliando as discussões acerca da variação linguística.

Consideramos este estudo pertinente e socialmente relevante por entendermos a importância da discussão referente aos fenômenos da linguagem e sua relação com as questões econômicas e sociais, na medida em que o preconceito linguístico e a intolerância estão relacionados não diretamente à língua, mas à condição socioeconômica daqueles que a falam. Como afirma Gnerre (1985, p. 4), "uma variedade linguística 'vale' o que 'valem' na sociedade os seus falantes, isto é, vale como reflexo do poder e da autoridade que eles (os falantes) têm nas relações econômicas e sociais".

Assim, nesta discussão propõe-se o rompimento com a ideia da língua como uniforme, homogênea, pautada em regras, em noções de certo e errado, por julgar que essas práticas contribuem ainda mais com a exclusão social. Essa divisão, que gera usos prestigiados e usos não prestigiados em alguns grupos sociais, gera também uma negação a esses usuários, levando a língua a ser responsável pela propagação e manutenção de preconceitos linguísticos.

1 O ESTUDO DA SOCIOLINGUÍSTICA

A Sociolinguística é uma das subáreas da Linguística. A Linguística busca analisar os fenômenos linguísticos da língua. A Sociolinguística estuda a língua em uso, ou seja, a fala analisada em seu contexto social, em situações reais de uso, no seu contexto sócio-histórico.

De acordo com Bagno (2007, p. 23), a Sociolinguística pode ser entendida como a área de estudo que

> [...] designa toda e qualquer abordagem do fenômeno língua que leve em primeiríssima conta os falantes dessa língua, isto é, seres humanos de carne e osso, participantes-construtores de uma sociedade dividida em classes, imersos em toda sorte de conflitos sociais, sujeitos-objetos de toda sorte de disputas de poder, portadores-recriadores de uma cultura (por sua vez subdividida em muitas subculturas), movendo-se num espaço-tempo socialmente hierarquizado, e herdeiros de uma história que são muitas.

A Sociolinguística estuda a língua em uso sendo que seu objeto de análise é a variação, ou seja, a língua sendo usada no interior das comunidades de fala, no seu contexto social. Ainda em relação ao objeto de estudo da Sociolinguística, segue abaixo a definição de Silva (p. 50-51):

> A sociolinguística parte do ponto de vista de que qualquer língua, falada por qualquer comunidade, exibe sempre variações, o que significa dizer que qualquer língua é representada por um conjunto de variedades. E é essa heterogeneidade que, de acordo com a sociolinguística pode e deve ser sistematizada: analisar e aprender a sistematizar variantes linguísticas usadas por uma mesma comunidade de fala são os principais objetivos da pesquisa sociolinguística. De forma simples e direta, podemos dizer

que o objeto da sociolinguística é o estudo da língua falada, observada, descrita e analisada em seu contexto social, isto é, em situações reais de uso.

Existe uma diferenciação entre a Sociolinguística e a Linguística inaugurada por Ferdinand Saussure, "pai" da Linguística, responsável por tornar a linguagem objeto científico. Saussure isolou alguns elementos, por exemplo, o sujeito do homem, história do texto, e trabalhou com as dicotomias: língua x fala; significante x significado; diacronia x sincronia; paradigma x sintagma. A língua em Saussure é virtual e não real; ele separou a língua da fala. Ele diz que a língua é socialmente aprendida e compartilhada e que o uso dela, no caso a fala, não é passível de estudo, não é científico, é caótico, volátil, que a língua em uso não tem sistematicidade, é homogênea. Nesse momento inaugural, havia mais uma preocupação com o caráter estrutural, formal da língua.

A Sociolinguística preocupa-se com a fala, observa como ela funciona e quais são os fatores que influenciam para que as mudanças linguísticas ocorram. A Sociolinguística estuda a língua em sua abrangência dialetal e variacional. Segundo Lima e Freitag (2010, p. 15),

> [...] o termo Sociolinguística fixou-se em 1964, em um Congresso organizado por William Bright, do qual participaram vários estudiosos da relação entre linguagem e sociedade, como John Gumperz, EinarHaugen, Willian Labov, Dell Hymes, John Fischer e José Pedro Rona, entre outros. Os trabalhos apresentados neste congresso partiam da hipótese de que a Sociolinguística deve demonstrar a covariação sistemática das variações linguísticas e social [...]. Na verdade, a sociolinguística é uma continuidade dos estudos do começo do século XX, de Franz Boas, Edward Sapir, Benjamin L. Whort, em uma corrente chamada Antropologia Linguística, para a qual linguagem, cultura e sociedade são considerados fenômenos inseparáveis.

Em síntese, na Sociolinguística, a língua é considerada estrutura viva, pertencente a todas as pessoas de uma comunidade. Podemos dizer ainda que ela tem um caráter plural, social, em que se situam as variações linguísticas, as diversidades, os diversos falares.

2 A VARIAÇÃO LINGUÍSTICA NO PORTUGUÊS DO BRASIL

Para abordar este assunto tão vasto que é a variação linguística no Brasil, é importante descrever o que se entende por variedade linguística, os tipos de variações que podem ser observadas na língua. A variação linguística está presente em todas as línguas, não ocorre somente na Língua Portuguesa. As diferentes formas de expressão dos falantes enriquecem uma língua. Segundo Silva (p. 51), "em toda comunidade de fala são frequentes as formas linguísticas em variação. Às formas linguísticas em variação dá-se o nome de variantes, que são, portanto, diversas maneiras de dizer a mesma coisa em um contexto e com o mesmo valor de verdade".

No Brasil, a diversidade linguística é muito grande. A fala, o modo de se comunicar de cada pessoa, é determinada por fatores linguísticos e não linguísticos. Os fatores linguísticos, de acordo com Figueiredo e Costa (2014, p. 38), "estão presentes internamente na língua que são os fatores de natureza fonomorfossintáticos, semânticos, discursivos e lexicais". Os fatores não linguísticos ou extralinguísticos, de acordo com Bagno (2007, p. 43), podem ser de "origem geográfica, *status* socioeconômico, grau de escolarização, idade, sexo, mercado de trabalho, redes sociais, etc.".

Como podemos observar, as línguas apontam diferenças que podem ser detectadas em diversos pontos. A língua também muda de estilo, as expressões sofrem variações, passam por um processo de mudança e adequação ao longo da história. Discutir variação linguística é trazer à tona a questão da heterogeneidade. Toda língua do mundo apresenta variação interna, não somente a língua portuguesa. No momento da fala, temos várias possibilidades de nos expressarmos. Vale afirmar que consideramos esse o fator primordial para tornar a língua ainda mais rica e interessante. De acordo com Bagno (2007, p. 46-47), os principais tipos de variação na língua são:

Quadro 1 – Tipos de Variação

Tipo de Variação	Características
Variação diastrática	É verificada na comparação entre os modos de falar das diferentes classes sociais. O adjetivo provém do grego DIÁ- e do latim STRATUM, "camada, estrato".

Tipo de Variação	Características
Variação diatópica	É aquela relacionada aos modos de falar em espaços geográficos diferentes, como as grandes regiões, os estados, as zonas rural e urbana, as áreas socialmente demarcadas nas grandes cidades etc. O adjetivo diatópico provém do Grego DIÁ-, que significa através de, e de TÓPOS, "lugar".
Variação diafásica	É a variação estilística, isto é, o uso diferenciado que cada indivíduo faz da língua de acordo com o grau de monitoramento que ele confere ao seu comportamento verbal. O adjetivo provém de DIÁ- e do grego PHÁSIS, "expressão, modo de falar".
Variação diacrônica	É verificada na comparação entre diferentes etapas da história de uma língua. As línguas mudam com o tempo. O adjetivo provém de DIÁ- e do grego KHRÓNOS, "tempo".
Variação diamésica	É a que se verifica na comparação entre a língua falada e a língua escrita. Na análise dessa variação é fundamental o conceito de gênero textual. O adjetivo provém de DIÁ- e do grego MÉSOS, "meio", no sentido de "meio de comunicação".

Fonte: as autoras

Todas as línguas do mundo sofrem variações. Cada falante utiliza a variante correspondente ou adequada ao grupo linguístico com que está interagindo e a situação que está vivenciando. O Brasil é um País de muitas misturas, apresentando traços linguísticos diferenciados de um lugar para outro. As regiões brasileiras, devido à forma como se deu a colonização, diferentemente em cada região, acabou sendo um local de muitos modos de falar. É muito difícil manter a homogeneidade na língua, num País tão vasto como o Brasil.

Ao abordar a noção de heterogeneidade, Bagno (2007, p. 47-48) diz que para a Sociolinguística,

> [...] toda língua é um feixe de variedades. Cada variedade linguística tem suas características próprias, que servem para diferenciá-la das outras variedades, por exemplo, nem todas as variedades linguísticas do português brasileiro apresentam o "S" chiado em final de sílaba ou final de palavra; algumas variedades usam TU como pronome DE 2ª pessoa, enquanto outras usam VOCÊ.

A língua portuguesa é heterogênea, as variedades dialetais existentes são muitas. Essa língua, esse modo de se comunicar, é um produto sociocultural, formada pelo trabalho de muitas pessoas ao longo do tempo. Na opinião de Bagno (2007, p. 33), a língua "oferece recursos necessários para que seus falantes interajam socialmente, é um meio eficiente de manutenção da coesão social da comunidade em que é empregada".

Como descrito por Silva (2014), "de acordo com os Parâmetros Curriculares Nacionais de Língua Portuguesa, um dos objetivos é desenvolver no aluno seu potencial crítico, sua percepção das múltiplas possibilidades de expressão linguística". Consideramos essa concepção de ensino muito positiva, pois é preciso erradicar de vez práticas que pouco ou nada contribuem para formação de escritores e leitores competentes, que conheçam, respeitem e valorizem toda forma de expressão humana. Em oposição às crenças em circulação, Bagno (2007, p. 37) afirma que

> [...] a variação e a mudança linguística é que são o estado natural das línguas, o seu jeito próprio de ser. Se a língua é falada por seres humanos que vivem em sociedades, se esses seres humanos e essas sociedades são sempre, em qualquer lugar e em qualquer época heterogêneos, diversificados, instáveis, sujeitos a conflitos e a transformações, o estranho, paradoxal, o impensável seria justamente que as línguas permanecessem estáveis e homogêneas.

Diante do exposto, vemos que é preciso acabar com a velha concepção infundada, absurda e discriminatória de que existe uma fala mais prestigiosa e correta que outra. É preciso reconhecer que existe uma diversidade linguística e que a norma-padrão é apenas uma dessas variações. Acreditamos que para formar um cidadão é necessária uma educação para o respeito e tolerância às diferenças.

3 O CRONISTA LUIS FERNANDO VERÍSSIMO

Para desenvolver o presente estudo a respeito da temática variação linguística, optamos por selecionar a crônica "Sexa", do autor Luis Fernando Veríssimo, como objeto de análise. Luis Fernando Veríssimo, filho de Érico Veríssimo, é natural do estado do Rio Grande do Sul, nasceu em Porto Alegre, em 26 de setembro de 1936. É casado e possui três filhos. Iniciou seus estudos em Porto Alegre – RS, acompanhando a família, morou e estudou nos Estados Unidos por dois anos. Anos depois voltou aos Estados Unidos e cursou a Roosevelt High School de Washington, onde também estudou música.

De acordo com Nogueira Junior (2016), Luis Fernando Veríssimo:

> Jornalista, iniciou sua carreira no jornal Zero Hora, em Porto Alegre, em fins de 1966, onde começou como copydesk mas trabalhou em diversas seções ("editor de frescuras", redator, editor nacional e internacional). Além disso, sobreviveu um tempo como tradutor, no Rio de Janeiro. A partir de 1969, passou a escrever matéria assinada, quando substituiu a coluna do Jockyman, na Zero Hora. Em 1970 mudou-se para o jornal Folha da Manhã, mas voltou ao antigo emprego em 1975, e passou a ser publicado no Rio de Janeiro também. O sucesso de sua coluna garantiu o lançamento, naquele ano, do livro "A Grande Mulher Nua", uma coletânea de seus textos. Participou também da televisão, criando quadros para o programa "Planeta dos Homens", na Rede Globo e, mais recentemente, fornecendo material para a série "Comédias da Vida Privada", baseada em livro homônimo.

Sendo um escritor prolífero, conforme Nogueira Junior, tem uma grande diversidade de publicações entre livros, crônicas jornalísticas, tirinhas etc.

Na crônica "Sexa", constatamos a presença de algumas palavras que representam bem um falar típico sulista. É a partir dessa escrita, e da presença da oralidade na escrita de Luis Fernando Veríssimo, que desenvolveremos nossa discussão a respeito das variantes linguísticas regionais.

4 REGIONALISMO NA CRÔNICA "SEXA" DE LUIS FERNANDO VERÍSSIMO

Para abordarmos a temática proposta neste trabalho, a questão da variante linguística regional, optamos pelo gênero discursivo crônica. De acordo com Silva (2014),

> O gênero discursivo crônica ocupa um lugar de destaque nos jornais, nas mídias e livros despertando o interesse do leitor pela temática, que geralmente trata de assuntos da atualidade com uma linguagem leve, mas não menos elaborada, utilizando-se muitas vezes do humor crítico para discutir a realidade socioeconômica do País, ques-

tionar comportamentos, mexer com a emoção do leitor, dentre outras coisas. Por meio de uma aparente brincadeira e numa quase conversa, o cronista reflete e convida o leitor a refletir sobre questões maiores a partir de uma situação do cotidiano.

Para Preti (2000, p. 62),

> Não podemos deixar de reconhecer que, em todas as épocas, muitos literatos aproveitaram em suas obras a linguagem popular e, se não o fizeram com mais frequência, no plano narrativo, onde a identificação entre o escritor e o narrador é mais imediata, pelo menos o tentaram na fala de suas personagens, criando um diálogo mais próximo da realidade oral.

Segue abaixo a crônica "Sexa", de Luis Fernando Verissimo. Como poderemos verificar, ela apresenta alguns traços da oralidade na escrita. Nela o cronista produziu uma fala autêntica, muito próxima da realidade, entre seus personagens.

— Pai...

— Hummm?

— Como é o feminino de sexo?

— O quê?

— O feminino de sexo.

— Não tem.

— Sexo não tem feminino?

— Não.

— Só tem sexo masculino?

— É. Quer dizer, não. Existem dois sexos. Masculino e feminino.

— E como é o feminino de sexo?

— Não tem feminino. Sexo é sempre masculino.

— Mas tu mesmo disse que tem sexo masculino e feminino.

— O sexo pode ser masculino ou feminino. A palavra "sexo" é masculina. O sexo masculino, o sexo feminino.

— Não devia ser «a sexa»?

— Não.

— Por que não?

— Porque não! Desculpe. Porque não. "Sexo" é sempre masculino.

— O sexo da mulher é masculino?

— É. Não! O sexo da mulher é feminino.

— E como é o feminino?

— Sexo mesmo. Igual ao do homem.

— O sexo da mulher é igual ao do homem?

— É. Quer dizer... Olha aqui. Tem o sexo masculino e o sexo feminino, certo?

— Certo.

— São duas coisas diferentes.

— Então como é o feminino de sexo?

— É igual ao masculino.

— Mas não são diferentes?

— Não. Ou, são! Mas a palavra é a mesma. Muda o sexo, mas não muda a palavra.

— Mas então não muda o sexo. É sempre masculino.

— A palavra é masculina.

— Não. «A palavra» é feminino. Se fosse masculina seria «o pal...»

— Chega! Vai brincar, vai.

O garoto sai e a mãe entra. O pai comenta:

— Temos que ficar de olho nesse guri...

— Por quê?

— Ele só pensa em gramática.

Nesta crônica, o autor recria uma "realidade linguística", ou seja, faz uso de algumas marcas de oralidade, típica da Região Sul do Brasil. Aproveitamos a escrita do autor para trazermos à tona, entre outras coisas, a temática sobre as variações linguísticas regionais, mote deste trabalho. De acordo com Bagno (2007, p. 215), "Sabemos que a língua varia, entre outras coisas, de acordo com a origem geográfica de seus falantes. É por isso que gaúchos e amazonenses, embora se compreendam bem, percebem que não falam do mesmo modo".

Muito já ouvimos a respeito das diferentes formas de falar, de cada pessoa, por exemplo, falar "cantado", "chiado", "caipira", "arrastado" etc. A grande verdade é que o Brasil é um país de uma regionalidade bastante diversificada, e um dos grandes motivos, é o que já foi apontado anteriormente. A colonização ocorreu de forma diferente em cada região do país. A língua portuguesa, em cada região, foi incorporando expressões e, aos poucos, foram se constituindo diferentes dialetos. De acordo com Freitag e Lima (2010, p. 26), dialeto pode ser definido como

[...] a forma como uma dada língua é realizada em dada região geográfica; não são só o contorno melódico e os suprassegmentos que são diferentes: os traços lexicais, morfofonêmicos, morfossintáticos e semântico-discursivos também apresentam diferenças, em maior ou menor grau, mas que não chegam a impedir a comunicação entre os falantes de diferentes dialetos da língua. Outro traço associado à definição de dialeto é que esta modalidade não possui registro escrito, é essencialmente oral e, por isso não teria o status de uma língua.

Vamos observar dois trechos retirados da crônica "Sexa", que podem exemplificar o dialeto falado por um sulista:

> — Mas *tu* mesmo disse que tem sexo masculino e feminino.
> — Temos que ficar de olho nesse *guri*...

As diferenças entre os falares no Brasil são muitas. Podemos verificar nesta obra de ficção que os vocábulos *Tu* e *guri* são típicos da Região Sul. Conforme dados encontrados em Romano e Seabra (2014, p. 494), "... *Guri* é a forma mais difundida e mais produtiva no Rio Grande do Sul". Em outras regiões brasileiras, em outros estados da federação, essas mesmas palavras, provavelmente, apresentariam outras variantes. Por exemplo, a expressão, pronome pessoal *Tu*[57] pode variar da seguinte forma: "cê", "ocê", "ucê", "você"; já *Guri* pode variar: "menino", "moleque", "garoto", "piá", "rapazinho", "pivete", "homenzinho", "pirralho". Cada uma dessas formas de se referir a uma criança do gênero masculino é tão importante quanto as outras, nenhuma delas pode ser considerada melhor ou pior, certa ou errada. Todas atendem ao mesmo objetivo, à comunicação entre seus falantes, além de constituir uma profusão linguística para o país. Essa variação linguística presente em cada região é chamada também de variação diatópica. Segundo Romano e Seabra (2014, p. 463),

> [...] o léxico de uma língua é o conjunto de palavras criadas e assimiladas pelo homem no decorrer da história e resulta do processo de nomeação e de interação daquele com o meio em que vive. É gerado ao longo do tempo e por meio de seu estudo, é possível detectar influências socioculturais e histórica adquiridas em seu processo de formação.

A língua passa por transformações no tempo e no espaço. Como já mencionado anteriormente, no Brasil o processo de ocupação e povoamento das regiões, no decorrer da história, deu-se de maneira diferenciada, deixando o léxico do português brasileiro com muitas variações de

---

[57] A utilização do pronome *Tu* é comum também em outras localidades, no Brasil, como nas capitais dos estados do Pará, do Maranhão e de Santa Catarina, por exemplo. Contudo em cada um desses lugares a concordância com o verbo apresenta suas especificidades.

um local para outro. Uma questão que se coloca é que enquanto algumas variantes são bem aceitas e consideradas superiores, belas, outras são pouco aceitas, consideradas inferiores, feias.

A língua portuguesa sofreu muitas influências. Desde os tempos mais remotos, ela pressupõe uma mistura de línguas de vários povos advindos de quase toda parte do mundo e seria muito estranho pensá-la como homogênea e estável. Para Bagno (2007, p. 36),

> [...] a "língua" é um produto [...] sociocultural, elaborado ao longo de muito tempo, pelo esforço de muita gente – por isso ela é uma grande abstração ou, como se diz hoje em dia, um patrimônio imaterial [...]. A língua, na concepção dos sociolinguistas, é intrinsecamente heterogênea, múltipla, variável, instável e está sempre em desconstrução e em reconstrução.

Como levantado até aqui, a língua é heterogênea, porém não podemos deixar de observar que ainda não há um fazer pedagógico que rompa de vez com a ultrapassada atitude de ensinar a gramática normativa aos alunos. Nesse sentido o que vemos é a própria escola disseminando a cultura de que apenas uma variante da língua é a correta, no caso a língua da classe dominante. De acordo com Bagno (1999, p. 131),

> [...] a atitude tradicional do professor de português, ao receber um texto produzido por um aluno é procurar imediatamente os "erros" [...]. Há uma preocupação exclusiva com a forma, pouco importando o que haja ali de conteúdo [...]. Muitas pessoas nascem, crescem, vivem e morrem sem jamais aprender a ler e a escrever, sendo, no entanto, conhecedores perfeitos da gramática de sua língua.

É inegável a necessidade de eliminarmos o mito de que nos tornamos um bom usuário da língua conhecendo todas as regras prescritas pela gramática normativa. É imperioso que os preconceitos linguísticos sejam eliminados de nossa sociedade. É preciso entender que existem várias maneiras de dizer a mesma coisa dentro de uma mesma língua. Bagno (1999, p. 130) afirma ainda que "[...] a língua é como um grande guarda-roupa, onde é possível encontrar todo tipo de vestimenta [...]. Usar a língua, tanto na modalidade oral como na escrita, é encontrar ponto de equilíbrio entre dois eixos: o da adequabilidade e o da aceitabilidade".

É preciso conhecer a língua, saber que ela varia e que em cada situação comunicativa, seja oral ou escrita, na verdade, precisamos encontrar a forma mais aceitável e adequada para nos comunicar. O preconceito linguístico sempre se fez presente na sociedade, seja pela falta de conhecimento a respeito da própria língua, seja pela intolerância com tudo aquilo que é diferente.

É preciso romper com os equívocos existentes com relação ao "erro", nos conscientizarmos de que uma variante linguística não é melhor que outra, que todas têm seu valor dentro de uma comunidade, de um grupo social. Para Bagno (1999, p. 143), é preciso "conscientizar-se de que toda língua muda e varia. O que hoje é visto como "certo" já foi "erro" no passado. Nesse sentido podemos afirmar que é imperioso praticarmos a tolerância e o respeito à diversidade linguística existente em nosso meio. A norma-padrão é apenas uma variante da língua imposta por um grupo social. De acordo com Hipólito e Gomes (2012, p. 749), "resulta de uma aglutinação dos poderes econômico, político e social. É determinado pela sociedade que ela seja padrão e que deve ser usada por todos".

O preconceito com relação à língua tem a ver com a existência de mecanismos controladores, que julgam, dominam e marginalizam tudo aquilo que é diferente; ele é fruto das diferenças sociais. Uma fala típica de regiões do interior do Brasil, por exemplo, principalmente de áreas rurais, serve, muitas vezes, de "chacota", de humor em programas de televisão. Já as falas dos grandes centros urbanos ou das regiões consideradas privilegiadas, "mais importantes" como o Sul do Brasil, são consideradas mais prestigiosas, superiores em relação às outras. Nesse sentido, por mais complicado e revoltante que seja a discriminação linguística, é real e precisa ser combatida.

CONSIDERAÇÕES FINAIS

Por meio da crônica "Sexa", de Luis Fernando Veríssimo, discorremos brevemente a respeito da diversidade linguística aliada à variação geográfica. A partir dessa abordagem, discutimos ainda a problemática do preconceito linguístico. Vale ressaltar que não temos a pretensão de esgotar as discussões a respeito do assunto, até porque essa temática reserva um vasto campo para ser explorado.

A língua portuguesa é o idioma oficial do Brasil e, como todas as línguas, é viva e passa por constantes transformações. A língua pressupõe diversidade. A falada em nosso País se constituiu por uma mescla de falares, sofrendo influências de povos indígenas, africanos e imigrantes que por aqui se instalaram. A língua é constituída coletivamente, ela não é um produto pronto e acabado, ela se refaz constantemente. Equivocam-se os que pensam que a língua já foi construída e não mais passará por um processo de mudança.

A crônica "Sexa" apresenta uma linguagem leve e bem-humorada. A fala dos personagens simula um diálogo marcado por variedades linguísticas. Nesse texto encontramos expressões muito utilizadas na Região Sul do Brasil, como as palavras "TU" e "GURI". Essas marcas regionais encontradas nesse diálogo de ficção nos ofereceram uma possibilidade de refletir sobre a questão das variedades linguísticas utilizadas pelos falantes dentro de uma mesma comunidade de fala.

Consideramos primordial saber da existência da variação linguística, refletir sobre os fenômenos da linguagem, pois acreditamos que além de ampliar e modificar a visão de mundo dos indivíduos, ainda evita o preconceito linguístico. Preconceito esse que sempre esteve presente em nosso meio. Associamos essa problemática ao fato de existir muita dificuldade por parte dos indivíduos em aceitar o que é diferente, aquilo que foge do habitual. Acreditamos que o desconhecimento da própria língua também tem contribuído para que a discriminação permaneça latente na sociedade.

Sabemos que a sociedade cria, de forma consciente ou inconsciente, seus padrões de referência ideal que deve ser seguido. A língua não se isenta dessa regra; pelo contrário, o que vemos, muitas vezes, são expressões de grupo social com variedades linguísticas com menos prestígio sofrerem discriminação, servirem de piadas pejorativas, serem ridicularizadas por falantes do português-padrão.

Nesse sentido é preciso considerar a necessidade de se abandonarem certas práticas descomprometidas com o exercício da cidadania. É preciso entender que no Brasil, embora o idioma oficial seja o português, e que esta seja uma língua falada pela maioria da população, esse português apresenta diversidade e variabilidade que precisa urgentemente ser conhecida e respeitada.

REFERÊNCIAS

BAGNO, Marcos. **Nada na língua é por acaso**: por uma pedagogia da variação linguística. São Paulo: Parábola Editorial, 2007.

BAGNO, Marcos. **Preconceito linguístico, o que é, como se faz**. 23. ed. São Paulo: Edições Loyola, 1999.

FERNANDES, Patrícia Damasceno; COSTA, Natalina Sierra Assêncio. A Variação Linguística: Parte Integrante da Língua. **Revista Philologus**, Rio de Janeiro, CIFEFIL, Ano 20, n. 58, Supl.: Anais do VI SINEFIL, jan./abr. 2014.

FIGUEIREDO, Ana Claudia Rocha Amaral; COSTA, Natalina Sierra Assencio. A ausência do fator linguístico concordância verbal na fala de indivíduos com baixa ou nula escolaridade. **Revista Philologus**, Rio de Janeiro, CIFEFIL, Ano 20, n. 60, Supl.1: Anais da IX JNLFLP, set./dez. 2014.

FREITAG, Raquel MeisterKo; LIMA, Geralda de Oliveira Santos. **Sociolinguística**. São Cristóvão/ Sergipe: Centro de Educação Superior a Distância – CESAD, 2010.

HIPÓLITO, Jorge Luis Vitor; GOMES, Nataniel dos Santos. A Variação Linguística na Música Brasileira. **Revista Philologus**, Rio de Janeiro, CIFEFIL, Ano 18, n. 54, Suplemento: Anais da VII JNLFLP, 2012.

NOGUEIRA JUNIOR, Arnaldo. **Luis Fernando Veríssimo**. Projeto Releituras – Resumo biográfico e Bibliográfico. Disponível em: www.releituras.com/lfverissimo_bio.asp. Acesso em: 16 jan. 2016.

PRETI, Dino. **Sociolinguística**: Os Níveis da Fala – Um Estudo Sociolinguístico do Diálogo na Literatura Brasileira. 9. ed. São Paulo: Editora da Universidade de São Paulo, 2000.

ROMANO, V. P.; SEABRA, R. D. *Menino, guri ou piá?* Um estudo diatópico nas regiões Centro-Oeste, Sudeste e Sul a partir dos dados do Projeto Atlas Linguístico do Brasil. **Alfa**: Revista de Linguística, São José do Rio Preto, v. 58, n. 2, p. 463-497, jun. 2014.

SILVA, Edila Vianna. **A Pesquisa Sociolinguística**: A Teoria da Variação. Disponível em: http://www.filologia.org.br/abf/rabf/9/049.pdf. Acesso em: 27 out. 2016.

SILVA, Giselle Machline de Oliveira; SCHERRE, Maria Marta Pereira (org.). **Padrões Sociolinguísticos**: análise de fenômenos variáveis do português falado no Rio de Janeiro. Rio de Janeiro: Tempo Brasileiro/Departamento de Linguística e Filologia, 1996.

SILVA, Mirilaine Saraiva da. O Estudo da Variação Linguística no Diálogo de Ficção. **Anthesis**: Revista de Letras e Educação da Amazônia Sul Ocidental, ano 3, n. 5, 2014.

TARALLO, Fernando. **A Pesquisa Sociolinguística**. 5. ed. São Paulo: Editora Ática, 1997.

A VARIAÇÃO LINGUÍSTICA NO FALAR DA COMUNIDADE QUILOMBOLA CAMPINA DE PEDRA, NO MUNICÍPIO DE POCONÉ-MT

Jocineide Macedo Karim

INTRODUÇÃO

A escolha deste tema ocorreu durante o meu Estágio de Pós-Doutorado na Universidade Estadual de Mato Grosso do Sul. Naquele momento, buscando informações sobre os quilombos do estado de Mato Grosso, encontrei a tese de doutorado de Almeida (2012) que relata as práticas cotidianas e a construção da cidadania na comunidade quilombola Campina de Pedra em Poconé-MT. O pesquisador descreveu sobre a comunidade e explicou sobre sua localização, a forma de acesso; além disso, informou o número de habitantes. A seguir apresentamos o relato de Almeida sobre o número de habitantes e o esforço deles em permanecer nas terras:

> A comunidade, atualmente com cento e oito habitantes, faz parte de um longo processo de luta pela cidadania. Iniciada com ex-escravos que moraram na região, no final do século XIX, marginalizados pelo processo de dominação e exclusão, centraram esforços para permanecer na terra e defendem com rigor as tradições, o reconhecimento social e a identidade étnica (Almeida, 2012, p. 13).

A partir da leitura cuidadosa da referida tese, surgiu o interesse em pesquisar a variação linguística, ou seja, as realizações africadas [tS] e [L] em vez das fricativas [S] e [Z] nessa comunidade, observei que as famílias da localidade tinham os critérios preestabelecidos para o desenvolvimento desta pesquisa sobre a variação linguística e os aspectos socioculturais esperados.

Santos (2009, p. 59) relata que é grande a luta da comunidade quilombola Campina de Pedra para garantir sua permanência na terra. Vejamos o que disse uma professora afrodescendente sobre esse assunto:

> A nossa comunidade está situada no município de Poconé há mais de 150 anos, nas terras denominadas 'Cachoeira'. Com o passar dos anos e com a chegada de grandes fazendeiros

> na região, nossos antepassados viram-se obrigados a vender os 1.211 hectares, passando a morar em apenas 90 hectares de terra na localidade denominada 'Povo do Mato', isso por volta dos anos 40... Mais tarde, essa localidade passou a denominar-se Campina de Pedra (Santos, 2009, p. 59).

No relato da professora, verifica-se que a luta da comunidade pelas terras tem mais 150 anos, quando chegaram os grandes fazendeiros na região. Atualmente, eles continuam lutando por melhores condições de vida, buscam melhorias para a educação e trabalho na comunidade.

No levantamento realizado por Almeida (2012, p. 99-100, grifo nosso), há o registro de 108 pessoas, distribuídas em 26 famílias que foram visitadas na comunidade quilombola Campina de Pedra. A saída de algumas famílias da comunidade se deve a vários fatores, observemos o que diz o pesquisador:

> Na comunidade, entre crianças, jovens, adultos e idosos, moram cento e oito pessoas. A maioria são homens, 59 e 49 mulheres. A faixa etária que concentra maior número de pessoas está entre 20 e 60 anos, mais de sessenta pessoas, de forma que supera o número de adolescentes e jovens, até 19 anos, uma vez que, ao concluir o ensino médio, **muitos migram para a cidade em busca de oportunidades de ingresso no espaço universitário e no mundo do trabalho**, sendo que os empregos, geralmente, estão ligados aos setores de serviço.

Segundo o site do Incra, a denominação do imóvel está registrada no Processo SR-13/MT 54240.005272/2005-15 e nele consta a localização da Comunidade Campina de Pedra, com uma área de 1.779,8089 ha (um mil, setecentos e setenta e nove hectares, oitenta ares e oitenta e nove centiares), com o início na faixa da Rodovia Estadual MT-451, e segue pela faixa da rodovia sentido BR-070-MT-060 e faz divisa com várias terras.

Em relação à área da localidade o líder da Comunidade Campina de Pedra, relatou que algumas famílias cadastradas no Incra têm o direito a terra, mas saíram da comunidade para outros lugares à procura de escola, trabalho e de melhores condições de vida, situação que não está muito fácil de resolver. Observemos o que diz um quilombola de 70 anos, produtor de rapadura:

> [...] a num deveria mudar nada não...tem várias pessoas da família que mudô pra cidade tá hodje tá piô do que nóis...aqui tá bom...porque o mato pra nóis é lucro né... cê pranta cana

> *...banana...o que pranta coié...lá na cidade é só comprano se*
> *não tivê dinheiro não compra né... aí tem que comê uma vez*
> *por dia...e aqui não* (M70S)[58].

No depoimento apresentado, observa-se que não está fácil garantir a sobrevivência fora do quilombo. Os quilombolas que saíram de suas terras em busca de escola e trabalho acabam enfrentando dificuldades ainda maiores, pois não encontram trabalho fora da área dos serviços gerais e, desse modo, dificultam ainda mais o sustento da família. Além disso, na cidade não há o espaço para plantar e colher os alimentos que estavam acostumados a consumir na comunidade quilombola.

Almeida (2012, p. 102-103, grifo nosso) constatou os seguintes dados escolares da comunidade quilombola Campina de Pedra, como segue:

> Sobre o grau de escolaridade na comunidade, a maioria, quarenta e quatro pessoas, tem somente as séries iniciais, mais de vinte quilombolas não sabem ler, nem escrever. Alguns pararam no ensino fundamental, outros já concluíram o ensino médio, e apenas três pessoas finalizaram o curso universitário.
>
> Com esses dados sobre a escolarização, sempre perguntávamos sobre o grau de estudo das pessoas, especialmente, os jovens. **Percebemos também, que todas as crianças estão sendo alfabetizadas na escola multisseriada da comunidade.** E os estudantes do ensino fundamental e médio utilizam-se do ônibus escolar para conduzi-los até a escola localizada na comunidade do Chumbo. Já os adultos, em 2011 iniciaram a EJA (Educação de Jovens e Adultos) ofertada no período noturno, também na comunidade do Chumbo.

Em relação à citação acima, verifica-se que hoje a realidade é outra. Percebe-se nos depoimentos dos quilombolas que em relação à escola existe dificuldade, pois a comunidade já teve uma escola municipal denominada Escola Municipal Benedito Mendes Gonçalves[59], que funcionava do 1º ao 4º ano do ensino fundamental. Hoje a escola não funciona por ter apenas cinco alunos para cursar esse nível escolar, e a Secretaria de Educação Municipal exige o mínimo de oito alunos. Desse modo, os estudantes quilombolas estão se deslocando diariamente para outra comunidade quilombola denominada Chumbo, desde as crianças da alfabetização até os alunos que cursam o ensino médio. Como relata um quilombola em sua entrevista:

---

[58] Código de identificação do quilombola entrevistado.

[59] Nome do fundador da comunidade e avô do líder entrevistado.

(1) Aqui tinha...mas agora num tem mais porque a minina que dava escola aqui ficô só co treis aluno né...aí vai o marido dela morre...aí vai casa co otro de lá das Cangas...né.aí num tem escola aqui...tem escola...tem no Bandeira...São Binidito... Barrerinho...notras cumunidades né aqui no Zé Alves...aqui no Zé Alves tem até igredja tem no Zé Alves. No Tchumbo as creánças estuda as creánças daqui tá istudando lá no Tchumbo otas tão istudando lá pras Cangas. Nhora ... Ah dá trabaio pois essa minina minha a professora dos minino todo eles istudaram né (F74S).

A educação é uma das necessidades básicas de toda comunidade, e quando não há escola na comunidade a vida dos estudantes se torna mais difícil, como podemos observar no relato de uma mãe quilombola da Campina de Pedra: *"nóis não temos... iscola pras crianças...tinha até o ano passado fechô a iscola agora meus filhos vão istudá no Chumbo...né ... assim é um pouco de dificuldade"* (F322).

Percebe-se ainda que, em relação aos aspectos de infraestrutura da comunidade, ocorreram alguns avanços como a instalação de água encanada e da energia elétrica. A comunidade Campina de Pedra foi uma das primeiras a receber a energia elétrica rural do Governo Federal. A instalação da energia iniciou no ano 1980 e foi concluída em 2009, com o Programa do Governo Federal "Luz para todos", do presidente Luiz Inácio Lula da Silva. A instalação da energia elétrica foi importante para a comunidade, pois facilitou as condições de trabalho e a vida dos quilombolas que puderam adquirir engenho elétrico e também adquiriram eletrodomésticos como: geladeira, máquina de lavar roupas, além dos meios de comunicação, o rádio e a televisão.

Sobre a aquisição dos meios de comunicação na comunidade quilombola Campina de Pedra, Almeida (2012, p. 14) relata o seguinte: "com isso, as informações veiculadas pela mídia passaram a contribuir para pautar as conversas e o diálogo dos moradores, além de dinamizar as formas de participação no espaço comunitário".

Desse modo, os moradores da comunidade adquiriram a prática diária de ouvir o rádio e assistir à televisão, assim eles diversificam as conversas na comunidade e se mantêm informados sobre os acontecimentos que ocorrem no âmbito regional nacional e até internacional, e observam outros padrões culturais, que podem ser incorporados pelos habitantes mais jovens.

As famílias que residem na comunidade quilombola Campina de Pedra mantêm seu sustento, com a produção agrícola, com o plantio de cana-de-açúcar, milho, banana e a criação de gado. A comunidade possui engenho elétrico para a produção de açúcar mascavo, rapadura, melaço e balas de banana que são comercializadas nos mercados na cidade de Poconé.

Durante a pesquisa de campo na comunidade, constatou-se que o trabalho da produção de rapadura é pesado, porém os quilombolas não reclamam dessa tarefa; eles têm satisfação de desenvolver seus trabalhos e não se lastimam pelas condições de produção.

Em relação aos aspectos culturais da comunidade Campina de Pedra, há os manifestos que ocorrem de diferentes formas: nas crenças e devoções aos santos protetores das pessoas da comunidade, nas festas que os quilombolas realizam em homenagem aos santos como São Sebastião, São Benedito, Jesus Maria e José. Essa devoção retrata o fortalecimento da fé e da cultura das famílias da localidade. É o que se constata nas respostas dadas pelos quilombolas em relação à seguinte indagação: Quais santos vocês homenageiam? E quando?

(2) *Eh San Sebastion... aqui memo por inquanto aqui memo no arraiá aqui este fazia São Binidito.. São Bento... mas só que pararo de fazê a festa porque o dono que fazia a festa morreu né... ai os fios atcho que ficô muito pesado ai tem outro minino que fica doente de pé mas ele faz pra Santa Luzia. Meu sogro era San Sebastion e eu também tenho meu santo que é San Sebastion eu também tenho o santo San Sebastion... peraí que eu fez uma pomessa oi meu San Sebastion...eu fez essa pomessa que eu num tinha que eu vivia com uma dor na barriga que quando vinha mesturação pra mim eu desmaiava né ai eu fez... pidi pra San Sebastion num deixasse eu...que cortasse a dor na barriga que troquei. Aqui meu sogro faz festa San Sebastion, meu cunhado faz festa San Sebastion.* (F74S).

(3) *São Sebastião que é 20 de Janeiro né... já passou a festa né... ai tem São Benedito né que meu tio faz lá... e Jesus Maria José que a outra minha tia faz lá em agosto* (F322).

(4) *São Sebastion...eu faço urtimo sábado e domingo de Djulho... festa antiga do meu bisavô* (M70S).

Sobre as manifestações culturais, as rezas realizadas em homenagem aos santos de devoção, há o momento reservado ao cururu e siriri, danças típicas que os moradores da comunidade mantêm como um ritual.

Observemos o que dizem os entrevistados em relação ao seguinte questionamento: Quais tradições da comunidade fazem parte da sua vida (as danças, as comidas, as rezas)?

(5) *Tudo...aqui cánta...dánça cururu...baile. Eu só difícil dánca eu num quento.. mas oh! escuta aqui...esse povo dánça por demais dánça dia inteiro...dánça mês de djulho..vinte sete pa vinte oito de djulho* (F741).

(6) *Cánta... dánça... toda quando sempre tem as festas né* (F322).

(7) *Uaí o siriri quando tem assim arguma apresentaçon* (M70S).

(8) *Dánça...comida...reza... se a festa começa sábado só termina segunda feira* (F70S).

(9) *Tudo...dánço...comida... eu dánço...sou eu que faço a parte do siriri é eu...que bato o siriri eu e Teófilo que tira a reza* (F481).

Em todas as respostas dos entrevistados, observam-se reações positivas em relação às manifestações culturais da comunidade Campina de Pedra.

2 METODOLOGIA ADOTADA NA REALIZAÇÃO DESTA PESQUISA

Neste espaço apresentam-se os procedimentos metodológicos adotados na realização desta pesquisa na comunidade quilombola Campina de Pedra, localizada no município de Poconé- MT. Apresenta-se como se deu a constituição do corpus — os critérios utilizados para a seleção do participante da pesquisa e o seu perfil sociocultural, como ocorreu à coleta de dados na comunidade e a transcrição dos dados para a análise, etapas importantes nessa área de pesquisa.

O corpus analisado foi constituído a partir de entrevistas realizadas conforme sugestões de Labov (1972), Tarallo (1997), Macedo-Karim (2012) e Souza (2015). Foram entrevistados seis habitantes nativos da cidade de Poconé, que fazem parte da comunidade quilombola Campina de Pedra, sendo quatro do sexo feminino e apenas dois do sexo masculino, pois os adultos mais jovens de 18 anos a 36 anos estão vivendo fora do quilombo desenvolvendo atividades de trabalho na capital, Cuiabá.

Para a definição da amostra básica desta investigação, segui os seguintes critérios:

a. que os participantes da pesquisa e seus pais tenham nascido na cidade Poconé;

b. que os participantes da pesquisa tenham linguagem estabilizada e se distribuam em duas faixas-etárias: a primeira, de 18 anos a 36 anos e, a segunda, acima de 55 anos.

c. que os participantes da pesquisa tenham escolaridade desde nenhum grau de escolaridade até o ensino médio.

A seguir apresenta-se a Tabela 1[60], com o perfil sociocultural dos participantes desta pesquisa.

Tabela 1 – Perfil sociocultural dos participantes da pesquisa

Código	Sexo	Idade	Escolaridade	Atividade	Religião
M551	Masculino	55 anos	4º Ano	Lavrador	Católico
M701	Masculino	70 anos	1º Ano	Produtor de rapadura	Católico
F481	Feminino	48 anos	4º Ano	Dona de casa	Católica
F741	Feminino	74 anos	2º Ano	Dona de casa e produtora de queijo	Católica
F322	Feminino	32 anos	Ensino Fundamental	Dona de casa	Católica
F97S	Feminino	97 anos	Sem escolaridade	Dona de casa	Católica

Fonte: a autora

Nesta pesquisa, além dos fatores linguísticos as realizações africadas [tS] e [L] em vez das fricativas [S] e [Z], consideram-se os fatores extralinguísticos: idade, sexo e o grau de escolaridade dos entrevistados, fatores que se mostram relevantes nos estudos sociolinguísticos, com o interesse em observar se esses fatores indicam diferenças no uso linguístico do falar em estudo, vinculadas a essas variáveis sociais. Também me interessei em saber qual é o comportamento dos entrevistados em relação ao seu falar: eles seguem a mesma direção dos mais escolarizados de áreas urbanas? Ou seja, procuram uniformizar a fala seguindo a norma-padrão ou, ao contrário, mostram atitudes diferentes e valorizam a norma local?

---

[60] Nessa tabela, há o código do informante na primeira coluna, assim temos: a letra M (equivale ao informante do sexo masculino); a letra F (representa informante do sexo feminino); os números que seguem após as letras (M/F) são a idade do informante e o nível de escolaridade (o número 1, equivale ao nível Fundamental; o número 2 equivale ao nível Médio), e a letra S (representa sem escolaridade).

Nesse aspecto do comportamento social, Labov (1972/2008, p. 140, grifo nosso) considera que:

> Como forma de comportamento social, a língua naturalmente é de interesse para o sociólogo. Mas a língua pode ter uma utilidade especial para o sociólogo como o indicador sensível de muitos outros processos sociais. A variação no comportamento linguístico não exerce, em si mesma, uma influência poderosa sobre o desenvolvimento social, nem afeta drasticamente as perspectivas de vida do indivíduo; **pelo contrário, a forma do comportamento linguístico muda rapidamente à medida que muda a posição social do falante.** Essa maleabilidade da língua sustenta sua grande utilidade como indicador de mudança social.

Considerando a citação acima é que se observa o comportamento da comunidade quilombola Campina de Pedra sobre o seu falar e ainda sobre os aspectos culturais.

A seguir apresento como se deu a coleta de dados na comunidade em estudo.

Antes da realização da pesquisa de campo na comunidade quilombola Campina de Pedra, ocorreu o processo de autorização da pesquisa pelo Comitê de Ética em Pesquisa da Universidade do Estado de Mato Grosso, conforme parecer número 1.852.924, datado em 06/12/2016.

A partir da autorização do projeto de pesquisa pelo Comitê de Ética, segui os ensinamentos de Labov (1972) sobre a coleta de dados. Busquei facilitar minha entrada na comunidade por meio de uma pessoa, a diretora da Escola Estadual Dr. José Rodrigues Fontes, membro do Grupo de Estudos para a Educação das Relações Étnico Raciais – Geprer, que tem acesso à comunidade.

Após o contato via telefone com a liderança da comunidade, o senhor Teófilo Mendes da Silva, obtive a autorização para realizar o estudo na comunidade. A partir daí, convidei duas professoras interessadas em participar da pesquisa de campo na comunidade. Uma das professoras é aluna do Programa de Pós-graduação Stricto Sensu em Linguística, em nível de doutorado, e estuda as nomeações dos quilombos de Mato Grosso; e a outra professora é membro do Geprer.

No dia 23 de fevereiro de 2017, às 7 horas da manhã, reunimos a equipe e percorremos em torno de 140 km da cidade de Cáceres até a Comunidade quilombola Campina de Pedra em Poconé para a realização das atividades, ou seja, entrevistas com os habitantes da comunidade e o registro por meio de fotografias nas residências das famílias no momento da aplicação do questionário.

No primeiro momento, observamos se o perfil do informante estava de acordo com os critérios preestabelecidos e se o informante aceitava em participar da pesquisa, assinando o TCLE[61]. No caso de resposta positiva, perguntávamos se o horário estava adequado para a entrevista e realizá-vamos a leitura do termo.

Iniciamos as entrevistas por meio de conversas informais sobre diversos assuntos, por exemplo a família, o trabalho, a formação da comunidade, o que, de certa forma, rompia com a formalidade da entrevista, deixando o informante mais à vontade. De acordo com Labov (1972/2008, p. 244-245), uma maneira de superar o paradoxo do observador "é romper os constrangimentos da situação de entrevista com vários procedimentos que desviem a atenção do falante e permitam que o vernáculo emerja. [...] Também podemos envolver a pessoa com perguntas e assuntos que recriem emoções fortes que ela experimentou no passado, ou envolvê-la em outros contextos".

Nessa conversa inicial, justificávamos a realização do estudo, dizendo que tínhamos interesse em saber como ocorreu a formação da comunidade, além de conhecer alguns aspectos da cultura e do falar dos entrevistados nativos dessa localidade. Dessa maneira, as entrevistas no geral ocorreram de modo informal, já que o objetivo era gravar a fala espontânea, o vernáculo da comunidade.

Sobre essa fala espontânea, Labov (1972/2008, p. 110) relata que "precisamos, de algum modo, capturar a fala cotidiana que o informante usará tão logo a porta se feche atrás de nós: o estilo que ele usa para discutir com a mulher, repreender os filhos ou conversar com os amigos".

Logo após essa conversa, preenchíamos a ficha do entrevistado com seus dados pessoais: nome, idade, sexo, naturalidade, estado civil, naturalidade da(o) esposa(o), escolaridade, profissão, endereço, religião etc. Na ficha há um espaço reservado para observações sobre o comportamento do entrevistado durante a entrevista, dados fornecidos sobre cada nativo em particular, que funcionam como complementares à análise.

Na sequência passamos para o segundo momento e aplicamos o questionário com o roteiro da entrevista que foi elaborado com base nos questionários utilizados por Macedo-Karim (2012), Souza (2015) e Almeida (2012).

---

[61] Termo de Consentimento Livre e Esclarecido.

O questionário contém 41 perguntas elaboradas com o propósito de abarcar aspectos linguísticos e culturais da comunidade, distribuídas em quatro temas: (1) A comunidade quilombola Campina de Pedra; (2) A cultura na comunidade; (3) O falar da comunidade; (4) As pessoas de fora da comunidade.

De um modo geral, os participantes da pesquisa se mostraram bastante receptivos, interessados em responder às perguntas. No caso de não compreensão da pergunta, refazíamos a questão — conseguíamos a resposta, ou passávamos para a próxima pergunta.

As entrevistas foram gravadas em gravador digital da marca Sony IC Recorder ICD-P620, totalizando aproximadamente seis horas de gravações transferidas para o programa de computador Digital Voice Sony e transcritas. Nesse material foram selecionados os dados para a análise.

Na transcrição das entrevistas, utilizei o padrão sugerido por Marcuschi (1998), Macedo-Karim (2004, 2012). O levantamento dos usos linguísticos que identificam o falar da comunidade quilombola Campina de Pedra foi feito diretamente nos textos orais e também da transcrição grafemática das entrevistas. Na transcrição grafemática, preserva-se tanto quanto possível a produção real, ou seja, a forma falada pelo entrevistado.

2 REALIZAÇÕES AFRICADAS [TS] E [L] EM VEZ DAS FRICATIVAS [S] E [Z]

Exemplos:

(1) *gosto de reunião de grupo a **dgente** participa tudo* (M701).

(2) *o positivo que a **dgente** gosta daqui né... nasceu e criô não pode saí... saí pra quê? pra num tê lucro* (M701).

(3) *a num deveria mudá nada não...tem várias pessoas da família que mudô pra cidade... tá **hodje**...tá piô do que nóis* (M701).

(4) *oia dois anos atrás começô **adjudá*** (M701).

(5) *primeiro quem mudô foi meu tio...quando nóis **tcheguemos** pra cá* (M701).

(6) ***atcha** diferente... agora as coisa que eu falo a turma me remenda...diz que tô falano errado* (M701).

(7) *o marido dele **tchamava Djuliano**...o Djuliano **djá** morreu o meu irmon **tchamava** Urbano também **djá** morreu a muié tamém **djá** morreu...dele **tchamava** Sebastiana...agora só subrinhada* (F97S).

(8) *em outras comunidade **dgente** vai também né gosta e o mesmo **djeito** bserva tudo ... memas palavras **dgente** recebe né* (F741).

(9) *num assim numa parte é bom né...notra parte a **dgente djá** a **dgente** vive né... anssim...anssim... desse... desse...o que tem entrano muitas pessoas que a **dgente** num cunhece né...aí num sabe assim vivê bem co a **dgente** né...vive **djunto** porque tem muita **dgente estranho que tchega** ele reconhece... é católico tem outra conversa e tem muito que num pensa nem em Deus* (F741).

As realizações africadas [tS] e [L] em vez das fricativas [S] e [Z] existentes no falar da comunidade quilombola Campina de Pedra também foram constatadas no falar da comunidade cacerense. Em Macedo-Karim (2012), apresentam-se esses mesmos usos linguísticos com o registro de discussões de vários teóricos sobre as realizações africadas e fricativas, como: Amaral (1920), Silva Neto (1960), Ribeiro (1881), Pereira (1919) e Palma (1980). Neste espaço trago algumas das discussões, pois são importantes para a compreensão do uso linguístico na comunidade quilombola em estudo.

Essas realizações africadas são características do falar da comunidade em estudo, mas não estão restritas a ela. Amaral (1920, p. 22) registrou usos idênticos no dialeto caipira: "Ch e j palatais são explosivos, como ainda se conservam entre o povo em certas regiões de Portugal, no inglês (chief, majesty) e no italiano (cielo, genere)". Conforme Silva Neto (1960), vários pesquisadores documentaram o som tchê no falar caipira de São Paulo, como Ribeiro (1881), Pereira (1919) e Amaral (1920). Os pesquisadores citados interpretaram esse som como a conservação da antiga africada portuguesa. Em outra perspectiva sobre esses mesmos usos linguísticos, Silva Neto (1963, p. 230-231) relata que o cientista Francês Saint-Hilaire faz referência a esse som mostrando outra perspectiva em seus comentários sobre o português paulista-rural do primeiro quartel do século 19:

> Impressionou-me igualmente a semelhança de sua pronúncia com a dos verdadeiros indígenas. Como estes, não abriam quase a boca ao falar, elevaram pouco a voz e imprimiam nas palavras um som gutural. A forma pela qual pronunciavam o *ch* português era inteiramente indígena. Não era nem *tch*, nem mesmo *ts*, mas um som, misto, molemente articulado.

De acordo com Silva Neto (1970), para a interpretação histórica dessas africadas do som tchê e djê, torna-se indispensável estabelecer a área geográfica de sua ocorrência e a respectiva base humana. A área geográfica estender-se-ia pelo interior de São Paulo, Mato Grosso e a faixa costeira do Paraná, área utilizada e definida pelos bandeirantes; já a base humana dessas regiões era constituída de caipiras descendentes de mamelucos, mestiços de homem branco e mulher índia. Para Silva Neto (1970, p. 590), há duas explicações possíveis para o uso da africada [tS]:

> 1. Nos séculos 16 e 17, usava-se tš em todo o território de Portugal. Nesse caso os colonizadores usavam a africada que depois de existir no Português brasileiro nele se perdeu, à exceção de uma zona do Sul;

> 2. Nos séculos XVI e XVII, Portugal dividia-se, como hoje, em duas áreas: uma, ao norte, em que se usava tš; outra em que a africada já se reduzira a š. Neste caso ambas as pronúncias teriam vindo para o Brasil, onde se generalizaria a segunda, que corresponde à pronúncia do sul, enquanto a primeira se teria confinado a uma zona do Brasil. É a hipótese mais provável.

Considerando os estudos mencionados, constata-se que o uso das africadas em vez das fricativas na comunidade quilombola Campina de Pedra pode ser explicado pela conservação dos traços antigos da língua portuguesa. A comunidade em estudo mantém esse uso que foi registrado por Ribeiro (1881), Pereira (1919) e Amaral (1920), Macedo-Karim (2012), e que Palma (1980/2005) constatou estar em processo de desaparecimento em Cuiabá.

A seguir apresentam-se análises estatísticas, por meio da Tabela 2, com registro das realizações africadas [tS] e [L] em vez das fricativas [S] e [Z] no falar do Quilombo Campina de Pedra, por participante.

Tabela 2 – Número de realizações africadas [tS] e [L] em vez das fricativas [S] e [Z] no falar do Quilombo Campina de Pedra, por participante

Participante da Pesquisa	Realizações africadas [tS] e [L]	Realizações fricativas [S] e [Z]
(F741)	69	0
(F97S)	10	1
(F322)	00	10
(F481)	05	2
(M701)	09	2
(M551)	03	21
Total	**96**	**36**

Fonte: a autora

ESTUDOS SOCIOLINGUÍSTICOS E O CONTATO LINGUÍSTICO ENTRE LÍNGUAS
MINORITÁRIAS NO CONTEXTO BRASILEIRO

Do total de 96 ocorrências africadas [tS] e [L], 84 foram verifica-
das na fala das mulheres, 69 ocorrências foram constatadas na fala de
uma senhora de 74 anos, dez ocorrências na fala de uma participante
de 97 anos e cinco ocorrências na fala de uma participante de 48 anos.
Os resultados apontam uma diferença entre a aplicação da regra na fala
das mulheres e na fala dos homens. As mulheres usam as africadas com
maior frequência que os homens. Eles utilizaram apenas 12 ocorrências,
mostrando aparentemente pouca adesão ao uso, revelando maior identificação com as fricativas.

Esse resultado nos leva à seguinte indagação: os homens do quilombo
Campina de Pedra circulam mais na cidade, eles é que comercializam a
produção de rapadura, do melado etc. Esse deslocamento do quilombola
para a cidade está transformando o seu falar? Eles estão utilizando com
maior frequência as fricativas diferenciando do falar das mulheres, que
mantêm o uso das africadas.

No Gráfico 1 que segue, apresenta os resultados das frequências que
constituem um quadro geral da aplicação da regra realizações africadas [tS]
e [L] em vez das fricativas [S] e [Z] no falar do quilombo Campina de Pedra.

Gráfico 1 – Realizações africadas [tS] e [L] em vez das fricativas [S] e [Z] no falar do Quilombo Campina de Pedra

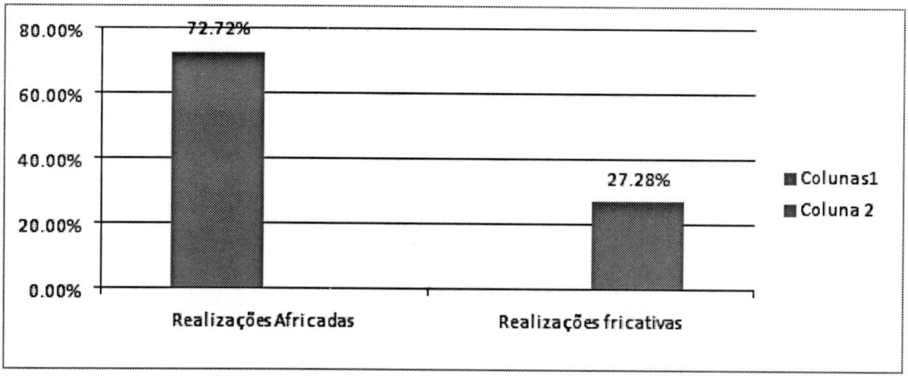

Fonte: a autora

Conforme os dados observados, a maioria dos quilombolas usa em
seu falar as realizações africadas [tS] e [L] em um índice de 72,72 % da
aplicação de regra, em contrapartida ao uso das fricativas [S] e [Z], que
atingiu 27,28%. Desse modo, podemos afirmar que o quilombola da comu-

nidade Campina de Pedra tem um comportamento positivo em relação ao seu falar. Eles seguem a direção contrária aos mais escolarizados de áreas urbanas. Ou seja, mostram atitudes diferentes e valorizam a sua norma local, adquirida de seus ancestrais.

CONSIDERAÇÕES FINAIS

As realizações africadas [tS] e [L] frequentes no falar dos quilombolas da Campina de Pedra são o resultado da conservação dos traços antigos da língua portuguesa trazida pelos colonizadores da região, os bandeirantes portugueses da região Norte de Portugal e os paulistas. Desse modo, a comunidade em estudo mantém esses usos linguísticos que também foram atestados no dialeto caipira do interior de São Paulo por Amaral (1920), Silva Neto (1960) apontou pesquisadores Ribeiro (1881), Pereira (1919), Amaral (1920), que documentaram o som tchê no falar caipira de São Paulo; nas zonas caipiras de Mato Grosso (Roquete Pinto e de Karl Von den Stein). Esses autores interpretaram esse som como a conservação da antiga africada portuguesa.

REFERÊNCIAS

ALMEIDA, Cristóvão Domingos de. **Comunicação e cultura**: práticas cotidianas e construção da cidadania na comunidade quilombola Campina de Pedra, município de Poconé-MT. 2012. Tese (Doutorado em Letras) – Programa de Pós-Graduação em Comunicação e Informação, Universidade Federal do Rio Grande do Sul, Porto Alegre, 2012.

AMARAL, Amadeu [1920]. **O dialeto caipira**: gramática, vocabulário. 4. ed. São Paulo; Brasília: HUCITEC/INL, 1982.

LABOV, William [1972]. **Padrões sociolinguísticos**. Tradução de Marcos Bagno, Maria Marta Pereira Scherre, Caroline R. Cardoso. São Paulo, SP: Parábola, 2008.

MACEDO-KARIM, Jocineide. **A Variação na concordância de gênero no falar da comunidade de Cáceres-MT**. 2004. Dissertação (Mestrado em Linguística) – Faculdade de Ciências e Letras, Unesp, Araraquara, 2004.

MACEDO-KARIM, Jocineide. **A comunidade São Lourenço em Cáceres-MT**: aspectos linguísticos e culturais. 2012. Tese (Doutorado em Linguística) – Instituto de Estudos da Linguagem, Universidade Estadual de Campinas, Campinas, 2012.

MARCUSCHI, Luiz Antônio. **Análise da conversação.** 4. ed. São Paulo: Ática, 1998.

NARO, Anthony Julius; SCHERRE, Maria Marta Pereira (org.). **Garimpo das origens do português brasileiro.** São Paulo: Parábola Editorial, 2007.

PALMA, Maria Luíza Canavarros. **Variação fonológica na fala de Mato Grosso**: um estudo sociolinguístico. 1980. Dissertação (Mestrado em Linguística) – Pontifícia Universidade Católica do Rio de Janeiro, Gávea, 1980.

SANTOS, Ângela Maria; SILVA, João Bosco (org.). **História e Cultura Negra**: Quilombos em Mato Grosso. Cuiabá: Gráfica Print Indústria e Editora/SEDUC, 2009.

SILVA NETO, Serafim da. **História da língua portuguesa.** 2. ed. aumentada. Rio de Janeiro: Livros, 1970.

SOUZA, A. C. S. de. **Africanidade e contemporaneidade do português de comunidades afro-brasileiras no Rio Grande do Sul.** 2015. Tese (Doutorado em Letras) – Programa de Pós-Graduação em Letras, Instituto de Letras, Universidade Federal do Rio Grande do Sul, Porto Alegre, 2015.

TARALLO, Fernando. **A pesquisa Sociolinguística.** São Paulo: Ática, 1997.

SOBRE OS AUTORES

Jeroen Dewulf (University of California, Berkeley)

Professor no Departamento de Estudos Alemães e Holandeses da Universidade da Califórnia em Berkeley. Enquanto titular da Cátedra Rainha Beatriz, é diretor do Programa de Estudos Holandeses de Berkeley. É também diretor do Instituto de Estudos Europeus da Universidade da Califórnia em Berkeley e presidente do Conselho Consultivo da Faculdade de Estudos no Estrangeiro. Atualmente, é também diretor interino do grupo de investigação de Estudos Globais, Internacionais e Regionais da Universidade de Berkeley e diretor interino do Centro de Estudos Portugueses da Universidade de Berkeley. Desde 2017, Dewulf é membro da Academia Real Flamenga da Bélgica e, desde 2020, é membro da Maatschappij der Nederlandse Letterkunde (Sociedade de Literatura Holandesa). Como membro afiliado do Centro de Estudos Africanos e do Centro de Estudos Latino-Americanos, é também ativo nos domínios dos estudos africanos e dos estudos latino-americanos. É também o executor literário do autor suíço Hugo Loetscher (1929-2009). Dewulf licenciou-se em Filologia Germânica e em Estudos Portugueses na Universidade de Gand, na Bélgica. É mestre pela Universidade do Porto, em Portugal, e doutor em Literatura Alemã pela Universidade de Berna, na Suíça. Foi professor convidado na Universidade de São Paulo e no Instituto de Estudos Avançados da UCL de Londres.

Orcid: 0000-0003-4579-3086

Antonio Carlos Santana de Souza (UEMS/Unemat)

Bolsista Produtividade (CNPq/Fundect). Pós-doutor em Linguística PNPD-Capes pela UFMT. Pós-doutor em Linguística pela Unemat. Doutor em Letras pela UFGRS. Mestrado em Semiótica e Linguística Geral pela Universidade de São Paulo. Possui graduação – bacharelado e licenciatura em Letras (Português/Hebraico e Respectivas Literaturas) pela FFLCH da Universidade de São Paulo. Docente Efetivo Nível 5 e Coordenador do Mestrado Profissional em Letras (Campo Grande) da Universidade Estadual de Mato Grosso do Sul. Docente permanente do Programa de Pós-graduação (mestrado/doutorado) em Linguística da Unemat/Cáceres. Líder do Núcleo de Pesquisa e Estudos Sociolinguístico e Dialetológicos do CNPq (NUPESD-UEMS) e do Laboratório Sociolinguístico de Línguas Não-Indo-europeias e Multilinguismo do CNPq (Lalimu). Experiência na área de Linguística, com ênfase em Sociolinguística e Dialetologia, atuando principalmente nos seguintes temas: português falado; contatos.

Orcid: 0000-0003-4757-635

Cristiane Schmidt (UFMS/Unemat)

Docente Permanente do Programa de Pós-graduação em Linguística da Universidade Estadual do Mato Grosso/Unemat – Unidade Cáceres e orientadora em nível de mestrado e doutorado com pesquisas na área da Sociolinguística Educacional. Pós-doutorado em Linguística pela Universidade Estadual do Mato Grosso do Sul/UEMS (2018). Doutora em Letras, área de concentração em Linguagem e Sociedade pela Universidade Estadual do Oeste do Paraná/Unioeste (2016). Mestre em Educação pela Universidade Federal do Rio Grande do Sul/UFRGS (2008). Licenciada em Letras – Português e Alemão pela Universidade do Vale do Sinos/Unisinos (1996). Atualmente, é docente adjunto do Curso de Letras da Universidade Federal do Mato Grosso do Sul/UFMS. Líder do grupo O que vem te constituindo professor? Memoriais autobiográficos entre a vida e a formação na docência de Pesquisa e Estudos de Narrativas de Sujeitos-Professores em Formação – Suprof do CNPq (FAALC/UFMS).

Orcid: 0000-0003-0514-2035

Neide Araujo Castilho Teno (UEMS)

Doutora em Educação. Mestre em Linguística. Docente sênior do Programa de Mestrado Profissional em Letras (Profletras) e do Programa de Mestrado Acadêmico em Letras da Universidade Estadual de Mato Grosso do Sul (UEMS), Unidades Universitárias de Dourados e Campo Grande – MS. Coordena os seguintes Projetos de Pesquisa "(Multi) Letramentos e os Gêneros Textuais e ou Discursivos: Contribuições para o Ensino e Aprendizagem de Línguas em Tempos Digitais" e "Narrativas Profissionais: Diálogos Sobre o Agente de Letramento e o Ensino". Colabora no projeto "Apoio à qualificação docente: o Profletras em Mato Grosso do Sul" com recursos da Fundect.

Orcid: 0000-0001-5062-9155

E-mail: cteno@uol.com.br

Elza Sabino da Silva Bueno (UEMS)

Doutora, mestre e graduada em Letras pela Universidade Estadual Paulista "Júlio de Mesquita Filho" – FCL – Unesp. E professora adjunta doutora da Universidade Estadual de Mato Grosso do Sul. Professora e orientadora do Programa de Mestrado Profissional em Letras – Profletras da UEMS/Dourados. Coordenou o Profletras e do Programa de Pós-Graduação Stricto Sensu – Mestrado Acadêmico em Letras da UEMS/Campo Grande – MS. Tem experiência na área de Letras, com ênfase em Sociolinguística, atuando nos seguintes temas: variação e mudança linguísticas, português popular falado e ensino de língua portuguesa. Colaboradora nos Projetos de Pesquisa "(Multi) Letramentos e os Gêneros Textuais e ou Discursivos: Contribuições para o Ensino e Aprendizagem de Línguas em Tempos Digitais" e "Narrativas Profissionais: Diálogos Sobre o Agente de Letramento e o Ensino". Coordena o projeto "Apoio à qualificação docente: o Profletras em Mato Grosso do Sul" com recursos da Fundect.

Orcid: 0000-0003-0071-4372

E-mail: elza@uems.br

Leonardo Araújo Ferreira (UEMS)

Graduando do último ano do curso de Letras Português/Espanhol da Universidade Estadual de Mato Grosso do Sul – UEMS. Bolsista do Programa de Iniciação Científica – Pibic/CNPq-UEMS.

Orcid: 0009-0006-8070-0075

E-mail: leoajferreira@gmail.com

Elaine Peixoto Araújo (PPGL/Unemat)

Mestre em Linguística (precisamente em Linguistique et interventions Sociales, especialidade Diversité linguistique et culturelle) pela Universidade François Rabelais em Tours, França; especialista em Linguística Aplicada ao Ensino de Língua Portuguesa pela Universidade Estadual do Maranhão; e graduada em Letras (habilitada ao ensino das línguas portuguesa e francesa) pela Universidade Federal do Maranhão. Atualmente, integra a equipe da Supervisão do Regime de Colaboração (Superc/Seduc) como formadora do Pacto pelo Fortalecimento da Aprendizagem (macropolítica Escola Digna).

Orcid: 0000-0002-0383-839

Marcelo Nicomedes dos Reis Silva Filho (UFMA)

Doutor em Letras – Linguagem e Sociedade da Universidade Estadual do Oeste do Paraná – Unioeste com período sanduíche na Universidade do Sul de Santa Catarina. Mestre pelo Programa de Pós-graduação em Educação da Universidade Católica de Brasília – UCB. Especialista em Informática na Educação pela Universidade Federal do Maranhão – UFMA. Especialista em Metodologia do Ensino de Língua Inglesa pela Faculdade Atenas Maranhense – FAMA. Graduado em Letras pela Universidade Federal do Maranhão – UFMA. Pesquisador da Organização das Nações Unidas para a Educação, Ciência e Cultura – Unesco no período de 2012 a 2014. Líder do Grupo de Estudos e Pesquisa em Discurso, Sociolinguística e Sociedade – GEDiSS, integra o NUPESDD – Núcleo de Pesquisa e Estudos Sociolinguísticos, Dialetológicos e Discursivos da Universidade Estadual do Mato Grosso do Sul – UEMS e o Cepad – Centro de Pesquisa em Análise do Discurso da mesma Universidade, GRUPO DE PESQUISA: ETNIA, DIVERSIDADE E GÊNERO - Unioeste e DISCURSIVIDADE, LÍNGUA E SOCIEDADE - UFF. Editor adjunto da Revista Sociodialeto (Qualis B2) do Mestrado em Letras da UEMS. É revisor de periódicos científicos; consultor ad hoc do IFMA. Professor adjunto na Universidade Federal do Maranhão – UFMA – Campus São Bernardo.

Orcid: 0000-0002-9715-2099

Katiuscia Sartori Silva Cominotti (UFES)

Doutoranda em Linguística pela Universidade Federal do Espírito Santo. Mestre em Linguística pela Ufes. Seu projeto de pesquisa falou sobre o contato linguístico numa comunidade rural de Alfredo Chaves, com observância nos fatores de manutenção e/ou substituição do vêneto pela Língua Portuguesa. Possui graduação em Letras – Português/Inglês pela Faculdade de Filosofia Ciências e Letras de Colatina (1998). Tem experiência na área de Letras, com ênfase em Língua Portuguesa. Atua como professora de Língua Portuguesa nas Instituições: EMEF Ana Araújo e EEEFM Camila Motta, situadas no município de Alfredo Chaves, ES, onde possui cadeira efetiva desde 2007 e 2008 respectivamente. É integrante do grupo de pesquisadores do Contato Linguístico no estado do Espírito Santo. Atualmente, participa do grupo de pesquisa A diversidade linguística do Espírito Santo, que abarca estudos sobre línguas minoritárias em contato com o português.

Orcid: 0000-0002-4623-1221

Alessandra Figueiredo Kraus Passos (Unemat)

Bolsista de estágio pós-doutoral UFMT – Capes/PNPD. Pós-doutor em Linguística pela Unemat. Doutora em Letras pela UFGRS (2015). Mestre em Linguística pela Universidade de São Paulo (2000). Pesquisador do Gela do Departamento de Linguística da Faculdade de Filosofia, Letras e Ciências Humanas – USP e do Alma Linguae: Variação e Contatos de Línguas Minoritárias do Instituto de Letras da UFRGS. Professor adjunto da Universidade Estadual de Mato Grosso do Sul. Docente do Programa de Pós-graduação (Mestrado Acadêmico em Letras e PROFLETRAS) da Universidade Estadual de Mato Grosso do Sul (UEMS). Líder do Núcleo de Pesquisa e Estudos Sociolinguístico, Dialetológicos e Discursivos do CNPq (NUPESDD-UEMS) e do Laboratório Sociolinguístico de Línguas Não-Indo-europeias e Multilinguismo do CNPq (Lalimu).

Orcid: 0009-0005-8566-1047

E-mail: acsantan@hotmail.com

Joelma Aparecida Bressanin (Unemat).

Doutora em Linguística pela Universidade Estadual de Campinas (2012). Mestre em Estudos de Linguagem pela Universidade Federal de Mato Grosso (2006). Graduada em Letras pela Universidade do Estado de Mato Grosso (2000). Atualmente, é professora efetiva na Universidade do Estado de Mato Grosso, atuando no Curso de Letras e no Programa de Pós-Graduação em Linguística. É pesquisadora do Centro de Estudos e Pesquisas em Linguagem – Cepel/PPGL/Unemat. Coordena o Grupo de estudos Gepelco, vinculado ao CNPq e ao projeto de pesquisa Ciência, Estado e Políticas. Realiza pesquisas na área de Letras, com ênfase em História das Ideias Linguísticas e Análise de Discurso, trabalhando, principalmente, os seguintes temas: políticas de ensino e políticas de línguas, formação de professores e instrumentos linguísticos, práticas de leitura e escrita.

Orcid: 0000-0002-5684-4961

Ludimilla Rupf Benincá (Ufes)

Doutora pelo Programa de Pós-Graduação em Estudos Linguísticos da Universidade Federal do Espírito Santo (2022), com seis meses de Estágio Científico Avançado na Universidade do Minho, em Portugal. Mestre pela Universidade Federal do Espírito Santo (2007) e graduada no curso de licenciatura em Língua Portuguesa e Literatura pela mesma universidade (2005). Integra o corpo de pesquisadores do Projeto PortVix (Português Falado na Cidade de Vitória). Atualmente, atua como assessora de Língua Portuguesa na Escola Monteiro (Vitória – ES).

Orcid: 0000-0003-2156-3294

Joana Margarete Saldivar Cristaldo Lera (UEMS)

Graduada em Pedagogia com habilitação em Magistério da Pré-escola e Magistério Para as Séries Iniciais e Pós-Graduação – Especialização em Educação – Área de Concentração: Magistério Superior pela Universidade Federal de Mato Grosso do Sul. Faz parte do quadro efetivo da Prefeitura Municipal de Dourados desempenhando atividade de docência desde o ano de 1988. Atualmente, está cedida à Secretaria de Estado de Educação de Mato Grosso do Sul. Também faz parte do quadro efetivo da Universidade Estadual de Mato Grosso do Sul exercendo o cargo de técnica administrativa de nível superior.

Orcid: 0009-0003-8938-2825

Rosimar Regina Rodrigues de Oliveira (Unifespa/Unemat)

Pós-doutora pela Universidade Estadual de Mato Grosso do Sul – UEMS (2018). Doutora em Linguística pela Universidade Estadual de Campinas – Unicamp (2013). Professora permanente da Faculdade de Letras (Fael), do Instituto de Linguística, Letras e Artes (ILLA), da Universidade Federal do Sul e Sudeste do Pará (Unifesspa). Professora no Programa de Mestrado Profissional e Letras (PROFLETRAS), na Unifesspa. Professora colaboradora no Programa de Pós-Graduação Stricto Sensu em Linguística, na Universidade do Estado de Mato Grosso (Unemat), campus de Cáceres. Foi colaboradora no Programa de Pós-Graduação, em Letras (UEMS) entre 2014 e 2020 desenvolvendo o "Os sentidos de índio na Marcha para Oeste: uma análise na mídia jornalística de Mato Grosso/Mato Grosso do Sul". Seus estudos estão vinculados nas áreas de Semântica, Análise do discurso e História das Ideias Linguísticas com os temas: enunciação, sujeito, discurso, marcha para o Oeste, indígena, progresso, modernidade e estudo do léxico em dicionários brasileiros.

Orcid: 0000-0002-0091-3120

Jocineide Macedo Karim (Unemat)

Doutora em Linguística pela Universidade Estadual de Campinas (2012). Mestre em Linguística e Língua Portuguesa pela Universidade Estadual Paulista Júlio de Mesquita Filho (2004). Graduada em Letras pela Universidade do Estado de Mato Grosso (1993). Realizou pesquisa de pós-doutorado na Universidade Estadual de Mato Grosso do Sul (2017). Atua como professora no curso de Letras e no Programa de Pós-Graduação Stricto Sensu em Linguística da Unemat. Foi vice coordenadora do Programa de Pós-Graduação em Linguística/Unemat (2019-2021). Coordena o projeto de pesquisa: A variação geográfica e atitudes: o olhar da sociolinguística sobre as publicações, propagandas e faixadas comerciais da cidade de Cáceres. É membro do grupo de pesquisa Mato Grosso: Falares e Modo de Dizer.

Orcid: 0000-0003-3373-4476

Para

com votos de paz

/ /

DIVALDO FRANCO
PELO ESPÍRITO JOANNA DE ÂNGELIS

VIDAS VAZIAS

SALVADOR
1. ed. – 2023

COPYRIGHT © (2020)
CENTRO ESPÍRITA CAMINHO DA REDENÇÃO
Rua Jayme Vieira Lima, 104
Pau da Lima, Salvador, BA.
CEP 412350-000
SITE: https://mansaodocaminho.com.br
EDIÇÃO: 1. ed. (6ª reimpressão) – 2023
TIRAGEM: 3.000 exemplares (milheiro: 32.000)
COORDENAÇÃO EDITORIAL
Lívia Maria Costa Sousa

REVISÃO
Adriano Ferreira · Lívia Maria C. Sousa ·
CAPA
Cláudio Urpia
MONTAGEM DE CAPA
Ailton Bosco
EDITORAÇÃO ELETRÔNICA
Ailton Bosco
COEDIÇÃO E PUBLICAÇÃO
Instituto Beneficente Boa Nova

PRODUÇÃO GRÁFICA
LIVRARIA ESPÍRITA ALVORADA EDITORA – LEAL
E-mail: editora.leal@cecr.com.br

DISTRIBUIÇÃO
INSTITUTO BENEFICENTE BOA NOVA
Av. Porto Ferreira, 1031, Parque Iracema. CEP 15809-020
Catanduva-SP.
Contatos: (17) 3531-4444 | (17) 99777-7413 (WhatsApp)
E-mail: boanova@boanova.net
Vendas on-line: https://www.livrarialeal.com.br

Dados Internacionais de Catalogação na Publicação (CIP)
(Catalogação na fonte)
BIBLIOTECA JOANNA DE ÂNGELIS

F825	FRANCO, Divaldo Pereira. (1927)
	Vidas vazias. 1. ed. / Pelo Espírito Joanna de Ângelis [psicografado por] Divaldo Pereira Franco. Salvador: LEAL, 2023. 216 p.
	ISBN: 978-65-86256-01-7
	1. Espiritismo 2. Psicografia 3. Reflexões morais I. Franco, Divaldo II. Título
	CDD: 133.93

Bibliotecária responsável: Maria Suely de Castro Martins – CRB-5/509

DIREITOS RESERVADOS: todos os direitos de reprodução, cópia, comunicação ao público e exploração econômica desta obra estão reservados, única e exclusivamente, para o Centro Espírita Caminho da Redenção. Proibida a sua reprodução parcial ou total, por qualquer meio, sem expressa autorização, nos termos da Lei 9.610/98.
Impresso no Brasil | Presita en Brazilo

SUMÁRIO

Vidas vazias   7

Exoração hodierna   11

1. Novamente vidas vazias   17

2. Rei Triunfante   25

3. Triunfo da Imortalidade   33

4. Conquista tua paz   39

5. Nunca subestimes o amor   47

6. Convivência   55

7. Escândalos   61

8. Sob qualquer aspecto   67

9. Bendize   75

10. Divertimentos e futilidades   81

11. Período de transe   87

12. Recorre à oração   93

13. Ingratidão	99
14. Construção autoiluminativa	107
15. Intervenções espirituais	113
16. Mediunidade com lágrimas	119
17. Bênçãos da Imortalidade	125
18. Sempre é Natal	131
19. Fadiga no bem	137
20. Esforço contínuo	143
21. Perseguições espirituais	149
22. A coroa do martírio	155
23. Críticas	161
24. Em respeito à gentileza	167
25. Recomeço	173
26. Comportamento espírita	179
27. Sementes de luz	185
28. Dias venturosos	193
29. A inveja	199
30. Vida feliz	207

VIDAS VAZIAS

Os estudos avançados do pensamento psicológico moderno conseguiram definir e estabelecer regras de significação a respeito do comportamento heterodoxo das criaturas humanas.

Em razão do excesso de tecnologia e de liberdade moral que se assinala pelo fenômeno da libertinagem devastadora, o tempo anteriormente aplicado nos serviços de engrandecimento moral entra em choque com a volúpia dos prazeres até a exaustão, enquanto devoram os pensamentos saudáveis.

Navega-se com celeridade em ações mentais frívolas e perturbadoras que resultaram em vidas vazias.

Apesar da variedade infinita de ideais e atitudes de engrandecimento, o ser humano esvaziou-se dos desejos de servir, ficando em um estágio de preguiça mórbida, somente se interessando pelas sensações fortes.

Os esportes educativos e terapêuticos vêm sendo substituídos pelos desafios superlativos às resistências orgânicas, e as criaturas desnorteiam-se em enfrentamentos contínuos com a morte, a paralisia, a perda da saúde...

Nesse aturdimento que embala as novas gerações, o mercado da ganância propaga as novas ondas e facilita a aceitação das vertiginosas aventuras desportivas em sucessivos desacatos à estrutura *orgânica, e culmina com o desinteresse pela ordem, a alegria de viver, o progresso dos valores éticos.*

Uma vaga de aberrações domina a Terra, aumentando o número dos mortos-vivos que se entregam a esses prazeres de alta extravagância sem qualquer responsabilidade.

Simultaneamente, pessoas perturbadas, em sintonia espiritual com Espíritos odientos e perversos, convidam os jovens a suicídios espetaculares depois que os levam a síndromes devastadoras no comportamento, por não encontrarem sentido para a existência.

Aumenta significativamente o número dessas vítimas de filosofias esdrúxulas e materialistas que aniquilam a floração da sociedade, que cambaleia aflita, sem saber o que fazer, como agir.

A vida humana tem o sublime objetivo de amar, que se aprende através de cuidadoso treinamento desde os primeiros dias no corpo.

A estrutura social deve dispor de equipamentos morais e emocionais para dar sentido aos seus membros, especialmente no período de formação da sua personalidade.

Encontrar o sentido existencial e como manejá-lo é uma razão vigorosa para viver, e se torna o programa indispensável para ser oferecido à infância e à juventude.

Os adultos, porém, que se encontram vitimados pelo tormento do nada fazer, necessitam ser estimulados ao despertamento da sua realidade de Espíritos imortais que são, qual o destino que os aguarda e o esforço a empreender, a fim de conseguirem a vitória.

As vidas vazias são efeito da acomodação social e dos comportamentos extravagantes que alucinam as massas malconduzidas.

Diante do imenso caos social que alcança larga fatia de existências, ressurge a doutrina de Jesus como psicoterapia de urgência para preencher os espaços mentais e o tempo em reflexões profundas em torno do próprio existir, diluindo o anestésico psíquico que os nutre.

VAGA
(Fig.) grande quantidade de pessoas, animais, veículos ou coisas em movimento.

O interesse pelo próximo auxilia-o no crescimento pessoal e na construção da sua plenitude, ao mesmo tempo contribui para a própria renovação dos objetivos existenciais.

O sincero desejo de contribuir fraternalmente para esse desiderato – a conquista do estado numinoso – levou-nos a escrever as páginas que reunimos neste modesto livro, o qual aborda trinta diferentes temas-desafios que apresentam a solução na proposta de Jesus vitalizada pelas clarinadas do Espiritismo.

São estudos e reflexões cuidadosos que sugerimos como métodos eficazes para o grave problema.

Rogo ao Mestre Jesus que nos conceda Sua paz, nestes dias de atribulações e provas, a fim de vencermos a inferioridade espiritual e moral, para que conquistemos a vitória libertadora: a paz plena.

Salvador, 9 de março de 2020.
Joanna de Angelis

EXORAÇÃO HODIERNA

Todos pensam que tu és a doçura do cordeiro, no entanto, és a maior tempestade que desceu dos Céus à Terra para mudar a estrutura do amor no mundo.

Todos pensam e falam na tua humildade, e olvidam que és o guerreiro poderoso que, ao invés de servir aos homens, lutas pelo Senhor dos homens.

Todos te exaltam a renúncia, esquecendo-se da tua ambição maior, que é a conquista do Reino de Deus.

Vestiste a túnica rasgada dos pobres para demonstrar-lhes a indumentária da luz dos bem-aventurados.

Deram-te rações suínas porque te alimentavas do manjar de Deus.

Atiraram-te pedras porque estavas como rei, coroado de espinhos, em nome do Rei Solar.

Gargalhavam da tua fragilidade, e todos passaram, menos tu, poderoso Senhor.

O mundo não te compreendeu durante, nem depois do teu ministério de renovação, mas isso não é importante, porque hoje a civilização tecnológica vem ajoelhar-se diante dos teus despojos, que transformaste em raios de estrela, na grande noite dos homens e mulheres solitários.

Depois que passaste e te perderam o endereço, compõem hinos e louvam a tua mensagem. E tu, pai Francisco, choras na tumba que teu corpo está mergulhado, compadecido das ilusões que tomam conta do mundo.

Aqui estamos, também, de joelhos destroçados pelas caminhadas infinitas, sem rumo, que somente tu nos podes dar.

Compadece-te de nossa alucinação e vem de novo cantar em nossos ouvidos entorpecidos de melodias barulhentas a tua doce canção da ternura aureolada de misericórdia.

Tu nos assinalaste desde aquele dia e, por mais fugíssemos de ti, nunca nos desvinculamos do teu olhar doce e da tua voz **canora**, pastoreando nossas almas.

O mundo converteu-se em um grande hospital de almas, e sentimos necessidade da paz dos campos, de um novo encontro em São Damiano, para arrancar dos escombros a tua cruz e dela ouvirmos o teu chamado: "Constrói a minha igreja que está caída". Estamos procurando construí-la agora, na rocha dos corações, com alicerces profundos, no abismo das almas, para que não venha a ruir outra vez.

O teu embaixador Allan Kardec foi escolhido dentre os teus para nos ajudar na restauração, colocando Jesus Cristo no **píncaro** de nossas mais profundas aspirações.

CANORO
Que produz som agradável; que canta bem; harmonioso, melodioso, sonoro.

PÍNCARO
O grau mais elevado; auge; cume.

Pai Francisco, ouve o clamor das multidões desesperadas e o riso louco das paixões desenfreadas!

Domício Nero cantava enquanto Roma ardia. E Jesus pediu aos Seus discípulos que apagassem as chamas com sangue no circo e acendessem as chamas nos corpos que ardiam para que a noite desaparecesse.

Novamente a loucura incendeia as Romas terrestres, e os teus discípulos derramam lágrimas para apagar as labaredas con-sumptivas das paixões que ardem, ou se transformam em archotes vivos para aquecer aqueles que se enregelaram na loucura do prazer, colocando-te na retaguarda.

Nesta cripta em que teus despojos permanecem, o mundo civi-lizado ajoelha-se dominado pela tecnologia e atormentado pelo amor.

Oh! Doce pai Francisco, ergue-nos para cantar contigo, nas estradas do mundo, a melodia da esperança e da paz, como tu fizeste!

A tua servidora humílima de sempre,

CONSUMPTIVA
Que consome;
consuntivo.

ARCHOTE
Corda de esparto,
untada de breu,
que se acende
para iluminar um
lugar ou caminho;
tocha, facho.

Joanna
(Dolce amore di vita mia!)

_____

(Página psicofônica recebida pelo médium Divaldo Pereira Franco, em maio de 2018, na cripta de São Francisco, em Assis, na Itália.)

*Vive-se a época do ter e do poder,
do exibir-se e do desfrutar, sem a
consequência da harmonia
interior e do enriquecimento espiritual.*

Joanna de Ângelis/Divaldo Franco

CAPÍTULO 1

NOVAMENTE VIDAS VAZIAS

Quando Sigmund Freud iniciou as suas pesquisas com pacientes histéricos, especialmente, tornou-se o começo de uma das mais belas e oportunas interpretações da psique humana, dando lugar a uma verdadeira revolução cultural, desmistificando o sexo, suas funções e libertando-o da hipocrisia vitoriana que vigia triunfante.

Foi um período de inesperadas interpretações de transtornos emocionais e somatizações perturbadoras, que puderam ser tratados com cuidado, proporcionando existências menos turbulentas e desastrosas.

Embora a descoberta da libido sexual causasse surpresa e recebesse exagerado significado, facultou mais amplas percepções e entendimento a respeito dos conflitos humanos.

Inevitavelmente, ocorreu um exagero na sua interpretação, principalmente por negar a realidade espiritual da Humanidade.

Logo depois, Alfred Adler, discordando do mestre, iniciou as investigações nos conflitos da inferioridade humana, que culminaram na Psicologia do desenvolvimento individual e, com a cooperação de Karen Horney, formaram a Escola Neofreudiana.

17

Horney, ademais, discrepou das diferenças da psicologia de mulheres e de homens, afirmada por Freud, e demonstrou que essas disparidades resultam mais de fenômenos sociais e culturais do que da biologia.

Relativamente, ao mesmo tempo, Carl Gustav Jung afirmou que a libido, essa energia psíquica extraordinária, representa todas as forças da vida, e não somente aquelas de natureza sexual. Procurou analisar as *marcas antigas* impressas no inconsciente e adotou a doutrina dos arquétipos, propiciando vida exuberante a todos aqueles que se encontram em conflitos desnorteantes.

Cada época da Humanidade é assinalada pelas circunstâncias psicologicamente castradoras que respondem por enfermidades somatizadas perversas.

A ciência atual e a tecnologia de ponta proporcionam uma visão quase ilimitada sobre a existência do ser humano e enseja-lhe uma gama de informações que se multiplicam a cada momento, atormentando a cultura hodierna.

O conhecimento rápido e extremamente volumoso quão variado não tem sido digerido de forma adequada, e eis que surgem inquietadores a insatisfação, a frustração, ao lado do medo, da incerteza, do vazio existencial.

Vive-se a época do ter e do poder, do exibir-se e do desfrutar, sem a consequência da harmonia interior e do enriquecimento espiritual.

A aparência substitui a realidade, e o importante não é o ser interior, porém o *ego* exaltado, que provoca inveja e competição no palco da ilusão.

De certo modo, foram perdidos o sentido existencial, o objetivo da vida, o foco transcendente da autorrealização. Em consequência, aumentam as patologias do comportamento, e o banquete dos mascarados toma aspecto sombrio, quando o

ARQUÉTIPO
Para C.G. Jung (1875-1961), conteúdo imagístico e simbólico do inconsciente coletivo, compartilhado por toda a humanidade.

EGO
O ego é uma instância psíquica, produto das reencarnações, e que, em determinada fase do desenvolvimento humano, corrompe-se pelo excesso de si mesmo, perverte-se à medida que se considera o centro de tudo, aliena-se como se fosse autossuficiente.

álcool, a drogadição e o sexo desvairado passam a enlouquecer os grupos em depressão...

O avanço na direção do abismo na queda pelo suicídio, o abandono de si mesmo ou a violência desgovernada passam a ser a realidade indiscutível do processo de evolução social.

Tudo isso como decorrência do vazio existencial que se apodera do indivíduo, porque não encontra apoio no sentimento de amor que vem desaparecendo a pouco e pouco do seu desenvolvimento moral.

❖

A ambição pelas coisas de imediato significado tem substituído os valores realmente legítimos da emoção, quais sejam: a prece, a meditação, a solidariedade e o afeto.

Torna-se urgente o impositivo de uma alteração de conduta, buscando-se novos focos de interesse existencial, tais como: a conquista da paz, do trabalho de beneficência, da imortalidade.

O ser humano, graças ao seu instinto gregário, necessita de outrem, que contribui com recursos grandiosos, especialmente na área emocional da afetividade para a identificação de realizações em prol do progresso e do equilíbrio social, econômico, moral e ético.

GREGÁRIO
Que gosta de ter a companhia de outras pessoas; sociável.

A fraternidade, ora substituída pelo individualismo, deve ceder o seu direcionamento para o conjunto, o todo, a convivência geral, incluindo a Natureza.

O desrespeito às forças vivas do Universo trabalha a favor da destruição do ser humano mais cedo ou tarde.

É imperioso que se trabalhe através da educação, por todos os meios ao alcance, em favor de objetivos sérios e bem estruturados para a existência.

Uma vida sem um sentido bem delineado, estimulador e doador de energias torna-se apenas um fenômeno vegetativo, que deve ser alterado para a dinâmica da autoconscientização.

Todos anelam e mantêm o desejo de liberdade, que somente adquire significado quando acompanhada pela responsabilidade em relação ao comportamento vivenciado, para que se não converta em libertinagem, conforme sucede neste momento em toda parte da civilização.

Esse desregramento, a leviandade com que são tratadas as questões de alto significado, quando atingem o fundo do poço, abrem espaço para governos arbitrários e cruéis que crucificam os países e os mantêm sob injunções penosas, degradantes.

Desse modo, uma revisão de conceito em torno do existir é fundamental para preencher-se o íntimo de estímulos, mediante labores significativos e que produzam desafios contínuos.

Assim, o amor ao próximo, como decorrência do autoamor, faz-se terapia preventiva e curadora para quaisquer existências vazias, que se consomem na angústia, em sofrimentos indescritíveis.

Buscando-se a compreensão de que o sentido existencial não se constitui de divertimentos ou fanfarronices, constata-se que os ideais do bem são impostergáveis, e ao entregar-se à sua conquista, mediante relacionamentos edificantes, nos quais a fraternidade se responsabilize pela construção do dever, consegue-se a vitória íntima.

Repentinamente, assim procedendo, cada qual que se dedique ao amor, à amizade sem jaça descobrirá que essa é a meta a ser alcançada, e o serviço de auxílio recíproco é o objetivo a que todos se devem dedicar.

❖

A sociedade moderna tem necessidade de compreender que se renasce no corpo carnal para que seja alcançada a plenitude, e não exclusivamente para *as necessidades inferiores,* as biológicas, conforme os estudos de Maslow em muito boa elaborada reflexão.

Assim sendo, a educação da libido freudiana, a superação do conflito de inferioridade adleriano, a compreensão profunda das neuroses, conforme Horney, e a iluminação da *sombra* junguiana ressurgem no conceito kardequiano, quando afirma que: "Fora da caridade não há salvação".

SOMBRA
Segundo Carl Gustav Jung (1875-1961), psicólogo e psiquiatra suíço, o arquétipo que consiste nos instintos animais coletivos.

Ninguém que O encontrasse ficava insensível ao Seu magnetismo: amavam-nO ou odiavam-nO de imediato.

Joanna de Ângelis/Divaldo Franco

CAPÍTULO 2

REI TRIUNFANTE

Roma distendera o seu manto esmagador sobre o mundo conhecido, e as legiões temíveis dominavam os povos afligidos...

O poder da águia perigosa estava em toda parte, e o sofrimento humano era a consequência natural da sua grandeza.

Júlio César substituíra os deuses-lares e tornara-se *divino*, embora viesse a sucumbir sob o punhal traiçoeiro de Brutus e de outros senadores infiéis, no apogeu das suas glórias.

A decadência do Primeiro Triunvirato deixara marcas de horror em toda parte, e o segundo esvaíra-se em face do suicídio de Antônio, após vencer na segunda Batalha de Filipos, e da supremacia de Otávio, governador de Roma.

Era, naquele momento atroz, um império esfacelado, mas que estava em lutas de reabilitação.

Nesse novo regime começou a pairar uma onda de harmonia onde antes os abutres das guerras devoravam os cadáveres dos povos vencidos.

Uma psicosfera de paz espraiava-se pela paisagem humana, e filósofos, poetas, artistas e sábios preenchiam os imensos espaços com lições de altruísmo e beleza.

25

As rebeliões, sempre esmagadas com impiedade, amainaram, e o progresso passou a derramar bênçãos de alegria e de esperança...

Foi nesse clima de relativo equilíbrio social, político e artístico, que nasceu Jesus, numa gruta modesta na pequena Belém de Judá.

Israel experimentava, há mais de quatrocentos anos, um silêncio sepulcral a respeito das revelações em torno do seu Messias, produzindo uma grande expectativa de esperança e de alegrias, de modo que pudesse atenuar as dores e as amarguras do seu povo.

Repentinamente houve um tumulto produzindo renovação dos costumes e receios sob a arbitrária governança de Herodes, o Grande, portador de uma crueldade jamais conhecida. Ele não era judeu, e sim idumeu, detestando o povo que governava, enquanto, por sua vez, era odiado por aqueles que lhe sofriam o jugo impiedoso.

A matança tornara-se quase natural, fosse no palácio suntuoso em Jerusalém ou em qualquer burgo dos mais miseráveis...

A Humanidade não podia compreender o que se estava passando, quando se Lhe ouviu a voz dúlcida e forte envolta em paz, enfrentando os abutres das guerras que devoram os cadáveres das nações vencidas.

❖

Uma psicosfera de harmonia encontrava-se instalando na paisagem humana a oportunidade do amor e da fraternidade, com novos padrões éticos existenciais.

As rebeliões, antes esmagadas com impiedade, amainavam, e o progresso começou a derramar bênçãos inesperadas.

Uma revolução de ideias, como nunca antes acontecera, passou a soar de quebrada em quebrada, alterando a geografia dos corações humanos antes em desespero...

Tratava-se de uma voz que nenhuma tempestade lograva silenciar ou diminuir-lhe o impacto incomum.

Nesse comenos, um pequeno grupo de homens amorosos constituiu o modelo de uma sociedade feliz.

A mensagem era qual lâmina aguçada que penetrava as carnes do coração, e todos que a ouvissem não mais conseguiam permanecer indiferentes.

Apesar de ser dirigida aos abandonados pelo mundo, alcançava patamares elevados e contribuía para a instalação da justiça e da solidariedade entre os que se hostilizavam terrivelmente.

Avançando das praias do lago de Genesaré, ou mar da Galileia, região pobre e desprezada por muitos judeus, atravessava o deserto escaldante e as montanhas, alcançando o Sinédrio formal e hipócrita e abalando-lhe as estruturas frágeis.

As multidões sempre perseguidas e exaustas pelos impostos injustos, a avareza e o poder temporal perversos chamavam a atenção de todos e despertava o rancor dos dominadores servis.

Ninguém ficava insensível à Sua música incomparável.

Vestido de peregrina luz, os Seus vassalos multiplicavam-se, aureolados de paz.

Jamais alguém se apresentara com tanta autoridade que se exteriorizava sem a necessidade de armas, de grupos defensores, dos miserandos recursos terrestres que atemorizam.

Ele aparecia com os Seus de repente em lugar estranho e, ao distender as Suas mãos, alterava a existência daqueles que passavam a conhecê-lO.

Ninguém que O encontrasse ficava insensível ao Seu magnetismo: amavam-nO ou odiavam-nO de imediato.

Não havia dúvida: Ele era o Rei que se esperava, mas para cujo Reino não se estava preparado.

Não atemorizava ninguém, exceto pela nobreza dos Seus argumentos; evitava quaisquer manifestações infelizes e disseminava o amor, renegava a intriga, enquanto sustentava os caídos e padecentes de toda natureza.

Pouco a pouco, dividiram-se aqueles que O ouviam.

Ele falava dos Céus, e quase todos queriam a Terra.

Ele denunciava o crime; a maioria, porém, se comprazia na sua prática.

Ele cantava a humildade e a renúncia, vivendo com total simplicidade, e desagradava aos que cultivavam o orgulho e a posse.

A inveja e a sordidez humanas passaram a segui-lO.

Não para aprender a Sua mensagem, mas para surpreendê-lO em qualquer dito que se Lhe pudesse transformar em acusações, criando armadilhas e sedições para O aniquilarem.

... E Ele a todos surpreendeu, porque viera para amar e servir, edificando um Reino de Bênçãos no ádito dos corações, embora nem sempre recebesse amor, fidelidade e gratidão.

ÁDITO
Local reservado
ou recôndito.

Essa conduta não Lhe surpreendia, porque Ele sabia que a sementeira é imediata, mas o resultado exige tempo e oportunidade.

O Seu era o ministério de ensementar na História da Humanidade o poder do amor em confronto com as sombras dominadoras em toda parte.

Por isso, foi traído, negado, chibatado cruelmente e depois arrastou pelas estreitas ruas por onde passara antes em triunfo de mentira na direção do Calvário, que Lhe serviria de cenário para a ascensão a Deus.

❖

Porque soubesse, desde então, que não havia lugar para Ele, prometeu enviar os Seus mensageiros em momento grave da sociedade, a fim de que a pudesse conduzir sob Sua tutela ao Reino dos Céus.

Surgiu o Espiritismo no Século das Luzes, que ora se expande e altera definitivamente a conduta da Humanidade para melhor.

Neste Natal, evoca-O, celebra-Lhe o nascimento, fazendo do próprio coração a Manjedoura para que Ele renasça e esparza a musicalidade sublime de que é portador, neste mundo em sombras que O aguarda.

Bendize toda e qualquer circunstância
em que te encontres,
porque te constitui instrumento de
elevação moral.

Joanna de Ângelis/Divaldo Franco

CAPÍTULO 3

TRIUNFO DA IMORTALIDADE

O trânsito carnal festivo e quente que envolve o ser, pela sua própria estrutura, resulta das sucessivas transformações que se operam no curso existencial.

Obedecendo às leis do movimento, átomos e suas partículas alteram a constituição em que se apresentam conforme a natureza do conjunto.

No caso da organização humana, reúnem-se em perfeita integração perispiritual que lhe faculta apresentar-se na forma conhecida, alterando-se conforme as energias emitidas pelo Espírito no seu processo evolutivo.

Por essa razão, o corpo físico sofre contínuas modificações decorrentes dos campos vibratórios programados para a jornada orgânica. Em consequência, tudo, na relatividade do tempo e do espaço, impõe alterações estruturais que culminam no fenômeno biológico da morte.

Enigma filosófico desafiador, a morte tem sido a grande incógnita de cada vida.

Enquanto algumas escolas de pensamento confirmam o prosseguimento da vida, outras aí assinalam o seu encerramento.

Pensadores dignos através da História têm procurado confirmar a sobrevivência do ser, da sua energia pensante à disjunção molecular, enquanto a presunção de inumeráveis outros, em razão do sofrimento e dos desencantos que experimentaram, colocam-lhe o ponto final.

Entre ambas as correntes comportamentais, os fenômenos mediúnicos, sob variada denominação, demonstram a continuidade da transcendência e, por efeito, da indestrutibilidade da vida.

Em toda a cadeia da existência não são raras as demonstrações da continuidade dos acontecimentos, apresentando alterações naturais que testemunham o prosseguimento existencial.

Lamentando, porém, a sua interrupção, quando os prazeres se multiplicam, esses aficionados em amargura determinam a destruição do ser na disjunção da forma.

Assim pensando, comportam-se em incessante busca de compensações prazerosas enquanto no corpo, exaurindo-o na luxúria e mediante os tóxicos da alucinação.

Glórias e desgraças na Terra são fenômenos do existir para facultar a aprendizagem das Leis Soberanas no processo iluminativo das reencarnações.

Causam espanto, sim, as alterações do corpo nos períodos que sucedem à infância e à juventude.

As carnes frescas e lisas de repente são convertidas em máscaras de horror mediante as rugas profundas e as degenerações inevitáveis, provocando pranto e dor.

Vezes outras, enfermidades deformadoras instalam-se no vaso carnal e formas estranhas, algumas aberrantes e assustadoras, convertem os indivíduos em espectros que aparvalham e geram piedade...

APARVALHAR
Tornar(-se) parvo; embasbacar(-se), apalermar(-se).

Não raro, apresentam-se essas deformações da aparência no monte das exposições degeneradas dentro das quais respira a vida, com ânsia ou não de morrer.

❖

A vida, que promana de Deus, no entanto, aí se homizia, nesses rescaldos de horror, agarrando-se ao corpo desgastado e disforme.

Nada obstante, um organismo, mesmo sob os camartelos do sofrimento, constitui bênção de alto significado para a experiência iluminativa.

Razões ponderáveis de existências passadas contribuíram para a ocorrência necessária.

Desse modo, seja qual for a manifestação orgânica em que o Espírito se apresente revestido, constitui bênção de Deus, que se deve valorizar, a fim de purificar-se interiormente.

Bendize toda e qualquer circunstância em que te encontres, porque te constitui instrumento de elevação moral.

A beleza de um dia cobra imposto em favor do futuro e, quando utilizada de forma enganosa, plasma alterações correspondentes às necessidades da harmonia.

Utiliza-te de cada instante para aprimorar-te, insculpindo no pensamento e na emoção o amor para modelares o futuro radioso, sempre organizado em experiência anterior.

A filosofia da imortalidade é a mais compatível para proporcionar felicidade ao ser humano, pelo ato de o transformar no grande escultor da própria alma.

Mediante o pensamento em contínua edificação, elabora um programa de compreensão ética e moral para a existência transitória.

Insiste sem desânimo no aprimoramento dos teus sentimentos, oferecendo chances a todos de ascenderem às cumeadas do progresso, em cujo curso se encontram todas as criaturas, muitas vezes, sem dar-se conta.

Se te equivocas e ages mal, recua para refazer o caminho. Não deixes marcas aberrantes por onde transitas.

Urge que imprimas no íntimo o anseio de plenitude, trabalhando sem cessar pelo bem.

PROMANAR
Ter como agente, autor ou criador.

CAMARTELO
(Fig.) Qualquer instrumento ou objeto usado para quebrar, demolir, bater repetidamente.

Quando não possas ajudar, não contribuas para aumentar a ruína, a desdita de outrem.

Renasceste para crescer e desenvolver o "deus interno" que jaz nos refolhos do ser profundo que és.

Adquire o hábito salutar de ser aquele que compreende e ajuda mesmo desconhecido. Não é importante que se saiba quem o bem faz, mas que ele seja feito, porquanto os seus efeitos edificam o mundo melhor.

A vida, por isso mesmo, é um curso incessante que jamais se interrompe, semelhante a um córrego de nascente perpétua a fluir com intensidade, enfrentando o leito desafiador.

❖

As dúvidas pairavam mesmo entre os Seus discípulos a respeito da ressurreição que Ele prometera.

Estavam desapontados e aturdidos.

Tudo era sombrio, e as expectativas eram ainda piores.

Foi quando Ele ressurgiu em imortalidade triunfante, conforme era antes, e mais belo do que nas ocasiões passadas.

Assim também acontecerá contigo, e, de forma idêntica, os teus amores que retornaram antes ressurgirão em gloriosa madrugada para sustentar-te na saudade e na dor.

Aguardam-te em contentamento, e não te abandonam jamais.

Vive, no mundo físico, de maneira que amealhes um tesouro de harmonia íntima por todo o bem que possas realizar.

Nunca permitas que o mal dos perversos te aturda na caminhada de libertação, recordando Jesus, que, a cada passo, enfrentou o cinismo e o cepticismo daqueles que viviam apenas para as rápidas ilusões da matéria.

Tem em mente que toda conquista autoiluminativa é realizada com tenacidade e amor, confiança e dedicação.

Joanna de Ângelis/Divaldo Franco

CAPÍTULO 4

CONQUISTA TUA PAZ

Na turbulência dos dias que se vive na Terra, fenômenos perturbadores multiplicam-se a cada instante, desafiando os valores éticos das pessoas.

Notícias destituídas de significado repletam as redes sociais, e a variedade de distrações compete com os deveres que se encontram aguardando, sem oportunidade de ser atendidos.

O tempo parece escoar com rapidez em razão da multiplicidade de mecanismos de fuga das responsabilidades, facultando a bisbilhotice e a curiosidade em torno de futilidades que assumem significados que não merecem, ao mesmo tempo que produzem vazio existencial, ante o exibicionismo de pessoas atormentadas que se fazem notícia através dos artifícios virtuais.

Nunca houve tanta solidão entre as criaturas humanas como atualmente, ao mesmo tempo que a população do planeta atinge índice elevado e lota os espaços disponíveis.

Ambições desordenadas e inquietações injustificáveis campeiam, atormentando as mentes ávidas de projeção, como se o objetivo existencial fosse apenas o mentiroso prato do prazer social, que provoca inveja nuns e antipatia noutros.

A ilusão atinge exagerado panorama, arrancando o indivíduo da sua realidade para as paisagens tresvariadas da fantasia.

Tem-se a impressão de que somente o sonho do ter e do poder proporciona bem-estar, mesmo que dispare o gatilho interno da insatisfação e do medo de não poder gozar indefinidamente.

As exigências da moderna tecnologia impuseram o comportamento da velocidade, a fim de serem apreciadas todas as contribuições da comunicação virtual, impedindo-se, de certo modo, o aprofundamento das questões normais da existência.

Impuseram-se novos padrões de conduta, e, de alguma forma, a robotização do ser humano tem-se feito automaticamente.

Com essa automação, os sentimentos de amor, de solidariedade, de ternura e de caridade, assim como outros, têm ficado à margem, a prejuízo do desenvolvimento emocional enriquecido de compreensão da finalidade da vida tanto quanto das suas reais necessidades.

A valorização do corpo, da sua aparência, num culto extravagante e muitas vezes patológico, vem substituindo os impositivos profundos do ser, cada vez mais exigente do *ego*.

Aqueles indivíduos que, no entanto, não podem desfrutar dessas comodidades exageradas parecem fantasmas perdidos no ar, sem objetivos nem significados.

Como consequência desses fenômenos, aumentam os tormentos emocionais e as suas estruturas muito frágeis cedem lugar ao transtorno depressivo em alguns, enquanto noutros açulam os mecanismos da violência.

AÇULAR
Provocar ou intensificar (sentimento, emoção etc.) [em alguém].

A estabilidade psicológica é muito necessária para a realização do ser humano, desde que saiba administrar os diferentes acontecimentos que lhe sucedem a cada momento.

Esse controle, que nem sempre é conseguido, resulta do hábito saudável de conduzir-se socialmente, graças ao exercício de natureza interior.

A criatura humana é o conjunto dos seus comportamentos, que se transformam em mecanismos de sustentação da sua existência.

Por esta razão, nestes dias de desafios contínuos, a conquista da paz se transforma na mais valiosa meta a ser conseguida.

❖

Pensa-se, normalmente, que a paz é ausência de preocupação ou de ação contínua, não passando esse comportamento de modorra, ausência de dinamismo, paralisia.

MODORRA
Grande desânimo ou prostração; apatia, indolência.

Muitas vezes, um semblante sereno oculta uma existência assinalada por preocupações, angústias e desesperos vencidos com denodo e persistência.

DENODO
Ousadia; bravura; coragem.

A luta, sob qualquer aspecto, é mensageira da ordem por cuja execução se permite a conquista da harmonia interior.

A questão diz respeito à maneira como se faz administrada a atividade que exige esforço, abnegação e persistência.

O amadurecimento psicológico do indivíduo é fator decisivo para o comportamento edificante em quaisquer circunstâncias, que culmina nesse estado de equilíbrio, prenunciador de paz e de plenitude.

Trata-se de experiências adquiridas no dia a dia, que acumulam decisões enobrecedoras.

Se desejas realmente manter a postura saudável, aquela que faculta a conquista da felicidade real, mune-te de paciência e perseverança em todas as situações em que te encontres, avançando sem cessar, passo a passo, na conquista do que te constitui meta prioritária.

Não te desanimem os obstáculos, nem receies os insucessos iniciais, que fomentarão os meios hábeis para a tua conquista definitiva.

Tem em mente que toda conquista autoiluminativa é realizada com tenacidade e amor, confiança e dedicação.

A paz política muitas vezes falha, porque não há como fazer o indivíduo harmonizar-se com qualquer tipo de imposição exterior. Pelo contrário: quando se alcança o equilíbrio interior de imediato, apresentam-se os efeitos pacificadores à volta.

Pode-se, em consequência, afirmar que, num lar onde alguém logra a paz, toda a família faz-se beneficiária do equilíbrio. Quando em uma rua existe uma família pacífica, o reflexo estende-se pelos vizinhos. Uma rua onde existe valorização da vida, amplia-se pelo bairro, pela cidade, pela região, pelo mundo...

A paz é portadora de bênçãos que facultam a capacidade do amor e da caridade, tornando-se fundamental para a construção da vida exuberante.

A sua ausência transtorna o indivíduo, porque, sem a serenidade que acalma as ansiedades dos desejos e auxilia no discernimento daquilo que é melhor para o desenvolvimento ético-moral, deixa vazios existenciais que se tenta preencher com atitudes de arrogância e de perturbação.

Nesse sentido, o Espiritismo, explicando as razões fundamentais do existir, os objetivos a conquistar, possui os mais excelentes elementos elucidativos para a aquisição da harmonia interior.

A paz, portanto, deve e pode ser trabalhada com serenidade, mediante ações de amor e de misericórdia que diluem as sombras da ignorância e da perversidade.

Com essa visão interna de como proceder na jornada evolutiva, os sentimentos ampliam-se e abarcam a mente que se esclarece numa perfeita identificação de significados.

Desse modo, nunca cesses de amar e de servir, assinalando os teus atos pela bondade e pela compaixão.

Não se trata de anuência com os comportamentos insanos, nem indiferença ante as agressões do mal, mas decisão de permanecer em estado de vigilância ativa, sem os altibaixos das emoções em desgoverno.

Quando não se está impregnado pela compreensão do progresso de todos, o *ego* produz situações muito especiais em benefício próprio, liberando arquivos do inconsciente que dão lugar a conflitos que ressurgem, porque não foram realmente superados.

Cuida para que os teus atos sejam resultado de reflexão profunda, que te propicie a escolha certa do caminho a seguir.

Toma o Evangelho de Jesus como roteiro para o comportamento e em qualquer situação desafiadora pergunta-te como faria o Mestre caso fosse Ele que tomaria a decisão. Essa indagação abre o matagal dos tormentos habituais e, como luz meridiana, clareia o pensamento e faculta o encontro seguro da trilha a percorrer.

❖

Quando Jesus nos prometeu a Sua paz, afirmou-nos que somente Ele a poderia dar. Isto porque, esta é consequência do comportamento individual na vivência dos postulados por Ele ensinados e vividos.

A Sua serenidade em todas as situações demonstrou-nos a grandeza dos valores éticos de que era portador.

Sabendo que seria traído por um amigo e por outro negado, não demonstrou contrariedade nem decepção, antes lhes revelou com delicadeza os perigos em que tropeçariam e, após consumada a tragédia, buscou o primeiro, que se suicidara nas regiões tormentosas para onde se atirou, e o outro novamente convidou a que pastoreasse o Seu rebanho.

Se desejas essa paz, segue o Mestre e imita-O sempre que possas, e, sem que te apercebas, estarás entesourando a paz que te fará verdadeiro Filho de Deus.

Desperta para o amor verdadeiro, aquele que ilumina a noite dos sentimentos e alarga a vereda por onde seguem os aflitos.

Joanna de Ângelis/Divaldo Franco

CAPÍTULO 5

NUNCA SUBESTIMES O AMOR

stás combalido porque as tuas expectativas na área da afetividade resumiram-se em inesperados desencantos, que ora te confundem a maneira de pensar e, sobretudo, a forma de agir.

COMBALIDO
Enfraquecido, deprimido, desanimado, sem forças morais.

A tua carência afetiva fez-te acreditar em bem-sucedidas aparências de amor, e te permites confiar que valia a pena entregar o coração e acreditar nos sentimentos que te eram apresentados.

Terrível engano, porque, agora, em circunstância própria, a pessoa desvelou-se e apresenta-se destituída de equilíbrio no campo do comportamento que parecia não aceitar.

A ternura que vias na face de quem te demonstrava bondade era apenas máscara que ocultava o ser real, que teimavas por não enxergar.

No íntimo, uma intuição do bem te advertia que afetos negociados jamais possuem legitimidade.

Deixam-se comprar e jamais se comovem com os sentimentos de afabilidade e de carinho que os cercam.

Apresentam-se frios e de caráter forte, humilham-te, dando a impressão de que a ti se encontram superiores, em autovalorização, e silencias no teu aconchego de esperança, anelando por qualquer migalha de atenção que te ofereça em boa técnica de ludibriar-te e continuar contando contigo, sem permitir-te o inverso.

Aparentam cuidar de ti, numa forma de corresponder ao que recebem do teu coração afetuoso, e te encantas, supondo ser manifestação de afeto.

Como não te amam, devolvem-te em cuidados exteriores com que impressionam os outros, revelando uma bondade que estão longe de sentir.

Com muitas exceções, o amor entre as criaturas humanas ainda está assinalado por interesses escusos, embora os disfarces variados com que se apresentam.

ESCUSO
Escondido;
oculto, recôndito.

Sentes um frio interior que te congela neste momento, ante a constatação do que já sabias intuitivamente.

Na tua ingenuidade, insistias, mantendo a expectativa de mudança alguma, até mesmo de compaixão, que não têm.

Aprende com a realidade a mover-te agora com a sabedoria da experiência doída que te crucifica na amargura.

Essa alma amiga a quem te entregaste e te relega não merece o teu sofrimento. Ergue a cabeça e avança no rumo da fraternidade. Talvez, nesta existência, não esteja no teu programa receber, senão apenas dares amor.

As paisagens mundanas ricas de sedução reduzem os sentimentos ao imediatismo do gozo, da sensação, da variedade dos prazeres.

A afetividade enriquece melhor, porque proporciona harmonia e beleza, encantamento e paz. Nada obstante, para que seja alcançado esse patamar de sentimento, é necessário que haja merecimento. Muitos afetos que se acariciam a toda hora quase sempre são superficiais, tentadores, exibicionistas, e alteram-se por ocasião de novidades que aparecem adiante.

Essa onda de melancolia e insegurança passará com mais rapidez se não permaneceres cultivando esperança de recomeço, de mudança.

A pessoa está adiante de ti, ama, aspira a outrem, contenta-se e desfruta desse carinho que lhe é compensador.

Aceita o desafio do abandono que te oferece e não olhes para trás.

Todas as palavras que antes te disse eram oferendas de sonho. Houve tempo em que procurou aquilatar as vantagens que fruiria ao teu lado e, por isso, permitiu-te esperar, sem comprometer-se, para, no momento próprio, rudemente afirmar-te que não te confirmou essa afeição, a que tu lhe dedicas.

A existência humana é um curso de aprendizagem transcendente, mediante a roupagem carnal, imanente.

AQUILATAR
Apreciar o valor (de algo), avaliar.

❖

Desperta para o amor verdadeiro, aquele que ilumina a noite dos sentimentos, e alarga a vereda por onde seguem os aflitos.

Desce do pedestal imaginário em que te encontras e passa a caminhar com aqueles que vivem em solidão e te olham com avidez, desejando estar contigo, pelo menos, um momento.

Investe neles, esses que também anelam pelo amor e não têm tido oportunidade sequer de receber uma quota de amizade.

Os relacionamentos humanos são imperiosa necessidade de viver em harmonia em si mesmo. O próximo somos nós do outro lado, com as mesmas carências e necessidades, aguardando a lapidação indispensável à vitória sobre as paixões amesquinhantes.

Renasceste na Terra para amar, ensinar o amor, cantar o amor e demonstrar a excelência do amor. Por enquanto, não está na pauta da tua evolução recebê-lo, adornar-te de alegria, usufruíres das suas bênçãos na condição de beneficiário.

A solidão é o teu caminho de aprendizagem, de amadurecimento, de serviço.

VEREDA
Orientação de uma vida, de uma ação; rumo, direção, caminho.

AVIDEZ
Desejo inflamado, intenso.

IMPERIOSO
(Fig.) Que urge; impreterível, premente.

Felizes são aqueles que compreendem o dever de ajudar, mesmo quando estão necessitando de socorro. Dessa forma, compreende melhor o significado do auxílio que podes dispensar.

Aqueles que te veem sorrindo, como se estivesses pleno de alegrias, não imaginam as horas de tristezas e de ansiedades que afogas em lágrimas vertidas pelo coração.

Apesar disso, ama assim mesmo.

Não te desencantes com o amor, que é hálito divino sustentando a vida e a grandeza universal.

Os seres humanos estão, somente agora, descobrindo a grandeza do amor desinteressado e enternecedor, e compreendendo que ninguém alcançará o topo da subida sem uma alma cireneia ao lado, auxiliando.

CIRENEU
(Fig.) Que ou o que ajuda ou colabora, especialmente em trabalho difícil.

Treina, portanto, o bem-estar, neste momento de agrura e soledade, de tal maneira que aquele que te subestima não se dê conta de que já não é tão importante para a tua felicidade.

AGRURA
(Fig.) Sofrimento físico ou espiritual; aflição.

Além do mais, recorda-te de que, no Mundo espiritual, existem afetos profundos que se te dedicam, que te acalentam e socorrem, jamais te abandonando, seja em qual circunstância for.

... E, se o teu amor é verdadeiro, permanece amigo de quem talvez até te desdenhe na sua vanglória momentânea.

Ascenderás espiritualmente, e nesse caminho de evolução pode ser alcançarás as metas existenciais e irás distender teus braços e mãos amigas a esse afeto que, então, bendirá a tua ajuda.

VOLVER
Voltar ou fazer voltar; regressar, retornar, regredir.

Volve agora à alegria de viver e de poderes agir sem contar com a ajuda de outrem, conforme ontem te iludias.

Possuis mais forças e recursos do que imaginas.

Os heróis revelam-se nas horas dos combates, e não nos momentos tranquilos de paz.

❖

Jesus, que é Luz do mundo, provou da escuridão resultante do abandono de quase todos aos quais amou, permanecendo confiante e meigo em relação a eles, a ponto de retornar após a morte, para prosseguir amando-os.

Deixa-O amar-te e segue amando-O com abnegação e coragem.

O Evangelho de Jesus é o mais completo tratado para realizar a formação do caráter social do ser humano.

Joanna de Ângelis/Divaldo Franco

CAPÍTULO 6

CONVIVÊNCIA

A convivência social constitui na Terra um desafio dos mais significativos, em razão da sua complexidade.

Cada criatura humana é um universo de experiências especiais, em face do seu estágio evolutivo e das possibilidades de crescimento que se lhe tornam possíveis. Em consequência, não existe uma forma de comportamento genérico, que facilite um intercâmbio equilibrado e saudável.

Pelo fato de viver as emoções que lhe são compatíveis, aquilo que propicia júbilo a alguns a outros se apresenta como provocação ou demérito.

Indispensável a compreensão natural de que o interesse de conviver é destituído de qualquer sentimento que transpire abuso ou exploração.

Atraídos ou recusados uns pelos outros, os indivíduos tornam-se simpáticos ou não pelas ondas vibratórias que os atraem ou os repelem, favorecendo a aproximação ou o afastamento responsável pelas reações afetivas desse comportamento decorrentes.

Não poucas vezes, a identificação de ideais e de sentimentos aproximam umas pessoas das outras, o que produz afeições significativas, que penetram nos escaninhos do ser, que pode perceber as dificuldades e problemas de que se revestem.

55

Por aguardar-se benefícios imediatos das relações, a afetividade inicial esfria, por uma espécie de decepção ao constatar-se a diferença entre o que se pensava e a realidade.

Cada ser humano é uma faixa de emoções e raciocínios diferentes, razão pela qual se produzem os choques afetuosos, por pensar-se que o tratamento feliz é aquele que se aplica, sem dar-se conta dos conflitos e sofrimentos que os tipificam.

O *ego* sempre dispõe de uma face, enquanto o *Self* tem outra identidade, quase sempre oculta. Portanto, o que agrada ao exterior nem sempre corresponde aos anseios do íntimo.

Não havendo um real sentimento de afeto, desfazem-se as amizades, e é muito comum surgirem ou apresentarem-se a animosidade, a desconfiança, as reações nefastas.

Todos os seres humanos necessitam de amparo e afeição. Ninguém existe completo, autossuficiente.

A tolerância, então, faz-se indispensável para a compreensão e a bondade, a fim de diminuir o choque de desidentidade, e auxilia com os recursos da lealdade mediante os impulsos de ascensão e de caridade.

Invariavelmente, porém, exige-se conduta irrepreensível daqueles que se fazem amigos, sem que, por sua vez, tenham-na ilibada.

Acredita-se melhor, que amigo e censura não se relacionam bem, sendo indispensável um comportamento equilibrado.

Na família inicia-se a aprendizagem dos relacionamentos que produzem convivência saudável, mediante o espírito de fraternidade real que deve viger entre os seus membros.

Mediante as diversas fases do desenvolvimento orgânico e emocional, adquirem-se hábitos mentais de cooperação como de reproche, que trabalham para as condutas posteriores no meio social.

SELF
O ego é o centro da consciência, o Si ou Self é o centro da totalidade. Self, ou Eu superior, ou Si, equivale dizer a parte divina do ser.

NEFASTO
Que pode trazer dano, prejuízo; desfavorável, nocivo, prejudicial.

ILIBADO
Não tocado; sem mancha; puro.

A educação formal se encarrega da cultura e do entendimento com largueza para a socialização e convívio compensador.

❖

O Evangelho de Jesus é o mais completo tratado para realizar a formação do caráter social do ser humano.

Todo ele trabalhado no esforço individual para a iluminação interior, proporciona-lhe os instrumentos hábeis para o crescimento intelecto-moral necessários à evolução.

Suas máximas, constituídas de diretrizes edificantes, em trecho algum propõem recusa de amor e de bondade em todas as circunstâncias.

As Suas parábolas, nascidas no cotidiano de todos, são histórias vivas e estuantes que ensinam e propiciam os tesouros da generosidade e da contribuição de exemplos ímpares em favor da harmonia e do crescimento moral.

São preciosas as conquistas proporcionadas pela Ciência e tecnologia, mas sem a vivência do amor fraterno o vazio existencial assinala a existência e leva-a à solidão, à soberba de considerar-se melhor, mais astuto, quando não mais lúcido, capaz de tudo fazer e imitar.

Considerando-se as conquistas intelectuais da tua marcha, não abandones ou desconsideres as excelentes lições da Boa-nova, que permanecem insuperáveis em confronto com as escolas filosóficas que parecem apaziguar o ser, mas que o anestesiam nos sentimentos e dão brilho exterior sem conteúdo de harmonia.

Conviver é uma ciência e arte do comportamento que se aprende a todo momento.

O tratamento que é dirigido a uma pessoa nem sempre funciona com êxito quando aplicado a outra.

A melhor maneira de identificar o que apraz a cada indivíduo é respeitar-lhe a individualidade, tornando-se agradável no conviver, de forma que o relacionamento seja edificante e frutífero.

Todos desejam melhorar-se e tornar-se especiais, o que é compreensível, por necessidade gregária.

Os melhores amigos são aqueles que ajudam a evoluir, que contribuem para a reforma íntima e, em consequência, para a iluminação espiritual.

Temas vulgares, conversações de censuras ou maledicências, assuntos que revelam orgulho e preconceito são prejudiciais sob todos os aspectos considerados, deixando patente que, de igual maneira, será também crucificado na crítica pertinaz quando se encontre afastado por qualquer razão.

PERTINAZ
Que tem muita tenacidade; persistente, pervicaz.

A convivência feliz é um alimento para a alma, que se nutre de alegria e experimenta o calor do próximo, mesmo quando em dificuldade.

❖

Jesus, em todos os tempos, desde quando esteve na Terra, modulou a canção do amor universal e tocou profundamente os Seus discípulos sinceros, as suas vidas, fazendo-as felizes.

ALIJAR
Lançar fora; livrar(-se).

Não te alijes das incomparáveis formulações do Evangelho e busca participar do banquete fecundo da convivência, em trabalho de renovação das paisagens humanas da atualidade com o pensamento fixado nos gloriosos dias do amanhã que te esperam.

A conduta correta não é mais uma virtude, mas um dever que se faz necessário ser exercido conscientemente e sem possibilidade de defecção.

Joanna de Ângelis/Divaldo Franco

CAPÍTULO 7

ESCÂNDALOS

A palavra escândalo significa todo e qualquer ato que atenta contra os bons costumes, as ações que desrespeitam as leis estabelecidas e os comportamentos que ferem os padrões da ética.

Pode-se dizer que é uma violência contra o equilíbrio que deve viger no grupo social, em que os direitos e deveres de cada cidadão são respeitados e lhe definem o caráter moral.

O escândalo tem várias causas endógenas e exógenas. As primeiras decorrem do passado espiritual de cada qual, que resultam do desequilíbrio em forma de agressividade e poder investidos contra os demais, dando lugar a situações deploráveis. As exógenas são decorrência da educação doméstica, do meio social em que se desenvolveu e estruturou a personalidade, ou dos vícios que levam à alucinação, como o álcool e as substâncias aditivas.

Jesus referiu-se à sordidez dessas atitudes e ao atrevimento das agressões aos costumes éticos.

Informou que era necessário o acontecimento escandaloso para poder-se aquilatar e manter-se o respeito por tudo quanto estimula o progresso e mantém a ordem.

Também considerou a atitude daqueles que se ocupam de desvelar essas feridas morais da alma humana, como se não fossem portadores de males igualmente reprocháveis.

REPROCHÁVEL
Que é digno de reproche, de censura, de admoestação.

Certamente não insinuou a conivência ou o silêncio culposo, tampouco a atitude cínica de ocultação do ato indigno, de modo que se transforme em atitude de escândalo.

Vive-se, na Terra, um período de agressividade, de despautério, de morbidez, que não tem como ser silenciado. De tal maneira se repetem os fatos censuráveis que, de alguma forma, alguns deles quase adquiriram cidadania social, gerando aceitação com certa naturalidade.

DESPAUTÉRIO
Opinião absurda; contrassenso, desconchavo, despropósito, disparate.

Na linguagem, as palavras chulas tornaram-se comuns e expressam vulgaridades que se permitem as pessoas que se deveriam comportar corretamente.

O mesmo tem sucedido nos relacionamentos, nos negócios, na interpretação das leis, chegando-se ao caos, no que diz respeito à correção moral.

De igual modo, condutas degradantes se fizeram tão comuns que parecem não merecer a menor censura.

A família se encontra quase totalmente desestruturada, impossibilitada de conduzir com equilíbrio os seus membros, assim como educar os filhos.

Valores morais cedem lugar aos subornos quase legais, e as grandes responsabilidades ficam à margem para se transformarem em infrações e alucinados conciliábulos de desonestidade, furto, dissimulações...

Não seja, pois, de estranhar-se que a própria sociedade cambaleie por falta de alicerces de segurança moral e espiritual.

ALICERCE
(Fig.) Aquilo que serve de base, fundamento ou sustentáculo a qualquer coisa; fulcro.

Em toda parte se verificam situações equivocadas quanto vergonhosas, que ensejam desânimo e tristeza.

Proceder-se bem é quase uma atitude repreensível...

Quando esses escândalos ocorrem com pessoas aparentemente respeitáveis e socialmente saudáveis, a ressonância em outras existências é perturbadora, de consequências imprevisíveis. No coletivo humano estimulam a criminalidade e a desintegração da dignidade.

Felizmente as Divinas Leis aguardam aqueles que as defraudam para aplicar os corretivos severos que se fazem necessários.

❖

Toda criatura humana é portadora de fragilidade moral que deve ser corrigida no transcurso da existência, razão pela qual a reencarnação é de alto significado para todos os Espíritos.

A conduta correta não é mais uma virtude, mas um dever que se faz necessário ser exercido conscientemente e sem possibilidade de defecção.

Para que assim ocorra, o Evangelho de Jesus oferece a mais eficiente proposta moral e espiritual para o processo de rápida evolução.

O seu conhecimento e prática proporcionam responsabilidades irrecusáveis que se transformam em compromisso de imediata aplicação.

Os Espíritos do Senhor vêm à Terra a fim de ampliar o conhecimento dos postulados evangélicos, e aqueles que os abraçam comprometem-se a vivenciá-los de maneira integral.

Nada obstante, a sagacidade de alguns indivíduos leva-os a ações hediondas que mascaram com cinismo e aparente ingenuidade.

Qual ocorre em todos os grupos sociais, os médiuns são convidados a assentar o seu trabalho em nobres responsabilidades com respeito ao próximo quanto a si mesmos.

A fraternidade que se faz necessária entre todos não pode ultrapassar os limites do respeito e da consideração moral, indispensáveis ao exercício da faculdade, assim como à assistência dos bons Espíritos, que somente se comunicam através daqueles que são humildes e honestos. A princípio, enquanto se depuram, os servidores da mediunidade recebem as orientações dos seus guias, imprescindíveis à conduta grave, de modo a estabelecerem com naturalidade o comportamento cristão, que deve ser mantido com todas pessoas.

Nada obstante, a sagacidade de alguns exibicionistas e exploradores leva-os à prática de ações hediondas, que disfarçam para a própria infelicidade.

Se o escândalo é de efeito danoso entre os seres encarnados, quando ele ocorre nos santuários da fé de qualquer doutrina religiosa ou não, nos educandários, nas oficinas de trabalho, são ainda mais degradantes e perversos.

As vítimas que forem ludibriadas e abusadas passam a carregar pesados fardos de amargura, de desespero, de desconfiança, de cepticismo em relação ao seu próximo, onde estiverem.

Todas as consequências infelizes dessas ações nefandas decorrentes são de responsabilidade do infrator, que não tem ideia do gravame cometido. Às vezes, séculos se sucedem até que se dê a reparação dos males praticados.

❖

Não te permitas nunca leviandades na existência, especialmente em razão dos compromissos assumidos na Espiritualidade, assim como aqueles que dizem respeito à convivência com o próximo.

Envolve-te na lã do Cordeiro de Deus e sê simples, dedicado e puro de coração.

Não te iludas com os transitórios prazeres que enlouquecem, nem com os tesouros da ilusão que se desfazem facilmente.

Sê fiel em todos os teus atos, gentil e correto em teus compromissos e nobre em tuas afeições.

Queira-se ou não, Jesus é a resposta dos Céus aos apelos aflitos do mundo vencido pelas paixões humanas inferiores, a fim de vencê-las.

Joanna de Ângelis/Divaldo Franco

CAPÍTULO 8

SOB QUALQUER ASPECTO

Numa análise profunda sobre a personalidade de Jesus hodiernamente, encontram-se conclusões especiais e fascinantes que Lhe caracterizam a existência especial e singular.

HODIERNO
Atual, moderno, dos dias de hoje.

Isto porque Jesus é o Ser mais surpreendente da história da Humanidade.

Além de haver dividido os tempos, impôs comportamentos jamais pensados, que O enobrecem sob qualquer ângulo em que seja observado.

Para aqueles indivíduos que Lhe negam a grandeza espiritual e a liderança para ser alcançado o Reino de Deus, surgem outras condições que não podem ser ignoradas e muito menos subestimadas.

Havendo vivido num modesto povoado de gentes simples e destituídas de conhecimentos, nem sequer dispunha de alguém que lhe pudesse ministrar aulas a respeito da sabedoria universal.

Agarrados às suas intrigas e tradições perturbadoras, jamais alguém se destacara na comunidade, vivendo-se as pequenas aspirações do cotidiano, sem nenhum voo do pensamento iluminado.

E Ele, sem qualquer aprendizagem terrestre, aos doze anos de idade dialogou com os rabinos de Jerusalém, portadores de cultura impecável, e pôde embaraçar os interlocutores com capacidade ética e estética surpreendente.

Filósofo de rara doutrina, a do amor, não frequentou nenhuma academia, revolucionou os sentimentos numa síntese que reúne as tradições de Sócrates, Platão e Aristóteles, e adquiriu mais seguidores do que os três reunidos.

Revolucionário do bem, enfrentou as conjunturas mais terríveis que haviam construído o Império Romano, sem derramamento do sangue daqueles que se Lhe opuseram, o que deu lugar ao martírio de mais de um milhão de discípulos durante os primeiros séculos.

Terapeuta inconfundível, penetrava nas gêneses dos aflitos que O buscavam, não necessitando de nenhuma instrumentação convencional, e identificava os males que os afligiam, bem como as suas causas, e de imediato os solucionava.

Mestre incomparável, utilizou a Natureza para Sua cátedra e das coisas humildes como usuais e conhecidas, ofereceu ensinamentos profundos, que ainda causam surpresa. As Suas parábolas são páginas de vida ricas de sabedoria e portadoras de orientações psicológicas incomuns.

Orador excelente, fez da palavra bem colocada os mais belos e encantadores discursos e poemas que se conhecem, quais o Sermão da Montanha e as perorações baseadas no *Eu sou...*

> PERORAÇÃO
> A última parte de um discurso; conclusão

Todos quantos O ouviram jamais esqueceram dos Seus comentários e das Suas belas expressões.

Cidadão perfeito, jamais deixou de cumprir os deveres legais que Lhe diziam respeito, considerando as leis injustas que se encontravam estabelecidas, sem abandonar ou descuidar-se do ministério para o qual viera à Terra.

Amigo fiel, cercou-se dos mais necessitados para os ajudar, sem negacear auxílio àqueles das chamadas classes sociais elevadas.

Humilde como ninguém, logrou sensibilizar todos que O encontraram, sem transigir com as injunções perversas dos hábitos do Seu tempo.

Advogado dos infelizes, defendia-os com tal eloquência que ia além das lições acadêmicas, e a todos libertou.

Sem ter escrito uma palavra, legou à posteridade a mais completa doutrina de amor que ainda enfloresce a Humanidade.

Somente Francisco de Assis conseguiu imitá-lO, tornando-se um símile feito na luz do amor.

Nunca O desdenhes ou finjas ignorá-lO.

NEGACEAR
Seduzir por meio de negaça(s); atrair, provocar.

❖

Na atualidade apressada, quando se destacam a prosápia, o poder temporal injusto, a astúcia e a ambição desmedida, campanhas sórdidas são organizadas para negar-Lhe a existência ou desdenhar os Seus ensinamentos.

Quando Ele tornou bem-aventurados os pobres de espírito, os humildes e os simples de coração, os que sofrem injustiças, os esquecidos, reverteu as determinações enganosas, encontrando-se ainda hoje reações violentas dos imprevidentes e ricos de vanglória.

Enquanto a moderna Psicologia reconheça a *culpa* e a *ansiedade* como fatores endógenos poderosos geradores de distúrbios emocionais, Jesus teve ocasião de propor a terapia preventiva do perdão e do autoperdão, assim como recomendou cuidados especiais em relação ao dia de hoje sem aflição pelo amanhã.

PROSÁPIA
Orgulho, jactância, vaidade, fanfarrice.

IMPREVIDENTE
Que ou quem não é previdente; descuidado, imprudente.

Valorizou as atitudes da amizade pura na convivência com os doze, com Lázaro e suas duas irmãs, e lecionou fraternidade legítima que enternece os corações.

Aqueles que O seguiram nos primeiros tempos foram massacrados e martirizados, não, porém, extintos, pelo alto significado das Suas lições para tornar feliz a existência terrestre.

No formoso terreno do sacrifício, deles a planta do amor cresceu e tornou-se jardim de bênçãos para os dias longínquos ou próximos do futuro.

Em determinado período, porém, da civilização, adulteraram os Seus ensinos, adaptando-os aos interesses mentirosos do mundo, mas apesar dessa crueldade e covardia, surgiram seguidores da Sua palavra que consagraram a Verdade na Terra.

Queira-se ou não, Jesus é a resposta dos Céus aos apelos aflitos do mundo vencido pelas paixões humanas inferiores, a fim de vencê-las.

Mesmo hoje, quando se pretende anular-Lhe a influência, Ele cuida do Seu rebanho através dos emissários espirituais que inspiram as criaturas, através dos médiuns responsáveis que transmitem as mensagens do Mais-alto com honestidade e abnegação.

Jesus havia informado que não deixaria as pessoas órfãs do Seu amor e, repentinamente, como um exército sublime bem conduzido, os Espíritos do bem invadiram o planeta em cânticos de exaltação e de caridade, demonstrando que Ele, na condição de Nauta Divino, conduz a barca terrestre ao porto de segurança, onde reina a paz.

❖

Busca segui-lO sem muita discussão.
Se estás em sofrimento, pensa n'Ele.

Se tens a alma em frangalhos, busca-Lhe o auxílio.

Se te encontras ditoso, recorre a Ele.

E se estás em paz, vive-O e divulga-O ao mundo atormentado destes tempos.

*Diante dos valores de rápida permanência
e aqueles que fazem parte
da Vida eterna, não vaciles quando
os tiveres de eleger.*

Joanna de Ângelis/Divaldo Franco

CAPÍTULO 9

BENDIZE

A Divindade dotou-te de tesouros inapreciáveis, que ainda não te permitiste valorizar em suas profundas significações, tão naturais se te apresentam no dia a dia existencial.

Dons e recursos no instrumento orgânico de que dispões constituem bênçãos de elevada significação que deves aproveitar com esmero, a fim de lograres êxito no empreendimento enobrecedor da tua reencarnação.

Pequenas ocorrências existenciais desagradáveis muitas vezes aturdem-te e levam-te a inquietações e transtornos que não se justificam, mas a que te entregas facilmente.

Se os utilizares, no entanto, com equilíbrio, serás compensado no esforço com lucros extraordinários que te seguirão por todo o período carnal, lançando bases de segurança para o futuro.

Observa modesta raiz de uma planta que penetra o solo pútrido e dele retira perfume na flor e alimento no fruto.

Que extraordinário Químico esse que desenvolveu o primeiro programa vegetar, presente em todo o globo, nas mais variadas expressões, seja no pantanal, seja na aridez de terras desérticas.

Examina em ti o milagre da digestão, por exemplo, e não poderás negar a sabedoria d'Aquele que elaborou o delicado aparelho digestivo, a fim de manter a harmonia entre bilhões de *indivíduos* – as células – operando em conjunto em favor das substâncias nutrientes.

Reflexiona um pouco na extraordinária função do pensamento, que é captado pelos neurônios e transformado na exuberância da arte, da Ciência, dos encantos e maravilhas do Universo.

Pensa como todo esse manancial sanguíneo se renova e autorreproduz-se em vitalidade num circuito especializado.

Considera a bomba cardíaca pulsando sem cessar, graças a uma fagulha elétrica inicial, a fim de que a corrente sanguínea atenda a finalidade que mantém a vida orgânica.

Tudo que consigas examinar produz admiração e surpresa, desafiando a inteligência para que compreenda o *milagre* da vida.

Quando harmônico ou distônico provém da tua conduta mental, que se faz imprimir no corpo sutil, o perispírito aciona mecanismos energéticos, eletromagnéticos e vitais para que pulsem incontáveis órgãos.

Nenhum incidente, ocorrência alguma têm lugar por ação do acaso, por automatismo da Natureza.

Os que assim denominam os fenômenos da vida apenas alteram a denominação da *Inteligência Suprema e Causal do Cosmo.*

Há uma Lei de Causa e Efeito que responde por todas as interrogações que a mente elaborou.

Deus é o Artista gerador da Vida.

Bendize-O em todos os momentos através de ações saudáveis e de pensamentos edificantes.

D'Ele vieste e para Ele, com o sentimento e o conhecimento ampliados, retornarás.

❖

É certo que não consegues tudo quanto anelas, não atinges o alvo ao qual te direcionas, não fruis as alegrias a que aspiras...

Não te permitas, por isso, a rebeldia aparentemente justificável. Há razões poderosas que trabalharam para que assim ocorra, em razão da programação do teu futuro, que nem sequer imaginas.

Impede-te o desespero, em qualquer situação, especialmente quando ignores a causa do aparente insucesso de hoje, que se poderá transformar em bênção no futuro.

Sob determinado aspecto, estás recolhendo aquilo que mereces, semeado no ontem.

Outras vezes, há razões ponderáveis que postergaram os resultados opimos, porque ainda não tens condições para fruir aquilo a que aspiras. Tem paciência e permanece bendizendo a Vida que cuida da tua existência...

Por fim, esses aparentes insucessos constituem recursos preciosos para evitar amargas situações no futuro, que já não necessitas experienciar, portanto, a negativa de agora representa bênção para depois.

Não poucas vezes, o licor de hoje se torna o vinagre desagradável de amanhã, no entanto necessário e útil.

De igual maneira, o desencanto deste momento será o deslumbramento do futuro que alcançarás.

Leon Tolstoi, o grande escritor russo, narra um diálogo mantido quando conde e rico com um lavrador de sua propriedade, que era muito pobre.

Em síntese, o camponês buscou-o para pedir-lhe uma ajuda financeira, expressando a sua miséria.

Sabiamente o senhor respondeu-lhe:

— *Dou-lhe a importância tal, desde que me permita amputar-lhe o braço direito.*

Surpreso, o mujique respondeu-lhe:

MUJIQUE
Camponês; homem rude, do povo.

— Senhor, o dinheiro será de muita utilidade, mas o meu braço direito é de importância capital.

O amo então lhe propôs aumentar o valor, desde que lhe pudesse amputar os dois braços, causando imediata negativa.

A pouco e pouco, ampliou o recurso, desde que ele anuísse em perder uma vista, as duas vistas... E a negativa era imediata.

Então, falou-lhe o conde:

— Não digas que és pobre e miserável, porque todo aquele que possui valores que não troca nem vende por dinheiro algum é portador de uma fortuna que deve bendizer em todos os dias da sua existência.

Indispensável saber aplicar os valores inestimáveis com que a vida te honra e sempre bendizer a oportunidade de crescer e adquirir a sabedoria da paz.

Não te desencantes nem te entristeças nunca.

Aprende a transformar em sucesso aquilo que consideras fracasso somente porque não lograste o que almejavas.

A vida física é incomparável fortuna para o Espírito no seu processo de evolução. E um corpo, mesmo quando mutilado ou enfermiço, débil ou atormentado, é uma sublime dádiva dos Céus para a glória da imortalidade.

❖

Diante dos valores de rápida permanência e aqueles que fazem parte da Vida eterna, não vaciles quando os tiveres de eleger.

Bendize, desse modo, as tuas horas, dádivas e, se possível, reparte as tuas alegrias e valores morais e espirituais com outros que espiam com inveja ou com necessidade de uma parcela de amor.

*Rejubila-te, distrai-te
quanto possível, mas não adies os teus
deveres espirituais
a pretexto nenhum.*

Joanna de Ângelis/Divaldo Franco

CAPÍTULO 10

DIVERTIMENTOS E FUTILIDADES

Todos seres se encontram na Terra ferreteados pelas necessidades de evolução.

Conservando em germe o conhecimento, qual a glande do carvalho, através de experiências sucessivas conquistas a sabedoria jacente na síntese interior para alcançares o esplendor estelar da beleza e da sabedoria que lhe está destinado.

Naturalmente, na fase inicial do processo de crescimento, são os impulsos que rompem a cobertura exterior para abrirem campo em favor das conquistas intelecto-morais.

Esse peregrinar faculta-lhe desenvolver o progresso intelectual e tecnológico que contribuem para o seu avanço e a conquista da plenitude, caso sejam utilizados conforme os valores éticos existenciais.

Hodiernamente, a aquisição dos recursos científicos ensejaram uma tecnologia superior que se encarrega de modificar as estruturas do pensamento e da convivência mediante o bem-estar, a satisfação das necessidades emocionais. O prazer derivado das conquistas em pauta arrebata e toma conta de muitas vidas, divertindo-as em compensação às lutas severas das exigências sociais contemporâneas. Em consequência, são aplicadas horas úteis que deveriam ser direcionadas para compromissos relevantes, que vão ficando em segundo plano, perdendo o fascínio elevado pela irrelevância da futilidade.

A busca pelo novo, por informações rápidas fragmenta a mente, altera a capacidade do raciocínio, da reflexão...

Diminuem os espaços-tempo que deveriam ser dedicados à meditação em torno dos graves compromissos assumidos no Mais-além...

Certamente, alguns desses divertimentos são ingênuos e agradáveis, nada obstante se vão transformando em necessidades viciosas.

Os interesses culturais cedem campo às estruturas do pensamento rápido, interessante, que logo é substituído por outro mais atraente, isso quando se adquire o hábito da obscenidade, da fixação nos instintos sensuais e pervertidos... Mesmo os ingênuos retratam, não poucas vezes, o ridículo, o mesquinho ou o nobre comportamento de alguém que se torna *viral*.

Entidades desencarnadas perturbadoras inspiram a busca de tais desvios de atenção, quando não encaminham para os programas soezes e perversos que encharcam a mente e desestruturam os tesouros morais.

SOEZ
Barato, sem nenhum valor; desprezível, reles, vulgar.

Reserva-te horas próprias para os teus divertimentos e até mesmo atividades úteis, libertando-te um pouco da máquina mágica para a vida emocional, o contato pessoal, a convivência humana.

Por momentos, liberta-te do virtual e volta a viver o real, o quotidiano, o humano, o calor da presença e do intercâmbio de energias corporais.

Tem cuidado com as fugas psicológicas para as diversões sob pretextos que são apenas desculpas de justificação.

São perigosos tanto os estados de mente vazia como os de pensamentos frívolos e divertidos.

Necessitas de equilíbrio emocional, de *silêncio* interior, de reflexionar...

Faze uma análise sincera do teu recente comportamento, em relação ao tempo útil.

Quantos livros edificantes leste no mês último?

Dirás que não tiveste tempo ou disposição para fazê-lo, e é certo, porque estavas tomado pelas frivolidades virtuais.

De tudo quanto programaste fazer, que lograste realizar conforme o planejamento?

Talvez o cansaço não te haja permitido, mas esse estado não será resultado natural do nada fazer, das horas mal aplicadas?

Quantas missivas e conversações edificantes tiveste com pessoas-problema, que te necessitavam?

É provável que não tinhas disposição naqueles momentos, porque acabavas de percorrer as páginas sociais da comunicação virtual e ainda não havias digerido uma parte sequer, estando em paisagens das *nuvens* mentais para rever noutra oportunidade que, por certo, não se dará...

Aplica de maneira mais sábia os teus conhecimentos e possibilidades, enriquecendo-te de vida e de harmonia emocional.

Todos admiram os triunfadores e gostariam de alcançar a glória, a sublime finalidade da existência, porém, não estão dispostos a ofertar dedicação e renúncia, prazer e espontaneidade para a conquista máxima.

Detém o passo no jogo da infantilidade ou da curiosidade em torno da vida alheia, das suas grandezas e misérias.

Tens compromissos muito graves a atender.

O mundo moral estertora e as criaturas humanas – algumas estúrdias, outras primárias e as nobres – encontram-se no campo de aprendizagem, a caminho da sepultura, que não sabem quando ocorrerá o momento.

ESTERTORAR
Emitir (moribundo) respiração ruidosa, estertor; agonizar, arquejar.

ESTÚRDIO
Que ou pessoa que não tem juízo; imprudente; insensato; estouvado.

Reorganiza os teus programas mentais, a fim de que as tuas possibilidades intelectivas estejam conectadas a fontes generosas de sabedoria e de amor transcendente que alimentam o ser espiritual que és.

Rejubila-te, distrai-te quanto possível, mas não adies os teus deveres espirituais a pretexto nenhum.

A primavera simboliza bênção da Natureza, prodigalizando estesia e equilíbrio em toda parte, inclusive no aparente caos.

És originado na luz do Amor e avanças nesse rumo sublime.

Não desperdices ocasião de espalhar claridade e nunca deixes ninguém sair da tua companhia sem que leve alguma luminosidade, para jamais perder o caminho.

O homem e a mulher inteligentes destacam-se na comunidade pela harmonia e conhecimento luminosos que distribuem a sua volta.

Agradece as dádivas da tecnologia que facilita a existência e propõe novos caminhos para a evolução. Entretanto, nunca olvides que a presença física, a contribuição direta e pessoal conseguem milagres no relacionamento das vidas, que se necessitam umas das outras.

OLVIDAR
Esquecer(-se).

❖

Todo o Evangelho de Jesus é um hino de beleza, de esperança, de edificação e de ternura beneficiando o mundo.

Ele afirmou:

– *Vinde comigo e eu vos farei pescadores de homens* (e mulheres).

Recolhe a rede dos divertimentos e atira-a no oceano humano, aquela que consegue a salvação de vidas.

*Permanece fiel ao compromisso com
Jesus, que enfrentou situação equivalente,
sempre perseguido, porém,
amoroso sem cessar.*

Joanna de Ângelis/Divaldo Franco

CAPÍTULO 11

PERÍODO DE TRANSE

As densas névoas de natureza vibratória que pairam sobre a sociedade atual produzem um tóxico de natureza entorpecente que a quase todos os indivíduos coloca em semitranse.

Parecendo fantasmas que deambulam sem destino, as massas humanas movimentam-se atoleimadas em faixas de energia deletéria sem a capacidade de entender o que lhes está ocorrendo.

Sob um aspecto, arrastam-nas ao embalo de ruídos alucinatórios e luxúria exacerbada, ou anulam-lhes o discernimento e o bom-tom, permitindo-se quaisquer arrastamentos.

Entorpecidas pelas sensações grosseiras do primitivismo em que se situam, elegem condutas estranhas, distantes dos comportamentos do amor e da responsabilidade que a vida impõe inexoravelmente.

Arrebanhados pela força hipnótica na qual se nutrem, vivem as situações asselvajadas para atenderem falsas necessidades orgânicas, em particular as que pertencem aos instintos primários.

Mentes poderosas da Erraticidade inferior infiltraram ideias torpes nas suas redes psíquicas e não possuem energias

DEAMBULAR
Andar à toa; vaguear, passear.

DELETÉRIO
Que é prejudicial à saúde; insalubre.

saudáveis para arrebentar as amarras magnéticas nas quais estertoram.

Esse estágio que caracteriza a atualidade social é o fruto espúrio de comportamentos materialistas apresentados por doutrinas cínicas e existencialistas que reduzem a vida humana ao estúpido amontoado de células montadas pelo acaso.

ESPÚRIO
Que não está de acordo com as leis ou a ética; ilegal, desonesto, ilegítimo.

O predomínio da natureza animal sobre a espiritual do ser tornou-o brutamonte, insensível às manifestações do amor e da solidariedade.

O individualismo egoísta, ao fracassar, empurrou as comunidades para o coletivismo das modas e hábitos viciosos que desgovernam a Terra.

Problemas que o amor soluciona com facilidade ficaram ao abandono e agigantaram-se em razão da preferência do gozo pessoal em detrimento de outros valores éticos que são a segurança emocional para a existência terrenal.

PESTÍFERO
Que causa dano, que corrompe; nocivo, pernicioso.

Esse transe é pestífero porque vitaliza miasmas psíquicos que se transformam em vírus e bactérias agressivos que infestam os organismos em desarmonia.

Surgem doenças repentinamente, e distúrbios individuais de etiologia desconhecida dizimam esses incautos.

O pensamento é o dínamo gerador de forças por ser a casa mental a emissora de ondas que se transformam em ideais e se condensam em fenômenos materiais.

A cada momento, novas propostas de prazer, recreações variadas inconsequentes arrebatam as multidões desestruturadas.

Há um vazio existencial que o gozo material não preenche porque é de breve duração.

Cada dia mais se avoluma a degradação moral e dos sentimentos que adquire cidadania, embriagando os viandantes incautos da organização material.

❖

Quando a situação se tornou desesperadora entre os seres humanos, em cada fase, os Céus ensejaram a oportunidade para que antigos mártires, missionários do bem e da caridade, renascessem no mundo para o despertamento dos anestesiados nas ilusões infelizes.

Esses Espíritos oferecem-se para arrancar do transe nefasto os irmãos que não têm sabido resistir às atrações do mal.

Nesses períodos, a angústia domina as emoções, e o sofrimento se oculta em sorrisos de embriaguez e de paixões imediatistas que consomem as massas.

A angústia, de alguma forma, é necessária no processo da evolução.

A lagarta que ambiciona voar em forma de borboleta leve retorce-se no casulo, experimenta mudanças totais e consegue sair do solo para planar nas correntes aéreas.

Assim também o Espírito vê-se constrangido ao camartelo das injunções, às vezes penosas, para ascender no rumo da Grande Luz.

És membro dessa grei sublime, capacitada para o soerguimento moral da Humanidade.

Alguns que estão participando do movimento revolucionário permanecem na Espiritualidade, a fim de sustentarem os que se sacrificam no corpo que lhes é imposto e tenham assistência especial até a etapa final do compromisso.

Para que bem atendam essa específica tarefa de despertamento para a iluminação, serás convidado aos desafios das sombras e ciladas do mal, permanecendo intimoratos e fiéis no dever aparentemente vencido.

INTIMORATO
Não timorato, que não sente temor; destemido, valente.

Trata-se de uma verdadeira guerra de ideias que se tornaram vidas, ora necessitadas de socorro e vitalização.

Não aguardes compreensão generalizada nem apoio emocional. As vítimas do transe não estão dispostas à reabilitação, ao reencontro com a lucidez. E outros que também são sustentados pelo sopro nefasto tecerão armas contra ti, infligindo-te dores e punições perversas para que desanimes.

Formarão grupos bem organizados para o combate e se multiplicarão, surpreendendo pelas armas de que se utilizarão para destruir-te, para silenciar-te.

Mantém-te atento e não revides, caindo nas sórdidas armadilhas que sabem preparar.

Permanece fiel ao compromisso com Jesus, que enfrentou situação equivalente, sempre perseguido, porém amoroso sem cessar.

Não te surpreendas ante as pequenas vitórias que apresentarão, recordando-te de que a batalha final é a que decide o conflito. Essa luta final não foi a crucificação do Mestre, mas a Sua ressurreição que demonstrou a vitória da verdade.

❖

Nada consiga abater o teu ânimo, nem cedas à dúvida, que é uma nuvem dificultando a claridade do raciocínio.

Luta contra as tuas fracas forças e não te deixes abater, não te entregues.

O Evangelho é canção de alegria inefável e a ti está confiado.

Vive-o em toda a sua magnitude e não concedas espaço ao temor ou à entrega do amolentamento, que logo mais desaparecerá, no fragor da batalha redentora, se permaneceres irretocável no teu dever.

FRAGOR
Ruído estrondoso; estampido, estrépito, estrondo.

Quem ora com frequência eleva-se espiritualmente, mantendo-se imperturbável em qualquer situação.

Joanna de Ângelis/Divaldo Franco

CAPÍTULO 12

RECORRE À ORAÇÃO

A oração é um sublime instrumento de que a criatura humana deve utilizar-se para a nutrição da alma.

Sempre e em qualquer circunstância, a oração é tônico vigoroso que estabelece o equilíbrio e mantém a paz.

TÔNICO
Que ou o que tonifica; que ou o que aumenta a energia ou a vitalidade dos tecidos (diz-se de medicamento, substância etc.); revigorante.

Energia poderosa restabelece o ânimo do orante enquanto este procura sintonizar emocionalmente com as Fontes Geradoras da Vida.

Vínculo de segurança para a preservação da lucidez mental nos objetivos elevados, faculta harmonia e júbilo no percurso existencial.

A oração deveria fazer parte mais frequente do cardápio existencial, na condição de tesouro com possibilidades incomuns para o serviço da edificação interior.

Por equívoco de alguns teólogos e crentes desprevenidos, a oração é apenas conhecida como uma reserva de forças para momentos especiais.

Como consequência, se lhe recorre ao auxílio somente quando as circunstâncias parecem conspirar contra os anseios de bem-estar e outras ambições humanas.

Nesses casos, esperam-se ocorrências milagrosas, como se o ato de orar merecesse resposta imediata da Divindade, atendendo às súplicas de urgência.

Divaldo Franco • Joanna de Ângelis

Transformada em obrigação a que o indivíduo se vê forçado, é utilizada apenas em condições especiais, principalmente de desespero e angústia, forçando-se anuência a todos os problemas que são apresentados.

Apegando-se a palavras sonoras ou poéticas, repetem-nas de memória, sem conexão com o alvo a que se deve dirigir.

Normalmente o resultado desse improviso é frustrante, desanimador.

A existência física impõe compromissos e deveres que devem ser considerados e vivenciados, a fim de que ela transcorra de maneira aprazível.

Nesse item estão as tarefas espirituais que requerem oportunidade para serem exercidas com indispensável espírito de abnegação e luta na busca da autoiluminação.

Normalmente as obrigações com o corpo exigem quase todo o tempo disponível nas ações de cuidados, esforços de toda ordem para atender os programas estabelecidos ou simplesmente os excessos de repouso na ociosidade.

Quando algo sucede inesperado ou alguma necessidade se apresenta com urgência, é que se pensa na realidade do ser, nem sempre com a consideração que merece.

É natural que os resultados não sejam satisfatórios ou inexistentes pela falta de conexão com as faixas superiores do bem.

PETITÓRIO
Petição, pedido, rogo.

A oração não deve ser um hábito de petitórios inconsequentes, mas um programa de convívio mental e emocional de ideias felizes.

O comportamento saudável é requisito primordial para a vigência oracional no íntimo do ser humano.

Quando Jesus enunciou que *tudo quanto pedirmos ao Pai orando, Ele nos concederá,* deixou-nos clara a ideia de que fôssemos filhos devotados e merecedores das mercês desejadas.

Portanto, difere de se ter uma conduta alienada e, repentinamente, buscar-se respostas benéficas para solicitações injustificáveis.

❖

Ora, portanto, sempre e sem cessar, seguro de que o intercâmbio oracional é da Terra para o Céu, a fim de que se dê a correspondente vibração de amor provinda do Céu para a Terra.

A oração, no entanto, não se reduz apenas a palavras, iniciando-se no pensamento enriquecido de amor e de esperança, que busca o apoio e o conforto, a diretriz e a segurança provinda das regiões sublimes da Espiritualidade.

O eminente escritor e filósofo russo Leon Tolstoi, em uma narração muita significativa, encerra o diálogo entre um sacerdote e um camponês, afirmando: – *Arar é orar!*

Sem dúvida, toda vez que se está trabalhando na edificação do dever e em benefício do próximo, se está orando através da ação.

A oração realizada com palavras nem sempre conduz a unção do sentimento voltado a Deus, não logrando transformar-se em onda de comunicação superior. É o mesmo que a atividade oracional repetitiva, porém com o pensamento em outras correntes mentais.

A alma, reconhecendo a sua fragilidade e pobreza de recursos específicos para atender a sua programação evolutiva, busca o núcleo de onde partem as energias superiores para a preservação da vida e tenta sintonizar mediante a prece com essas nascentes do bem inominado.

Por isso que, no fragor das lutas, quando as dificuldades se fazem mais graves, a mente dispara o apelo a Deus, conforme é e se encontra, na expectativa do socorro que sempre virá.

Jamais uma oração fica sem a devida resposta. Nem sempre corresponde às aspirações de quem a elabora, porque a Sabedoria Divina sabe o que é melhor para todos, não atendendo à ânsia de um momento que se pode converter em sofrimento futuro, mas ao que vem depois de passada a tempestade.

É necessário, pois, saber-se discernir quando da ocorrência após o recurso oracional, não se permitindo desanimar ou desarmonizar, por não haver sido resolvida a questão afligente.

Nem tudo que ao ser humano, em determinado momento, parece ser um grande bem o é em realidade, pois que, não poucas vezes, esse entender transforma-se, com o tempo e as circunstâncias, em calamidade não desejada.

Quanto possível, faze da tua existência um rosário de elevadas evocações e preces, por pensamentos, palavras e ações.

Toda vez que disponhas de tempo vazio, em vez de te permitires devaneios e sonhos irrelevantes, ora, entra em contato com a Vida exuberante em toda parte e enriquece-te de paz e de alegria de viver.

Quem ora com frequência eleva-se espiritualmente, mantendo-se imperturbável em qualquer situação.

Orar é ato de comungar com Deus.

❖

Após atender as multidões, Jesus desaparecia da balbúrdia e dos comentários insensatos, para orar a Deus, no silêncio do deserto...

Nunca, pois, te sintas solitário ou triste, porque podes buscar a companhia celestial através da oração e enriquecer-te de luz e de amor.

Quando não puderes retribuir ao teu benfeitor algo do muito que ele te ofereceu, passa a outrem a colaboração da amizade, o sorriso de simpatia, a ajuda que seja possível ofertares.

Joanna de Ângelis/Divaldo Franco

CAPÍTULO 13

INGRATIDÃO

O processo antropológico da evolução é muito lento e as modificações, adaptações e conquistas psicossociológicas ocorrem ao longo do tempo. A princípio é toda uma evolução aritmética, passo a passo, e, logo depois, alcançados determinados patamares, dá-se o desenvolvimento geométrico.

Ao ser atingido o estágio elevado da inteligência, do discernimento, da compreensão, da ética e do sentido moral da existência, ocorrem conquistas em saltos quânticos que facultam atingir a plenitude.

Nada obstante, o desempenho do *ego* no processo de libertação das paixões exige cuidados e perseverança constantes, de modo a não permitir que as más inclinações, que procedem das etapas anteriores, sobreponham-se às experiências iluminativas.

Não raro, o candidato à elevação espiritual debate-se nas mazelas que estão fixadas como hábitos, tropeçando e reincidindo de maneira contínua, sem o avanço permanente, que naturalmente é o ideal.

REINCIDIR
Repetir certo ato, tornar a fazer uma mesma coisa, recair em.

Equivale a dizer que em cada reencarnação torna-se necessário libertar-se dos atavismos infelizes e dos comportamentos doentios que se impõem como forma de prazer.

Não são poucos os impositivos do passado que remanescem como formas de conduta dominadora.

Entre os mais danosos que insistem em permanecer, o egoísmo torna-se o comandante em chefe das imperfeições morais pelo tormento de acreditar-se merecedor de todas as deferências e considerações.

Herança perversa do período egocêntrico, quando se acreditava ser a razão pela qual o Sol brilhava, ele está presente na maioria das decisões e das tentativas de crescimento intelecto-moral.

Indispensável, portanto, que haja uma conscientização lúcida e firme de trabalhar-se mental e emocionalmente para derrocá-lo, ampliando os horizontes felizes da fraternidade, mediante o reconhecimento de quanto é necessária a convivência em grupo e quão feliz é todo aquele que sabe conviver e repartir alegria com o seu próximo.

Muitas vezes, o egoísmo é resultado de transtornos mentais ou emocionais, isolando o indivíduo que, dessa forma, sente-se superior aos demais, evitando misturar-se com a massa, assim se destacando do grupo social pelo temperamento enfermiço.

Nesse estágio é comum a pessoa supor-se credora do esforço dos outros, do seu trabalho, das suas gentilezas e dependência, girando a sua volta, porém, distante fisicamente para não gerar incômodos ou aborrecimentos no sempre insatisfeito egotista.

Conhecendo-se, e não tendo interesse em modificar-se, por sentir-se bem na situação inusitada, faz-se simpático para conquistar os demais, sabe atingir os pontos vulneráveis das pessoas generosas e torna-se parasita a roubar-lhes a confiança, a afeição, que jamais correspondem ou sequer consideram como valiosas. Sempre se acreditam mais merecedores e soberbos.

Com facilidade desprezam quem os ajuda e os estima, permanecendo vazios de valores emocionais para entender quanto prejudicam os demais com a sua maneira atrevida de conviver.

Igualmente, quando percebem que já não impressionam com os seus arroubos e gentilezas forçados, disfarçam e tentam reconquistar quem se afasta, para continuar no seu desar habitual...

A ingratidão é doença do Espírito, que deve ser combatida por todos quantos lhe são vítimas.

DESAR
(M.q.) Desaire; revés da fortuna; desgraça, derrota.

❖

Pedro, que conviveu com o Mestre em intimidade e d'Ele recebeu indiscutíveis tesouros de amor e de socorro, negou-O três vezes, apesar de advertido sobre o egoísmo que ainda permanecia no seu caráter.

Caindo em si, porém, soube conquistar a humildade e ofereceu-se com entranhada dedicação à pregação e à vivência dos formosos ensinamentos do Senhor, doando a existência em um sublime holocausto de amor.

Judas, que igualmente Lhe recebeu as mais variadas demonstrações de ternura e de afetividade, não resistiu à tentação de vendê-lO, a fim de lucrar as moedas da traição, caindo, logo mais, em si, e optando pelo suicídio infame.

Esses exemplos altamente significativos de ingratidão podem ser catalogados como de traição ao amor, ao devotamento e à confiança que o Rabi lhes ofereceu aos sentimentos, e eles não souberam ou não conseguiram compreender.

O ingrato é, também, em consequência, um traidor da confiança e do respeito que lhe tem sido oferecido.

No momento áspero, ante dificuldades, foi beneficiado pela bondade do amigo e, a partir daí, todas as bênçãos que lhe advieram tornaram-se consequência feliz do ato inicial que o libertou do problema, da aflição.

Nunca se pode retribuir devidamente um ato de bondade salvador, uma entrega de ternura e um gesto de compreensão. Todavia, adquire-se uma dívida perante a Consciência Cósmica, que aguardará momento para que o gesto seja levado adiante em benefício de outrem que se encontre em situação equivalente.

Um grande mal que o ingrato produz naquele que lhe é benfeitor consiste no efeito emocional que o seu comportamento produz, diminuindo a intensidade do espírito fraternal ou tornando indiferente aquele que acreditava na generosidade, no socorro imediato.

Por fim, o ingrato é pessoa realmente infeliz, porque nem sequer possui sensibilidade para amar realmente alguém. Toda e qualquer expressão de afetividade está sob o impositivo da retribuição de algo.

Felizes são aqueles que não desanimam, mesmo quando traídos, enganados e esquecidos após o bem que fazem.

A semente abandonada no subsolo um dia germina, quando as condições lhe forem favoráveis.

Assim é a bondade que se oferece ao próximo.

Não te deixes afetar pela crueldade dos ingratos e prossegue gentil, porque é sempre melhor para aquele que oferece e é bondoso.

A existência terrena, por mais longa se apresente, é sempre de breve durabilidade.

Muitas vezes, quando ocorrem inimizades e alguém deseja a vingança, ao consegui-la, experimenta um prazer momentâneo, enquanto perdoando fruirá de alegria para sempre.

Não te perturbes com aqueles que te exploraram, que te enganaram, que mentiram para conseguir o que desejavam. Eles aprenderão com as experiências a que serão submetidos e tu prosseguirás amando, porque o bem que se faz é moeda de amor que se converte em soberana luz de bem-estar.

❖

Quando não puderes retribuir ao teu benfeitor algo do muito que ele te ofereceu, passa a outrem a colaboração da amizade, o sorriso de simpatia, a ajuda que seja possível ofertares.

O mundo está repleto de ingratos, mas o amor lentamente vence as resistências do egoísmo e esparze ternura, afeto e gratidão em toda parte.

ESPARZIR
(M.q.) Espargir;
espalhar(-se);
derramar(-se).

Cuida do teu aprimoramento interior, compreendendo o teu irmão de jornada e ajudando-o quanto possas, sem desfalecimento.

Joanna de Ângelis/Divaldo Franco

CAPÍTULO 14

CONSTRUÇÃO AUTOILUMINATIVA

Diante das tempestades que estrugem vigorosas na atualidade, ceifando algumas das belas construções da inteligência humana, por ausência da iluminação espiritual do amor, quase tombas no desânimo.

O esforço que aplicas em favor da divulgação do Evangelho, levando-te quase ao êxtase de comunhão com a Erraticidade superior, aparentemente não consegue penetrar nos corações amigos, de modo a alterarem o comportamento para a vivência da doutrina de Jesus.

Alguns se deslumbram e tecem elogios verbais, sinceros, sem dúvida, no entanto, mantêm as mesmas atitudes materialistas que caracterizam os dias atuais, nos quais estorcegam sob o domínio das paixões nefastas.

Outros nem sequer deixam transparecer as emoções, parecendo anestesiados e nisso comprazendo-se, porque ouvem a palavra terapêutica de libertação, e permitem-se arrastar pelos automatismos do cotidiano.

Grande número de amigos afetuosos permanecem amargos e depressivos, a tudo censurando em intérmina exaltação do *ego* acostumado à crítica doentia e destrutiva.

ESTRUGIR
Soar ou vibrar fortemente (em); estrondear, retumbar.

CEIFAR
Destruir, exterminar.

ERRATICIDADE
Estado dos Espíritos não encarnados, durante o intervalo de suas existências corpóreas.

NEFASTO
Que pode trazer dano, prejuízo; desfavorável, nocivo, prejudicial.

Divaldo Franco • Joanna de Ângelis

As pessoas falam-te sobre o *Reino de Deus* como um mito belo e fantástico, impossível de ser conquistado, não obstante aceitem Jesus e repitam algumas das Suas palavras de memória.

Ante o insucesso aparente do bem e os naufrágios morais, sociais, econômicos e espirituais nos equívocos perturbadores, permites que um véu de tristeza desça sobre a tua face e a melancolia sussurre aos ouvidos dos teus sentimentos palavras de desânimo, como se a luz estivesse sob densa treva que não consegue diluir.

Não te preocupes com as ocorrências menos felizes que repletam os periódicos e os veículos de comunicação de massa, assim como as virtuais, quase sempre fúteis e tóxicas, que são transitórias e logo serão substituídas pelas abençoadas conquistas da verdade e do amor.

Essas experiências oferecem compreensão em torno dos fenômenos existenciais, lapidam as imperfeições do Espírito, aprimoram as qualidades elevadas que dormem em germe no ser e aguardam o momento para desenvolver-se.

GERME (Fig.) Em estágio inicial, em desenvolvimento, latente.

Desse modo, mantém o bom ânimo, nunca desanimando.

Considera que os habitantes do planeta querido encontram-se em diferentes níveis de consciência, alguns ainda adormecidos no primitivismo, na expectativa de ajuda para crescer espiritualmente.

Os teus irmãos mais difíceis de conviver são o laboratório para as experiências do amor e da caridade moral.

Não fujas deles, nem os antipatizes porque geram dificuldades e criam problemas em tua volta.

Felizmente já podes discernir entre os valores éticos e optaste por aqueles que dignificam e promovem o ser.

Indubitavelmente, a Humanidade em conjunto tem crescido e, embora os dias tormentosos que se enfrentam, nunca houve tanto amor na Terra como hoje, que se expressa por intermédio do respeito à Natureza e às suas criaturas, solidariedade nos momentos difíceis e lutas culturais em favor de leis mais justas e governos menos arbitrários.

Em muitos lugares já se respira o clima de esperança e de bondade.

❖

No teu esforço de autoiluminação, tem em vista que a paciência é fator primordial para o êxito.

Os triunfadores sempre enfrentaram dificuldades que somente eles sabem.

Não é fácil viver-se os ideais de grandeza moral, tendo em vista a transformação da sociedade para melhor.

A velha geração, acostumada a esmagar, subtrair, mentir e impor falsas filosofias de justiça e de prazer, luta com tenacidade contra a nova, que anela pela libertação das injunções penosas, e lentamente são substituídas, por mais se utilizem da força e da crueldade.

TENACIDADE
Tenaz, resistente.

INJUNÇÃO
Imposição, exigência, pressão.

O Senhor da Vida acompanha a marcha das Suas criaturas e inspira os Seus representantes, deles cuidando com afeto e constância.

No exercício da paciência, faz-se imprescindível o autocontrole que demonstra a eficácia da ciência da paz.

O célebre escritor francês Gustavo Flaubert escreveu com sabedoria: "Talento significa uma enorme paciência. Quando exercemos a paciência, nos alinhamos melhor aos ritmos naturais da vida. Há uma estação para tudo. Esta é a lei da Natureza. Com paciência tomam-se melhores decisões".

Se examinarmos a paciência de Nelson Mandela, que esteve preso por 27 anos, num total de dez mil dias, ao ser libertado, livrou da opressão o seu povo, o seu país.

Persevera naquilo que crês, pois sabes que o amor é a única solução para todas as dificuldades humanas. O que não

LOGRAR
Conseguir,
alcançar.

conseguires hoje lograrás amanhã, se souberes permanecer firme e sem desalento.

A resposta de toda sementeira nem sempre corresponde ao que espera o semeador. Nada obstante, um grão que germina e atinge o objetivo produz muito mais do que todos que foram utilizados e nem sequer sobreviveram.

Renasceste na Terra para contribuir em favor da Era Nova, aliás, todos que se encontram hoje no planeta estão em preparativos para a grande transição que se vem operando desde há algum tempo.

No divino calendário não existe pressa, mas o ritmo das Leis de Equilíbrio para que cada acontecimento suceda no instante próprio.

Assim também ocorre com o programa de amor para os habitantes do planeta.

RECALCITRAR
Demonstrar
resistência para
obedecer; não
ceder; obstinar-se.

Aqueles que hoje recalcitram mais tarde retornam pela trilha da afetividade, que é de sabor imortalista.

Não te atormentes, pois.

Cuida do teu aprimoramento interior, compreendendo o teu irmão de jornada e ajudando-o quanto possas, sem desfalecimento.

Se agora sofres incompreensões e desafios, não interrompas a marcha, porque esses são sinais de êxito no teu empreendimento de iluminação.

❖

Jesus, que nos ama, desde o princípio dos tempos, apesar da nossa tremenda ingratidão, ainda não desistiu de nós.

Permanece contribuindo para que o ser que somos aos Seus cuidados cresçamos sempre e alcancemos a plenitude.

De alguma forma, os seres humanos jamais estão a sós, encontrando-se em perfeita identificação com aqueles desencarnados que lhes são emocional e espiritualmente semelhantes.

Joanna de Ângelis/Divaldo Franco

CAPITULO 15

INTERVENÇÕES ESPIRITUAIS

Persistindo a vida humana após a morte orgânica, cada Espírito prossegue de acordo com os valores acumulados durante a existência encerrada.

Todas as fixações mantidas durante a jornada física permanecem comandando o comportamento no Além-túmulo, o que constitui a sua felicidade ou a sua desdita.

Os laços da afetividade positiva ou negativa que unem todas criaturas umas às outras facultam as vinculações mentais e o convívio após o fenômeno da morte entre os que saíram do corpo e aqueles que nele permanecem.

Essa vinculação transforma-se em intercâmbio psíquico, no qual o desencarnado passa a interferir nas ações daquele que lhe experimenta a emanação mental, dando lugar aos processos de obsessão, quando são atrasados, e de iluminação, quando se trata de seres evoluídos.

O emérito codificador do Espiritismo constatou essa influência poderosa ao receber a informação dos mentores de que os desencarnados interferem na existência orgânica muito mais do que se pensa.

EMÉRITO
Muito versado numa ciência, arte ou profissão; insigne.

A Lei das Afinidades, como é natural, responde por essa ocorrência, por propiciá-la.

Aqueles que se identificam nos ideais, aspirações e comportamentos atraem-se e comungam dos mesmos campos

CÔMPAR
Igual ou semelhante.

energéticos, alimentando-se ou induzindo os cômpares à subserviência, à dependência enfermiça, com as consequências de perturbações que somatizam e passam a vivenciar no corpo físico, que se desconecta do fluxo saudável da existência.

De alguma forma, os seres humanos jamais estão a sós, encontrando-se em perfeita identificação com aqueles desencarnados que lhes são emocional e espiritualmente semelhantes.

As vidas se entrelaçam de tal forma que quase ninguém logra existir sem receber essa influência.

Considerando-se o estágio inferior em que permanece grande faixa de seres reencarnados, o intercâmbio faz-se dentro da onda mental primária, sem grandes possibilidades de superação, exceto quando se muda de comportamento íntimo. Toda ascensão de objetivos produz vinculação com seres correspondentes, que passam praticamente a administrar a caminhada terrestre.

LOCUPLETAR
Tornar(-se) cheio;
cumular, encher(-se).

MORBOSO
Doentio,
enfermo, mórbido.

IMISCUIR
Ligar-se intimamente; confundir-se,
misturar-se

O hábito de conservar-se pensamentos pessimistas, de sofrimento, assim como de futilidades, e viver-se comportamentos menos dignos atrai Espíritos do mesmo nível moral, que passam a conviver na psicosfera do encarnado, locupletando-se com as energias morbosas, ao mesmo tempo transmitindo aquelas que lhes são peculiares. Como consequência, o intercâmbio inconsciente entre os seres de ambas as regiões vibratórias faz-se natural, tão constante, que o desencarnado imiscui-se no psiquismo daquele que se lhe torna vítima, qual ocorre com quaisquer tipos de parasita...

O invasor nutre-se do *cavalo* que o hospeda a princípio, até tornar-se usurpador das suas energias, que passam a nutrir a sua vítima.

Desse modo, as obsessões são muito numerosas na Terra, por ignorância do fenômeno que se constituem e pela facilidade do seu enredamento com os seres reencarnados que as vitalizam.

❖

Como a dependência de muitos Espíritos é muito grande em torno das energias *animais* dos seres humanos, quando estes começam a despertar para a realidade e dão início às tentativas de libertação, são muito mais agredidos e vitimados.

Verdadeiras técnicas são utilizadas pelos enfermos espirituais que permanecem na psicosfera humana inspirando ideias perturbadoras e perversas, doentias e insensatas, que lhes facilitam a continuação do intercâmbio mórbido.

A recomendação de Jesus em torno do *vigiai e orai* estende-se a essas ocorrências como terapia preventiva a males de tal natureza.

As mentes vazias de pensamentos elevados, cheias de queixas e animosidades, que se permitem vigiar os outros e afligi-los, tornam-se campo favorável à exploração dos obsessores ou simplesmente ignorantes da sua realidade, submetendo os frívolos e ociosos ao seu talante.

As raízes, portanto, de muitos males que aturdem e fazem sofrer a sociedade terrestre encontram-se fincadas nas ondas do Mundo espiritual e geram tremendos embates que podem ser evitados com o hábito saudável da oração, da prática de ações enobrecedoras, de esforços pessoais em favor da própria transformação moral para melhor.

Quando as saudáveis lições do Evangelho de Jesus tornarem-se diretrizes de segurança e as revelações do Espiritismo forem absorvidas, entender-se-á com mais facilidade que não existem dois mundos, como habitualmente se crê: o espiritual e o material, mas apenas o mundo em variados graus de manifestação.

Ter-se-á mais cuidado com os pensamentos, as palavras e os atos, porquanto todas essas expressões de vida e atividade

FRÍVOLO
Que é ou tem pouca importância; inconsistente, inútil, superficial.

TALANTE
Decisão dependente apenas da vontade; alvedrio, arbítrio, desejo.

mesclam-se nas duas esferas, produzindo ressonâncias equivalentes ao teor vibratório de que se constituem.

As criaturas humanas compreenderão que a jornada espiritual é uma continuação natural da física, podendo construir o melhor possível para si mesmas, desde então, preparando o seu futuro imortal.

Na atualidade, em razão da perda de sentido ético pela cultura e em razão do incêndio das paixões da libido nas suas várias expressões, o comportamento se faz totalmente materialista, mesmo nos círculos ditos espiritualistas. Os interesses do prazer exaustivo sobrepõem-se àqueles que edificam a harmonia íntima onde quer que se esteja.

Todo o empenho deve ser feito para encontrar-se a visão correta do existir e dar equilíbrio aos instintos e boa conduta às emoções, porquanto se encadeia tudo no Universo, "desde o átomo primitivo até o arcanjo, que também começou por ser átomo, assim como o átomo de hoje será anjo depois".

As obsessões são, portanto, muito mais numerosas do que se pode imaginar e ninguém está livre de ser-lhes vítima, caso não esteja em vigilância e ação na esfera do bem.

ENDÓGENO
Que se origina, desenvolve ou reproduz interiormente.

Quando as psicopatologias forem entendidas melhor, revelarão nas causas endógenas das doenças mentais e psicológicas a presença do ser imortal desencarnado influenciando com força aqueles que se encontram mergulhados no vaso carnal.

❖

Por diversas razões, "busca primeiro o Reino de Deus e Sua Justiça, e tudo mais te será acrescentado", conforme propôs Jesus, porquanto no "mundo somente terás aflições", em razão da transitoriedade da própria existência orgânica e das conjunturas de que se constitui.

A reencarnação propicia os abençoados tesouros para o refazimento das consequências das atitudes equivocadas, traçando as linhas de recuperação moral naqueles que se encontram incursos nas Leis do Progresso.

Joanna de Ângelis/Divaldo Franco

CAPÍTULO 16

MEDIUNIDADE COM LÁGRIMAS

No turbilhão da cultura moderna, com as suas incontáveis conquistas e as infelizes paixões em desbordamento irrefreado, a existência humana vê-se assaltada pelas mais variadas manifestações do sentimento e da razão.

Quase genericamente, as criaturas estertoram sem o equilíbrio necessário a um comportamento saudável, manipuladas pelo noticiário faccioso decorrente dos interesses vulgares dos multiplicadores de opinião.

As múltiplas necessidades imediatas de desenvolvimento do intelecto assim como dos sentimentos impõem lutas pessoais desafiadoras para a conquista dos recursos em favor da sobrevivência.

Além desse impositivo, a propaganda muito bem urdida em torno do êxito e da felicidade, em padrões que não correspondem à realidade, facultam voos da imaginação ambiciosa, e os falsos conceitos acerca da beleza e do prazer arrastam as multidões desassisadas, atirando-as em competições tormentosas e anseios injustificáveis.

São promovidos os gozos imediatos a qualquer preço, como se o objetivo exclusivo da vida física fosse a conquista das glórias mentirosas da ilusão e do destaque social.

> **IRREFREADO**
> Que não se pode ou não se deve refrear ou reprimir.

> **FACCIOSO**
> Que ou o que exerce alguma ação violenta ou subversiva.

> **DESASSISADO**
> Que ou quem não tem siso, juízo; desatinado, dessisudo, desvairado, doido.

Divaldo Franco • Joanna de Ângelis

INCAUTO
Que ou aquele que não tem cautela; descuidado, improvidente, imprudente.

De um lado, as ofertas de facilidades para a conquista das variadas propostas da moda desenfreada e dos hábitos de ocasião atraem os incautos para o desfrutar do momento, e do outro, ante a ausência de recursos para consegui-lo, os mecanismos do suborno e da indignidade passam a servir de meios hábeis ao alcance dos mais audaciosos.

Cada pessoa, no entanto, tem o seu futuro estabelecido pelos atos pretéritos que foram praticados nos dias do passado, que lhes constituem a base para o programa da evolução.

Nada se perde no curso das existências, acumulando-se em formas de experiências vividas assim como de necessidades retificadoras.

A reencarnação propicia os abençoados tesouros para o refazimento das consequências das atitudes equivocadas, traçando as linhas de recuperação moral naqueles que se encontram incursos nas Leis do Progresso.

Desse modo, as situações facilitadoras ou problemáticas para a evolução do Espírito são os programas nos quais todos se encontram escritos.

Na área do comportamento espiritual, a mediunidade se apresenta como instrumento valioso de recuperação moral e de ascensão iluminada.

IGNÓBIL
Que não é nobre, que inspira horror do ponto de vista moral, de caráter vil, baixo.

As condutas ignóbeis de ontem, que geram obsessões indescritíveis, também surgem no desabrochar das faculdades de intercâmbio mediúnico, muitas vezes afligentes e perturbadores.

Acreditava-se, e ainda muitos pensam, que se trata de castigo divino, como se a Justiça de Deus se constituísse de penalidades cruéis conforme a visão humana.

BENEMÉRITO
Indivíduo que tem mérito para receber louvores e recompensas.

Ocorre que a necessidade de evoluir é imperiosa, e cada qual, infrator ou benemérito, não dispõe de outros meios senão aqueles que lhe são impostos pela própria conduta.

É graças, portanto, ao passado espiritual que se colhe no presente os frutos para a manutenção da existência.

Como consequência, todo desenvolvimento e educação da mediunidade dá-se com o auxílio das lágrimas purificadoras.

❖

Se és portador de sensibilidade mediúnica, cuida de educar os próprios sentimentos, armazenando paciência e compaixão, a fim de que o amor se te insculpa nos refolhos da alma.

A mediunidade é concessão divina para o crescimento espiritual da Humanidade.

Veículo de comunicação com os irmãos desencarnados, sempre oferece lições de aprendizagem das Leis de Justiça e de Amor da Divindade.

Por seu intermédio adquire-se a certeza inabalável da sobrevivência do ser ao fenômeno da morte, facultando-lhe a entrega às leis morais que regem o Universo.

Tendo como base a ação da caridade, tem a função hospitalar de deter alguns pacientes desencarnados ou não no seu raio de vibração, gerando, muitas vezes, mal-estar, tristeza ou dor, conforme se encontre o hóspede que necessita de socorro.

De outras vezes, Espíritos inferiores que não se conformam com o estado em que se encontram investem contra os médiuns, por inveja, mágoa ou revolta, proporcionando-lhes sofrimentos, que lhes são úteis no aprimoramento de si mesmos e na conquista de títulos de nobreza fraternal, ajudando-os.

As suas provas e expiações igualmente se fazem em simultâneo, dando a ideia de que é muito pesado o fardo das responsabilidades e dos desejos pessoais, e produzem distonias nervosas, ansiedades, receios...

Nada, porém, que se não possa suportar com tranquilidade e confiança em Deus, como mecanismo de purificação.

REFOLHO
(Fig.) Parte mais profunda, mais secreta da alma.

Bem utilizada, torna-se uma simbólica *escada de Jacó*, que alça ao Infinito. No entanto, quando entendida mal ou aplicada à futilidade, ao egoísmo e ao orgulho ou fins indignos, faz-se campo para disputas terríveis por mentes perversas e dedicadas ao mal, que se comprazem em afligir e malsinar.

MALSINAR
Dar má interpretação a; desvirtuar.

Por essa e outras razões, a sua pedagogia educacional tem no Evangelho de Jesus as disciplinas próprias para utilização em qualquer situação, transformando-se em bênção de incomparável significado que propicia a plenitude.

Allan Kardec, referindo-se à mediunidade, assevera que ela "deve ser exercida cristãmente", conforme Jesus a viveu na condição de *Médium de Deus*.

Reflexiona em torno das tuas faculdades mediúnicas e cuida de preservá-las do controle dos Espíritos maus, sintonizando, sempre que possível, no bem e nas ações correspondentes à caridade.

Transforma as lágrimas de dores que decorrem da mediunidade no seu exercício natural em estrelas luminosas a clarear a noite das almas em desespero, a ti também iluminando.

... E serve, sem cessar, recordando-te de que és médium em todo instante, e não apenas no horário reservado às sessões especializadas.

❖

Onde estejas, com quem te encontres, o que faças, seja sempre na condição de intermediário do Mundo maior, diluindo as barreiras que dificultam melhor assimilação das vibrações do amor divino ao alcance de todos.

CAPÍTULO 19

FADIGA NO BEM

Queixas-te do deperecimento de forças que te invade, e não sabes explicar a razão da amarga ocorrência.

Interrogas em silêncio como é possível que, dedicando ao bem, sejas alvo da agressividade dos maus Espíritos que te prostram com as suas energias deletérias.

Reclamas que a tua entrega à obra de amor que o Evangelho preconiza não te defende das inspirações negativas nem dos tormentos que, vez por outra, assaltam a tua casa mental e aturdem os teus pensamentos.

Estranhas a situação emocional inquieta e a irritação contínua que tomam corpo em teu organismo com frequência.

Constatas, em determinados dias, que o teu ânimo e tuas forças morais encontram-se no limite.

Insistes na prática dos deveres que te dizem respeito, nada obstante sofres os acúleos da animosidade injustificável contra quase tudo e todos.

Surpreendes-te por verificares que todos os esforços aplicados em favor da conduta saudável parecem inválidos.

... E chegas à falsa conclusão de que os resultados que recolhes do procedimento correto não são os desejáveis, experimentando a tentação de entregar-te ao desencanto, à desesperação.

DEPERECIMENTO
Desfalecimento, esgotamento, perecimento.

DELETÉRIO
Que possui um efeito destrutivo; danoso, nocivo.

ACÚLEO
Espinhos; ferrão; de ponta afiada.

Sabes que às ações nobres correspondem efeitos equivalentes, apesar disso experimentas mal-estar e aborrecimento.

Observas outras pessoas de conduta leviana e distantes da ordem bem como dos atributos cristãos, que parecem felizes, jubilosas, vivendo em clima de festas contínuas.

Sucede, porém, que apenas parecem, mas não são ditosas quanto supões na tua apreciação ligeira.

Utilizam-se das redes sociais e exibem o que gostariam de ser, mascarando-se de ilusões, em exibicionismos doentios, como fugas psicológicas a fim suportarem a solidão, as frustrações e os conflitos que padecem.

Considera a situação de um enfermo em tratamento e dele sem atendimento especializado. Se os seus males não são atenuados sob a cuidadosa assistência, sem ela muito mais grave se encontraria.

O que observas como prejudicial e perturbador em ti possui raízes mais profundas do que pensas e as suas manifestações são muito menos prejudiciais do que se te apresentam.

Fossem ocorrências sem o contributo do dever que as diluem, tombarias em aflições que não imaginas, na fadiga ou na agressividade.

MOUREJAR
Trabalhar
muito; afainar-se.

Certamente, porém, nem todos que mourejam na recuperação conseguem permanecer conforme o fazes. Caem uns nas malhas intrincadas da angústia e desistem de avançar, outros se revoltam e abandonam as excelentes oportunidades de reconstrução da existência.

Arrepender-se-ão mais tarde, ao despertarem para a realidade, e não terão como recompor-se, como superar as situações terríveis em que se encontram.

A organização física é sempre uma bênção divina para o *milagre* da evolução. Na sua complexidade, impõe necessidades e situações especiais que devem ser administradas sabiamente pelo Espírito, nem sempre lúcido, mas intuído de como comportar-se, bastando atender à Lei de Amor.

❖

Estás convocado para a libertação da consciência no que se refere às paixões dissolventes.

És herdeiro do primarismo e das suas fixações defluentes do tempo em que transitastes pelas suas trilhas demoradas.

Compete ao teu esforço galgar degrau mais elevado na simbólica *escada de Jacó*, no teu processo de transcendência espiritual.

Capacita-te do que deves realizar e reflexiona com frequência a respeito da jornada em que te encontras.

Não estás nela por impulso do acaso, mas por necessidade do princípio de crescimento na direção de Deus.

Aceita as injunções penosas como as benignas, arrimando-te na imposição de ser livre, e não desistas de lutar.

ARRIMAR (Fig.) Apoiar-se, sustentar-se.

Já venceste larga faixa do caminho iluminativo, e a razão te impele na direção da Grande Luz. Sempre melhor a fadiga do bem do que o cansaço da luxúria, da lassidão da usura, do impositivo dos vícios exaustivos.

LASSIDÃO Diminuição de forças; esgotamento, fadiga.

São poucos aqueles que trabalham até o cansaço, sem reclamação, na seara da luz.

Estás assinalado por pesado ônus na economia da vida imortal, que clama pela inadiável regularização.

As tuas forças nessa renhida batalha, se mudares a direção do pensamento para as paisagens da espiritualidade com as reflexões da caridade, tornar-se-ão rosas distribuídas pelas tuas mãos, que deixarás pelos tortuosos caminhos vencidos.

RENHIDO Disputado com ardor; debatido demoradamente; porfiado.

Respira forte e agradece a Deus o cansaço que, de momento, impede-te o desvario e o enfado que te propõem a fuga da renovação íntima.

Todos aqueles que alcançaram o acume da montanha venceram os vales e abismos da subida.

Estás em plena e vigorosa atividade e não te queixes do trabalho libertador, insistindo, embora com *os joelhos desconjuntados*, conforme assinalava o Apóstolo Paulo, com a certeza da vitória final.

Bem-aventurado é todo aquele que se esfalfa no cumprimento do dever, porquanto as compensações de paz e alegria são inauditas.

Os sonhos e ilusões oferecem alegrias enganosas e parecem mágicos nas suas cores de fantasia.

A realidade, porém, é sempre severa, porque sobre ela são construídas as bases da felicidade a que se anela.

A relatividade do gozo que se frui é muito fugaz, à semelhança de entorpecente que abranda a dor, mas não a elimina. Logo mais passa o efeito e retorna a aflição.

O ideal é sempre erradicar a causa do problema, a fim de o eliminar e evitar os seus efeitos danosos.

❖

Galga o monte da sublimação evangélica e conduz a tua *cruz de redenção* com a certeza de alcançares o Infinito, quando chegares ao topo da subida.

Não olhes para trás e somente mira o alvo da plenitude.

DESCONJUNTAR
Fazer sair ou sair das juntas; desarticular (-se), desencaixar(-se).

ESFALFAR
Cansar(-se), fatigar (-se), extenuar(-se) devido a trabalho.

ANELAR
Desejar ardentemente; ansiar, almejar, aspirar.

CAPÍTULO 23

CRÍTICAS

No sentido literal, a crítica é uma análise neutra de um fato, um escrito, um comportamento, uma obra de arte...

A crítica deve ter o cuidado de contribuir em favor do aperfeiçoamento daquilo que se encontra sob a sua observação.

É valioso contributo para a qualificação e o aprimoramento de toda e qualquer obra colocada sob a óptica dos estudos sérios.

Desse modo, pode ser construtiva ou destrutiva.

Possivelmente, em razão dos muitos equívocos apontados no exame do que se encontrava em observação, passou a sofrer considerações maldosas e prejudiciais.

A capacidade de análise de qualquer coisa caracteriza também a seriedade de que se reveste o objeto e o interesse do seu autor em alcançar o objetivo a que se propõe...

Quaisquer imperfeições ou deslizes que sejam apontados, ao serem sinalizados, podem ser corrigidos e aquilo passa a ter mais qualidade.

Em face dos sentimentos morais e da evolução espiritual daqueles que dispõem das condições exigíveis para o mister, afasta-se da finalidade e passa a apontar os erros e imperfeições

MISTER
Trabalho; ofício.

que detecta, sem o valor ético de ajudar, de contribuir em benefício do progresso, do aperfeiçoamento, da beleza.

Muitos problemas nos relacionamentos humanos resultam das críticas perversas e desqualificadoras, que geram dúvidas e perturbam imaginações e idealismos credores de respeito...

Como natural consequência, os críticos profissionais, que muito podem contribuir com o embelezamento da Humanidade, fazem-se impiedosos nas suas observações e aniquilam principiantes necessitados de orientação.

Ei-los em toda parte, severos e cruéis; portadores de conflitos, descarregam-nos no labor a que se dedicam, em processo de transferência psicológica.

A maledicência e a calúnia são filhas nefastas da crítica infeliz e carregada de má-fé.

IRRETOCÁVEL
Que não exige
retoque; acabado,
perfeito.

Ninguém é capaz de produzir algo irretocável, só excepcionalmente, em algum detalhe que mereça correção.

É necessário que o candidato à realização possua humildade para reconhecer os pontos criticados e busque corrigi-los, desde que honesta reconheça a análise negativa.

Não é o fato de alguém discordar do que observa, apontar erros, que se deva aceitar as suas anotações sem poder justificar a sua obra.

Igualmente, cabe ao crítico a postura de contestador sem ressentimento, porque cada qual tem a possibilidade de julgar conforme a própria maneira de ser e de entender.

São muitas as facetas emocionais de cada pessoa, que imprimem no que fazem sem o perceber.

Assim também o crítico é portador de emoções e especificidades e nem sempre consegue a neutralidade exigível para um julgamento isento de suas preferências ou antipatias.

A crítica bem direcionada contribui largamente em favor da harmonia e do equilíbrio que devem viger no grupo social.

Vidas vazias

❖

Narra-se que oportunamente em Roma, durante o império, várias damas ricas criticavam outras, malsinando-lhes a existência.

Encontrava-se no grupo Cornélia, de ascendência patrícia e honorável, que as circunstâncias aziagas haviam-na reduzido à pobreza com dignidade.

Subitamente, uma das senhoras frívolas, ajaezada de pedras preciosas, perguntou à amiga com certa ironia:

– *Quais são as tuas joias, Cornélia?*

A senhora abraçou os dois filhos que estavam próximos e redarguiu muito emocionada.

– *Eis aqui as minhas joias, os meus filhos.*

Tratava-se de Tibério e Caio, que lutaram muito na política de Roma, especialmente depois das Guerras Púnicas, em favor das questões agrárias. Seus adversários, muito poderosos, assassinaram Tibério, e Caio Graco, porque era desonroso o suicídio, solicitou a um servidor que o matasse...

As suas eram lutas de justiça em favor da divisão de terras, que os latifundiários não permitiam.

Ainda hoje existe uma estátua em Roma, próxima ao Coliseu, recordando Cornélia, a mãe dos Gracos...

São inumeráveis os exemplos em todas as áreas do comportamento humano, especialmente na arte...

Toda vez que surge uma revolução cultural, os críticos apaixonados levantam-se para maldizer e perseguir os idealistas e reformadores, às vezes levados à ruína, para serem consagrados após a sua morte.

Tem cuidado com as tuas críticas a respeito do teu próximo e de tudo que te surpreende e apedrejas de imediato.

Talvez te arrependas, porque o futuro é incerto e irá aplaudir aquele que ora tem sido escarnecido.

AZIAGO
Que pressagia desgraça; funesto; nefasto.

AJAEZADO
Cheio de enfeites; ornado, adereçado

Ademais, na Terra, ninguém é perfeito a ponto de não ser censurável de uma ou de outra maneira.

Usa a tua inteligência para edificar, porque as pessoas estão muito cansadas de serem desestimuladas e levadas sempre para o lado oposto das questões, o que gera conflitos, mal-estar e arma sempre contra...

A construção, não poucas vezes, é demorada, cuidadosa, sacrificial, e nem todos estão vinculados a esse nobre sentimento que ergue o mundo à sua condição sublime.

A destruição é rápida, perigosa, e necessita de cuidados e responsabilidades muito especiais.

No teu cotidiano, tem cautela nas tuas observações, pois os teus comentários críticos podem destruir vidas que anelam pelo crescimento, pelo direito de amar e de ser.

Dialoga quando percebas algo que pode ser melhorado e ajuda.

O mundo está exaurido pelas forças perversas da crítica malévola, invejosa, ácida e mesquinha.

Sê tu quem edifica e coopera em favor do engrandecimento da Humanidade.

Se alguém te critica negativamente e o faz para destruir-te, não lhe dês importância e segue além.

❖

Criticado perversamente pelos fariseus e demais presunçosos que O conheceram, Jesus permaneceu inalterado no Seu ministério, como a luz que o mundo preteriu pelas sombras da ignorância.

PRETERIR
Deixar de lado; desprezar, rejeitar, menosprezar.

*Amanhecem dias novos,
anunciando a vitória
do amor.
Confia!*

Joanna de Ângelis/Divaldo Franco

CAPÍTULO 24

EM RESPEITO À GENTILEZA

Um observador cuidadoso notará que tudo no Universo encontra-se sob a diretriz da Lei de Ordem, que responde pela harmonia cósmica.

Em a Natureza, depara-se a presença da beleza que varia do infinito, obedecendo a um programa adrede elaborado.

Tudo está submetido ao Planejamento Divino, incluindo as ocorrências desastrosas que transcendem à superficial aparência que se estabeleceu como o correto e o aceito.

Nos relacionamentos humanos deveria viger, de maneira equivalente, a gentileza, através da qual mais rápido se faz o progresso. Todavia, em razão dos diferentes níveis de evolução das criaturas que constituem a sociedade, a ocorrência de atritos é mais constante do que a sua ausência.

Nessas fases primárias da evolução o egoísmo predomina, e, em consequência, cada indivíduo sempre se atribui valores que não possui, atirando nos outros as suas imperfeições.

Em face desta situação, mais comuns são as agressões, os choques de opinião, o desrespeito e todo um séquito de imperfeições espirituais e morais.

SÉQUITO
Seguimento; comitiva.

Preocupados exclusivamente com o amor-próprio, esses indivíduos são rudes, sem educação, desagradáveis, difíceis de conviver...

Divaldo Franco • Joanna de Ângelis

Não seja, portanto, de estranhar que se vivam contrariedades contínuas, testes de paciência e de gentileza constantes.

A conquista dos valores éticos faz-se mui lentamente, em razão da prevalência das qualidades morais lamentáveis.

A convivência social correta é um verdadeiro desafio em razão do desconhecimento ou do hábito de manter os requisitos da saúde e educação coletiva.

DISTIMIA
Depressão crônica que tem como principal sintoma a irritabilidade, além de mau humor, baixa autoestima, desânimo, tristeza.

Indivíduos vítimas de distimia, que sempre se encontram mal-humorados, comportam-se de maneira reprochável, inamistosa, mas exigem tratamento gentil de todos que se lhe acercam.

São verdadeiros cobradores de boa conduta nos outros, embora se permitam o luxo do mau humor constante.

A existência física é uma larga experiência a que o Espírito é submetido com o fim de lapidar suas imperfeições e adquirir estruturas elevadas de conduta.

Ante as luzes do Cristianismo, que se fundamenta no amor, todo o esforço deve ser envidado para a lapidação das más inclinações que faculta a conquista dos postulados de que Jesus se fez modelar nos ensinamentos e na convivência.

Passo a passo, são adquiridos os tesouros do conhecimento, que se incorporam ao ser e facultam a exteriorização do bem-estar, do equilíbrio, da solidariedade.

A ação da caridade, que é o momento mais nobre do amor, o seu clímax, torna-se ocorrência normal na forma de conviver-se umas com as outras criaturas.

Eis por que nos estudos do Evangelho de Jesus a questão moral se faz relevante, porque é através da transformação interior do candidato que se comporta como exemplo de fé, um mensageiro da alegria e da gentileza.

❖

Jesus permanece como o Homem mais gentil que a Humanidade jamais conheceu.

Todo o Seu apostolado é um hino de exaltação ao equilíbrio, à harmonia, à gentileza.

Vivendo um período de atraso espiritual, soube enfrentar a soberba que dominava nas criaturas que Ele viera para educar, para auxiliar a se transformar em luzeiros capazes de abreviar os dias de treva e de ignorância.

Em toda parte havia aspereza e agressividade, indiferença e desamor, as lutas pelo poder enganoso exauriam os apóstolos do bem.

EXAURIR
Tornar(-se) cansado, exausto.

Ele enfrentou milênios de estupidez e de crueldade, enquanto demonstrava que a gentileza, filha da sabedoria, possui a força invencível no campo de batalha do mundo.

Ele sabia de tudo que Lhe estava reservado, e por amor a todos optou por vir ensinar a única forma de alcançar-se a plenitude, que somente é possível através do amor.

Desse modo, não te permitas abater ou desanimar quando agredido, desrespeitado, incompreendido.

Não espere da pedra senão rudeza.

A tua conduta gentil irá transmudar as arestas da brutalidade e alterar-lhe a face, tornando-a valioso instrumento de utilidade e valor.

Não te identifiques com o bruto, igualando-te no tratamento grotesco que tem ele para contigo.

Sorri, quando vitimado, e sê-lhe gentil.

A transformação da sociedade para melhor ocorre na tua persistência afável.

Estás fadado às estrelas, e não diminuas a ascensão por impedimentos infantis.

Compreende que és enviado da Embaixada Celeste para a invitação ao banquete da imortalidade em triunfo, e terás que descer à ignorância e ao infortúnio para facultar-lhes plenitude.

Teus passos e tuas palavras criarão ambiente feliz, e, dessa forma, não permitas o triunfo do mal.

Ademais, em tua jornada iluminativa contarás com a presença e a inspiração dos anjos da paz e da alegria, mantendo-te jubiloso e feliz.

O mundo neste momento é um campo de batalha no qual as forças do mal, filhas do primarismo ancestral, campeiam livremente e se encontram em vigília contínua contra todo e qualquer movimento que possa aniquilá-las.

Insistirão, usando ardis muito bem trabalhados para que os irresolutos e tímidos lhes tombem nas malhas.

ARDIL
Ação que visa iludir, lograr (pessoa ou animal); armação, cilada.

Consciente dos prejuízos que causam, abraça os ideais do Cristo e apressa-te, não cedendo o passo em situação nenhuma. Mesmo que te constitua sacrifício a renúncia ao prazer enganoso, nunca te arrependerás por eleger a compostura do ético e a atividade da abnegação.

Não faltarão situações embaraçosas para impedir-te o avanço, nem amigos e correligionários que te amaldiçoarão a perseverança edificante. Serão eles os elementos que enfrentarás no cotidiano, insistindo para que permaneças na sombra da crueldade.

Desculpa-os e avança, assim mesmo.

Jesus te espera.

❖

Amanhecem dias novos, anunciando a vitória do amor. Confia!

A tempestade não é clima natural do planeta, mas sim o é a primavera da gentileza.

Sê, portanto, hoje, flor para frutificar em bênçãos no futuro.

Hoje, nesta atualidade turbulenta, Jesus retorna através dos Seus embaixadores, a fim de conduzir ao Reino de Deus a Humanidade em aturdimento.

Joanna de Ângelis/Divaldo Franco

CAPÍTULO 25

RECOMEÇO

Dispões da faculdade de discernir o que o livre-arbítrio te proporciona, tudo quanto possas e queiras, embora a fatalidade do destino.

De acordo com a escolha da conduta a seguir, produze para o futuro aquilo que realizaste, que volverá mediante a bênção da reencarnação.

O recomeço é sempre oportunidade luminosa de dar prosseguimento ao bem encetado, que aguarda ensejo para atingir a plenitude, de igual maneira faculta a reparação dos equívocos e gravames que ficaram em processo de ajustamento, de harmonia.

ENCETAR
Iniciar,
começar.

Possuidor do conhecimento dos valores que são adquiridos durante a vilegiatura carnal, a criatura trabalha o seu porvir mediante a utilização dos melhores equipamentos que a cultura e a tecnologia colocam à sua disposição.

Nunca faltam recursos valiosos para atender ao desenvolvimento intelecto-moral do ser em evolução.

Dos gestos simples e desde os pequenos esforços, a vida enseja sabedoria, que se incorpora ao patrimônio íntimo para a qualificação espiritual.

A reencarnação é, desse modo, a mais adequada e sábia metodologia para a conquista do Infinito.

Correspondendo à grandeza da Misericórdia de Deus, é lei de justiça e de bondade que permite sempre o aprendizado necessário à autoiluminação.

Indispensável, portanto, que sejam aproveitados todos os momentos existenciais, de maneira a serem evitados recomeços molestos e desafiadores para os desastres emocionais e morais que sempre os sucedem.

O que podes realizar hoje na construção do dever não postergues sob as sombras da indolência, do descaso, da incoerência.

INDOLÊNCIA
Caráter do que revela indiferença, apatia; distanciamento.

Numa longa jornada, o passo a passo é fundamental para o êxito. Muitas vezes a precipitação sugere a pressa, a entrega rápida, geradoras de cansaço e de mal-estar.

Valoriza, desse modo, cada momento da experiência terrestre e elege o melhor, o mais duradouro em detrimento da frivolidade e insensatez.

Todo processo de crescimento espiritual é desafiador, caracterizado por pequenos e grandes impedimentos.

A conquista do acume de um monte resulta do esforço empreendido e do direcionamento desde as baixadas...

Não poucos discípulos do Evangelho, após o entusiasmo inicial, permanecem na indolência, aguardando situações privilegiadas, oportunidades especiais.

Toda realização deve ter um eficiente planejamento que facilitará a sua execução.

Cuida dos teus compromissos atuais, onde estejas, com os recursos ao alcance, sem exigências injustificáveis ou condicionamentos absurdos.

❖

Este mendigo esmola com a escudela da brutalidade e provoca reações equivalentes, sendo enxotado e menosprezado por quase todas as demais pessoas.

Esse enfermo repugnante, com chagas purulentas e odores pútridos, que causa asco, permanece ao abandono.

Aquele trabalhador, que reclama de infelicidade, afadiga-se em esforço titânico e não consegue minorar as necessidades que o aturdem.

Estoutro busca afeição, impondo-se de maneira rude e sempre recebe repúdio, cáusticas reprimendas.

Os chamados miseráveis que vivem ao relento, intoxicados pelo álcool e drogas destrutivas, caminham sem rumo e os seus céus não têm esperança nem estrelas...

... São inumeráveis aqueles que permanecem em estado lastimável entre desesperos e angústias. Constituem a grande massa de réprobos da sociedade de todos os tempos.

Mesmo quando as leis são justas e lhes proporcionam algum conforto ou alegria, incontáveis deles prosseguem insatisfeitos e revoltados, enquanto outros mais reclamam e lamentam, ademais de quantos que nada conseguem.

São os perversos de ontem, os defraudadores dos deveres, os apaixonados pelas ilusões, os dilapidadores do patrimônio público que se encontram de retorno ao proscênio terrestre que ultrajaram, nas roupas da miséria a que fazem jus, nas rotas ingratas que estabeleceram.

O retorno é inevitável para todos os viajores da Imortalidade, graças ao qual, por fim, se identificarão com a Verdade.

Ninguém consegue degradar e autodestruir-se no folguedo dos gozos infantis e alucinados com desprezo pelos deveres que a Vida estabelece, sem que sejam convidados a refazer o mesmo caminho em situação adversa.

PURULENTO
Em que há pus ou cheio de pus; infeccionado.

MINORAR
Tornar(-se) menos intenso; abrandar(-se), suavizar(-se).

ESTOUTRO
(M. q.) Este outro.

RÉPROBO
Que ou aquele que foi banido da sociedade; malvado, detestado, infame.

DEFRAUDADOR
Que ou aquele que defrauda; que espolia ou lesa por meio de fraude ou dolo.

PROSCÊNIO
(Por ext.) Local onde o espetáculo se desenrola; cena, palco.

Vale recordar-se a resposta dada por Jesus a Judas, quando banhado pelo raro perfume oferecido pela mulher equivocada, que exclamou:

– *Que pena! Poder-se-ia vendê-lo e ofertar o resultado aos pobres.*

E Ele contrapôs:

– *Os pobres sempre os tereis, mas a mim, nem sempre...*

A expressiva lição é demonstrada pela presença do sofrimento em razão da conduta adversa naquele que se dilacera por atos ilícitos pretéritos...

A lei universal é de amor, que gera fraternidade e auxílio em toda parte, que enseja a solidariedade em relação aos mais necessitados, ao invés da vergonhosa aristocracia dos que são poderosos e geradores da ausência de ajuda aos demais.

Permite que as tuas emoções construam hoje o teu porvir, a fim de que recomeces na escola terrestre abençoado com os tesouros da misericórdia e da paz como força vitalizadora para a ascensão.

Não há exceção nas Soberanas Leis do Universo, a uns proporcionando somente venturas, enquanto a outros todas as angústias.

❖

Hoje, nesta atualidade turbulenta, Jesus retorna através dos Seus embaixadores, a fim de conduzir ao Reino de Deus a Humanidade em aturdimento, parte da qual O repudiou quando esteve conosco e logo depois...

Avança com alegria e utiliza-te deste retorno feliz que desfrutas para edificares a harmonia futura.

Quando o ser humano resolver-se por abandonar as sombras afligentes das paixões exaustivas e desgastantes, pairará nos altiplanos da ventura, triunfando sobre si mesmo.

Joanna de Ângelis/Divaldo Franco

CAPÍTULO 26

COMPORTAMENTO ESPÍRITA

Desde quando as claridades do Evangelho penetram a alma em sombras que alterações significativas e gratificantes ocorrem.

A treva confunde e atemoriza, facultando interpretações inexatas na visão deficiente, conforme as paisagens mentais nas quais se fixam os interesses habituais.

A falta de entendimento sobre os objetivos existenciais gera perturbações do raciocínio e mudanças contínuas em torno do pensamento, que se deve manter sempre em equilíbrio e atividade edificante.

As afirmações espirituais em torno da imortalidade da alma conduzem, sem dúvida, a uma inevitável alteração de conduta em razão da nova realidade que se passa a enfrentar.

Graças à certeza da sobrevivência do ser à disjunção molecular do organismo físico, surge a necessidade de preparar-se para o enfrentamento do porvir inevitável que deverá propiciar paz e plenitude.

PORVIR
O tempo que está por vir, por acontecer; futuro.

Das ações habituais frívolas e irresponsáveis, deve-se passar para aquelas de natureza positiva, geradora de bênçãos, porque resultado de reflexões saudáveis e bem articuladas no conhecimento novo a respeito do existir.

CONTUMAZ
Que ou o que é obstinado, insistente.

As nuvens perturbadoras da suspeita contumaz e da desconfiança a respeito do próximo devem diluir-se ao entender-se que a evolução é programa para todos, que se alcança mediante significativos investimentos de autorrenovação e interesse legítimo pela integração nas paisagens do bem.

EGOICO
Relativo ou pertencente ao ego.

Os temas deprimentes do dia a dia, responsáveis ou decorrência do pessimismo e desencanto egoico, tornam-se pesada carga mental que cede lugar à reflexão sadia e às conversações edificantes, abrindo campos luminosos para a vivência alegre em todas as horas.

Essa nova conduta, impondo-se lentamente, influirá de maneira segura e produtiva em uma forma nova de viver a experiência carnal.

Atitudes que antes faziam parte da convivência familiar e social perdem o objetivo com que se impunham, permitindo novas maneiras de encarar-se a oportunidade, em consequência alterar-se a mente a seu respeito.

Sucessivamente novos hábitos e padrões substituem os antigos, que se tornaram viciosos, carregados de vulgaridade e hediondez.

Para que tal suceda, porém, é imprescindível considerar-se os conhecimentos adquiridos e instruções evangélicas em caráter essencial nesse desafiador processo de autoconstrução espiritual.

Quando Jesus afirmou que Ele é *a luz do mundo*, demonstrou que a treva da ignorância, geradora dos males que dominam na sociedade, cederá lugar ao discernimento harmonioso, que impulsiona ao avanço pela estrada infinita do progresso.

Com a luz da razão norteando a marcha, alteram-se os conteúdos existenciais, e o idealismo do amor vitaliza o ser, que passa a entregar-se confiante às propostas libertadoras da Boa-nova.

Velhos e arraigados hábitos, que os instintos imprimiram no Espírito durante o transcurso da sua evolução, dominam, mas chega o momento em que a emoção passa a predominar, inspirada pelas seguras linhas da harmonia e da beleza.

A lógica e a ética do amor em relação à vida física propõem o aproveitamento das horas na construção dos novos valores morais que erguem os heróis, os mártires e os anjos, em que se originam para as sublimes regiões que os aguardam.

Nesse sentido, surge a caridade, adornada de amor, que começa a transformar pântanos morais em jardins e abismos de sofrimento em planaltos de alegria.

Ninguém que realize o processo da ascensão moral sem que não se encontre amparado pelo sentimento de compaixão por seu próximo e por si mesmo. Logo surge a necessidade de abandonar as misérias humanas, que escravizam, substituídas pelas inefáveis conquistas do bem sem limite.

Este, portanto, é o momento da mudança do comportamento ancestral para aquele que conduz às estrelas.

Foi ele que iluminou a alma dos descobridores de terras desconhecidas, que penetrou o misterioso núcleo das substâncias para salvar vidas, que deu som e cor à existência para o surgimento das incomparáveis lições de beleza.

Nunca te detenhas no afã de crescer, de elevar-te às alturas da Verdade, voando sem cessar nas asas da caridade.

AFÃ
Trabalho intenso, penoso; faina, lida.

Quando o ser humano resolver-se por abandonar as sombras afligentes das paixões exaustivas e desgastantes, pairará nos altiplanos da ventura, triunfando sobre si mesmo.

Isso, porém, será o resultado do esforço contínuo de vencer as más inclinações, de superar aparentes e insignificantes equívocos, de tolerar questões quase sem importância, porque

Divaldo Franco • Joanna de Ângelis

é através de todos eles, somando-se, que aparecem os grandes desafios e, em consequência, os fracassos destruidores.

A vigilância, portanto, em torno da maneira de encarar a existência, de conduzir-se saudavelmente, é fundamental, embora o ambiente não corresponda às aspirações do bem e do belo.

Se erras, em razão do vício perturbador de que te encontras impregnado, repete com naturalidade a experiência, guardando a certeza de que somente através das tentativas contínuas é que conseguirás os resultados opimos a que aspiras.

OPIMO
Excelente, fértil, fecundo, rico.

Não suponhas que os indivíduos que hoje se encontram em patamares mais elevados e parecem haver controlado as situações negativas estejam isentos de equívocos. Todos são frágeis, mesmo quando no processo mais avançado, porquanto, à medida que se atingem as alturas, mais amplos se fazem os horizontes e mais numerosas as áreas a resguardar.

❖

O Mestre amoroso, que se deu com alegria, tornando-se o Guia e Modelo para a Humanidade, percorreu os mesmos difíceis caminhos por onde segues.

Ele não se permitiu ceder ao sítio da perversidade e da indignidade em todos os momentos da Sua convivência com as criaturas.

A cada instante, era testado pela maldade e hipocrisia dos vândalos e escravos das paixões servis, vencendo-os com a eloquência do comportamento superior que os aturdia e mais revoltava.

INTIMORATO
Não timorato, que não sente temor; destemido, valente.

Confia nas tuas possibilidades novas e avança intimorato e feliz.

Renasceste para ser feliz e pontuar alegria pelo caminho percorrido, mesmo que as circunstâncias não se apresentem, de momento, favoráveis.

Joanna de Ângelis/Divaldo Franco

CAPÍTULO 27

SEMENTES DE LUZ

É inadiável a ensementação do bem em todas as variáveis possíveis.

Imenso é o matagal da ignorância que asfixia as plântulas da esperança e da solidariedade humana no atual momento da civilização. Não somente nos solos dominados pelo escalracho, senão por outras pragas adversárias da plantação dignificante.

Aqui, apresenta-se a aridez do terreno humano mediante a indiferença aos sofrimentos humanos que se multiplicam exaustivamente; ali, o abandono a que se encontram relegados os canteiros de trabalho auspicioso; mais adiante, a abundância de aves que se alimentam dos escassos e frágeis grãos, e o campo se apresenta deserto, destruído.

Os seres humanos, sem dar-se conta, desumanizam-se graças à multiplicação das ocorrências danosas e cruéis com as quais se vão acostumando.

Por outro lado, o volume de divertimento e de experimentos perturbadores atraem multidões desassisadas, e as sufocam no bafio pestilento das alucinações e dominam as aspirações, os sentimentos.

ENSEMENTAR
Lançar sementes a; semear.

ESCALRACHO
Planta daninha invasora das searas.

DESASSISADO
Que ou quem não tem siso, juízo; desatinado, dessisudo, desvairado, doido.

INVITAR
Requisitar a presença, o comparecimento de; convidar.

CHÃO
(Fig.) Moralmente baixo, vulgar.

As imagens obscenas e as condutas agressivas quão vulgares invitam a sensualidade animal, em espetáculos chãos de prazer voluptuoso, sem sentido emocional ou relevante.

As pessoas, quase em geral, aturdem-se e imitam os tipos exóticos com o objetivo de chamar a atenção pelo chocante e grosseiro.

As lutas de classes e os anseios de cidadania das minorias raciais, comportamentais, sociais aceleram as animosidades e culminam sempre na miséria dos vencidos, que perdem a oportunidade de ascender, de renovar-se.

A perda de sentido existencial alastra-se velozmente, e as massas desavoradas fazem-se imediatistas e agressoras, investindo contra a ordem ou deixando-se vencer pelo desânimo, que as leva à depressão, à fuga pelo suicídio...

Embora os notáveis avanços da ciência médica, por exemplo, com frequência surgem epidemias ameaçadoras, que substituem outras que arrebataram vidas incontáveis, em demonstração da fragilidade do poder humano e as suas utopias de controle sobre a Natureza.

Fenômenos sísmicos constantes desestruturam cidades e ceifam criaturas de maneira aterradora e submetem os seres humanos aos seus movimentos e condições geológicas...

Sucede que este é um mundo de provas e expiações, ainda em processo de depuração da sua massa, de eliminação dos seus terríveis gases tóxicos.

Amanhece, porém, com dificuldade, embora um dia novo em luta contra a treva teimosa da noite que passa, apesar de ainda não se ter ido por definitivo.

Confundem-se glórias humanas com desgraças morais e espirituais, num espetáculo de primitivas apresentações.

É, no entanto, nesse imenso território que se travam as lutas transformadoras do amor.

O espectro da insensatez é obrigado a ceder lugar a novo comportamento, àquele que há dois mil anos vem sendo proposto por Jesus e pelos Seus mensageiros.

Tudo chama a atenção para a grande mudança que já se vem operando no mundo terrestre.

ESPECTRO
Conjunto ou série de elementos que formam um todo.

❖

Indispensável o esforço de semeação sobre esses destroços, nesses solos que devem ser lavrados com carinho, sem postergação de tempo.

Trata-se da sementeira de luz.

Grãos de misericórdia devem ser bondosamente colocados nos solos das paisagens sofridas e desoladas, a fim de ser modificado o orbe terrestre, recoberto pelo verdor da esperança, onde a vida se expresse em toda a sua grandiosidade.

Quando passar este verão ardente e abrasador, quando a Natureza exaurida nas suas energias receber as abençoadas chuvas fertilizadoras e alterar-se o clima de horror, a beleza e a harmonia arrebentarão os esconderijos nos quais dormem e tudo se renovará em colorida primavera de bênçãos.

Assim também ocorrerá com a Humanidade destes dias desafiadores.

Sucedem-se os períodos inexoravelmente, surge o abençoado momento de renovação que, desta vez, deverá ser permanente.

Esse fenômeno, porém, depende sobretudo das criaturas humanas, dos seus pensamentos, condutas, sentimentos ante as circunstâncias e as possibilidades que se apresentem.

Renasceste neste período desafiador para contribuir com a nova ordem e na ampliação dos horizontes do serviço abnegado de amor.

Imprescindível compreender que tudo se origina na mente humana, que é a cocriadora do Universo, que oferece as vibrações enérgicas como bem ou como mal, que elege o que lhe parece necessário para a existência.

Nesse sacrário, que é a sede do pensamento, estão as potências da vida, que são neutras, podendo ser usadas para um sentido útil e venturoso ou para ocorrências vãs e devastadores.

O teu é um compromisso com os emissários da Vida Indestrutível, veladores do cosmo em nome do Pai Criador.

Não te importem aqueles que permanecem insensíveis, distanciados, inermes ou perdidos nos descaminhos da ilusão material de breve duração.

A ti cabe o mister de acender luz na escuridão sem reclamar as trevas, de carpir o solo que te cabe semear, assim tornar lugar clareado, jardim e pomar de vital importância.

Renasceste para ser feliz e pontuar alegria pelo caminho percorrido, mesmo que as circunstâncias não se apresentem, de momento, favoráveis.

Semeia estrelas de claridade luminescente.

Não te inquietem as sombras nem as ameaças de borrascas.

Tudo isto logo passará, e é imprescindível que haja metas fulgurantes à frente.

Não te deixes tisnar pela treva que deves diluir.

Semeia e semeia luz.

BORRASCA
(Por mtf.) Contratempo que gera transtorno ou inquietação; contrariedade inopinada.

FULGURANTE
Que brilha, fulge; brilhante, lampejante.

TISNAR
Sujar(-se) com mancha ou nódoa; macular(-se), sujar(-se).

❖

Quando Jesus veio à Terra, a desolação e o ódio triunfavam, o poder arbitrário dominava as vidas e a miséria moral reinava poderosa.

Lentamente, Ele renovou as paisagens morais, abençoou a Natureza, acendeu a luz que permanece inapagável até hoje.

Crucificaram-nO, e o Seu triunfo tornou-se incontestável.

O mesmo acontece agora.

Estes são dias iguais àqueles, com as dificuldades naturais que facultam a soberba e o vício.

Insiste, sorrindo dos vícios e enganadores, sendo-Lhe fiel até o fim.

*O Senhor segue contigo
e jamais te deixará a sós.
Ele é o mesmo de ontem,
de hoje e o será amanhã.*

Joanna de Ângelis/Divaldo Franco

CAPÍTULO 28

DIAS VENTUROSOS

São estes os dias severos da evolução moral da Humanidade sob os açoites do sofrimento.

A dor generaliza-se por toda parte em forma cruel, sob disfarce ou dele despida, mediante a demonstração da falência das paixões ilusórias que alucinam as criaturas.

As nobres conquistas da cultura e da tecnologia, que deslumbram pela sua grandeza, não conseguiram modificar a estrutura moral do planeta, que estertora sob incessantes golpes de padecimentos inenarráveis.

ESTERTORAR
Agonizar, arquejar, extinguir-se.

Facilidades e glórias da inteligência empalidecem ante as aberrações morais e os tormentos que tomam conta de todos os seres.

Acreditou-se que as aquisições de fora poderiam aplacar as angústias e as necessidades internas.

O progresso, com a sua força incomum, diminuiu as sombras da ignorância e projetou claridade nos abismos que as superstições e aventuras tentavam explicar de maneira mágica, colocando pontes de falsas interpretações.

Foram superadas as grosseiras expressões do primarismo, no entanto terríveis condutas demonstram o seu equívoco.

Filosofias anárquicas trabalham em favor do gozo incessante dos sentidos físicos, enquanto multidões alucinadas enxameiam nos pântanos da cegueira espiritual.

Conceitos vis são apresentados pelo materialismo cínico e dissolvem a família em favor de novas tribos de dependentes de drogas consumptivas e desvario de conduta.

O barbarismo da destruição dos valores éticos, numa vergonhosa batalha contra a ordem e o dever, ameaça a atual civilização com a vitória do caos e da agressividade.

Hordas de viciosos mantêm as bandeiras erguidas da desolação e do prazer asselvajado, empurrando a vida para os antros da loucura.

Dizem os aficionados da destruição dos costumes éticos que o nada é tudo que tem sentido, e a entrega à hediondez é a solução para culminar nas alienações e no suicídio.

Trevas densas dominam as paisagens morais e espirituais do planeta terrestre.

Ameaças de guerras facultam as guerrilhas e os ódios domiciliares, sociais, nos países que servem de campo de batalha para as nações poderosas e esfaimadas trucidarem vidas e culturas.

Parece um retorno existencial ao primarismo da evolução antropológica, em cujo período predominavam os instintos em geral.

Nesse báratro, aturdem-se quase todas as pessoas que tropeçam nos obstáculos dos perversos.

A Humanidade estertora, e o seu grito de dor quase não encontra apoio ou socorro. Entretanto, no meio de tanta incúria e desolação, Espíritos abnegados laboram pela preservação do bem e pela manutenção dos ideais nobres da vida.

A Misericórdia de Deus não cessa de mandar aos redutos terríveis de sofrimentos os recursos de amor e de esperança, a

---

ENXAMEAR
Juntar-se em grande número; apinhar-se, aglomerar-se.

HORDA
Bando indisciplinado, malfazejo, que provoca desordem, brigas etc.

AFICIONADO
Que ou o que é afeiçoado, entusiasta, simpatizante de.

ESFAIMADO
Que tem fome; faminto, esfomeado

BÁRATRO
Abismo, voragem.

fim de atenuá-los e darem ensejo à reparação dos comportamentos nefandos.

Florescem nos rincões putrefatos bênçãos e renascem nos terrenos vencidos pelas pragas e agressões vegetação de luz, para que não desapareçam a bondade nem a benevolência.

O bem escorraçado pelos déspotas e as virtudes achincalhadas pelos atormentados porfiam e silenciosamente se opõem à onda de cinismo que domina as massas.

RINCÃO
Lugar afastado, longínquo; recanto.

PORFIAR
Obstinar-se, insistir, teimar.

❖

Após a morte de Jesus, tinha-se a impressão de que o mal triunfara, vencera a verdade e o bem.

Os discípulos, aturdidos, não sabiam o que fazer nem como realizá-lo.

Numa suave madrugada, vencida a noite das inquietações, Ele voltou e recuperou o alento e a coragem nos corações combalidos.

Sua voz renovou-lhes a esperança e a Sua presença deu-lhes segurança.

De igual maneira, nestes dias de incompreensões e desídias, surge uma clara madrugada de renovação, e os imortais retornam sustentando aqueles servidores cansados e em permanente desafio.

DESÍDIA
Falta de atenção, de zelo; desleixo, incúria, negligência.

Suas vozes conclamam à vivência do amor e lutam em prol da Era Nova da paz.

Preparados para os grandes embates, sofrem, mas compreendem os motivos e não recuam ante as armadilhas soezes que lhes são postas no caminho.

SOEZ
Desprezível, reles, vulgar.

Vencem-se, superando as más inclinações e as recidivas perturbadoras.

RECIDIVA
Recaída na mesma falta, reincidência.

Já se encontram em atividade, o que enfurece os seus opositores, aqueles que se comprazem no próprio infortúnio.

PILOTIS
O conjunto dos pilares ou das colunas que sustentam uma construção, deixando a área do pavimento térreo livre para circulação.

Seguros da sua destinação gloriosa, são *pilotis* para a construção do porvir de justiça e de amor.

Não te inquietes ante as ciladas e os desafios deste momento.

Persiste na atividade que dá sentido à tua existência.

A aparente perda de hoje é vitória certa amanhã.

És mensageiro de Jesus Cristo, e não duvides do Seu socorro e proteção, permitindo-te sintonizar.

O Senhor segue contigo e jamais te deixará a sós.

Ele é o mesmo de ontem, de hoje e O será amanhã.

Observa que Ele não triunfou no mundo das ilusões, mas superou todas as fantasias e atrativos existentes.

Esteve conosco, comungou com as nossas deficiências e paixões, sem tornar-se um de nós, permanecendo o Guia e Modelo a ser seguido em todos os tempos.

❖

Coroando aqueles dias de saudade após a morte de Jesus, Ele apareceu na Galileia a quinhentos discípulos, mandando-os renascer e retornar para a fixação do Reino de Deus nos corações.

Desse modo, deixa-te dominar pela mensagem que Ele te confiou e torna estes dias venturosos para a Humanidade feliz de amanhã.

Vida é movimento e, quando é bem direcionada em ações edificantes, transforma-se em bênçãos que alegram e libertam das más inclinações.

Joanna de Ângelis/Divaldo Franco

CAPÍTULO 29

A INVEJA

Entre as imperfeições do caráter humano, descendente direta do egoísmo, destaca-se a inveja, essa dissolvente manifestação da imperfeição moral.

Muitas tragédias que ocorrem na sociedade são frutos espúrios do cultivo dessa conduta execranda.

A existência terrestre possui como finalidade psicossociológica, atendendo ao instinto gregário, a preservação da solidariedade, que se firma no auxílio fraternal que deve existir entre todas as pessoas. Nada obstante esse impositivo da sobrevivência, grande número de criaturas humanas opta pelo comportamento competitivo, incapazes de rejubilar-se com as conquistas e alegrias do seu próximo na viagem ascensional.

Deixando-se magoar pelos próprios insucessos ou atormentadas pela sede de viver em regime de exclusão, somente a si se permitindo usufruir da fugaz felicidade, voltam-se com tenacidade contra todos aqueles que lhe parecem ameaçar o triunfo ou odeiam a glória não conseguida.

Apoiando-se na mesquinhez a que se entregam, elaboram verdadeiros programas de se colocarem contra os demais, dando lugar a mentiras e calúnias que habilmente elaboram, atirando flechas contínuas envenenadas pelos sentimentos inferiores com os quais se comprazem.

EXECRÁVEL
Abominável, nefando, infando.

TENACIDADE
Tenaz, resistente.

VERDUGO
Carrasco, algoz.

Amigos de ontem que se mantinham em fraternidade, ante o destaque de um deles, o outro, ao invés de regozijar-se, intoxica-se de cólera e transforma-se em verdugo gratuito, escondendo-se em argumentos falsos para dar vazão à frustração que o invade.

Todo processo de evolução moral, e especialmente espiritual, é realizado mediante a superação dos instintos agressivos, das imperfeições mantidas nas experiências primitivas e transatas.

TRANSATO
Que já passou; passado, pretérito, anterior ao atual.

A inveja, no entanto, consegue disfarçar-se e imiscuir-se no comportamento social e humano com habilidade, manifestando-se com expressões falsas, aparentemente ingênuas, quando não explode intempestivamente em combate viral.

O invejoso, sem dúvida, é muito infeliz, porquanto padece emoções perturbadoras que a ele mesmo prejudicam.

Por sua vez, o pensamento emitido faz-se portador de uma onda de energia negativa que, muitas vezes, alcança aquele contra o qual é dirigida, desde que sintonize mentalmente em faixa vibratória equivalente.

A terapia de excelente qualidade para a vitória contra a inveja é o esforço que se deve oferecer em favor do bem de todos, auxiliando sem vacilação, de modo a contribuir para a felicidade geral.

CROMO
(Fig.) Fotografia em cores, transparente e positiva.

Pequenos exercícios de renovação das paisagens mentais, mediante o cultivo de cromos que retratem a beleza sob qualquer aspecto considerado, vão-se sobrepondo ao pessimismo e à amargura que se lhe fizeram habituais.

Reflexionar em torno da Misericórdia de Deus em tudo quanto seja possível imaginar colabora para a mudança dos hábitos odientos da antipatia e da desesperança, enquanto abre espaço na mente e no sentimento para que seja encontrado o sentido da existência, que se apresenta vazia de aspirações elevadas.

Imaginemos o número zero e o poder que lhe está ao alcance, de acordo com a colocação que se permita assumir. Colocado à esquerda de qualquer outro algarismo significativo, não o modifica, no entanto, toda vez que lhe toma o lado direito fortalece-o, multiplicando-o com expressivo resultado.

De igual maneira, o pensamento que se coloca em posição de neutralidade tem o poder de aderir a qualquer idealismo e multiplicar expressivamente o seu significado.

Grandes realizações no mundo são frutos do esforço e da tenacidade daqueles que acreditaram na possibilidade do triunfo e lutaram com imenso sacrifício para conquistarem a meta que haviam traçado.

Enquanto o ser humano se coloca na posição de vulnerabilidade e vitimização, não consegue ver e sentir a grandeza da vida e as fantásticas possibilidades que se encontram ao alcance de todo aquele que se resolva pela conquista da plenitude.

❖

Vida é movimento e, quando é bem direcionada em ações edificantes, transforma-se em bênçãos que alegram e libertam das más inclinações.

Todo aquele, porém, que se permite amolentar no cumprimento dos deveres que lhe dizem respeito invariavelmente dispõe de tempo suficiente para a crítica infeliz e a inveja destrutiva.

AMOLENTAR
Fazer perder ou perder a força, o vigor, o ânimo.

Ninguém consegue viver sem pensar e, quando não dispõe de uma agenda engrandecedora, resvala para o prazer de gerar embaraços para os operosos, e se voltam para a perseguição insensata, que é o fruto espúrio do seu sentimento inferior.

Indispensável preencher-se todos os vazios existenciais, a fim de que não haja tempo para a ocorrência da inutilidade, gerando o despeito e a inquietação competitiva da inveja perturbadora.

Pessoas que se destacam em qualquer segmento social e humano sempre se tornam detestadas por outras que são mesquinhas e ociosas, que se comprazem em gerar problemas, consumindo-se pelas labaredas ocultas da inveja.

Muitas batalhas de animosidade têm sua gênese nesse mórbido sentimento de despeito contra os triunfadores, que se transformam nas molas mestras de condução da sociedade.

Essa primitiva herança do processo evolutivo necessita ser combatida com todas as veras do sentimento. Fixada no caráter, reponta com frequência, exigindo atitudes morais firmes e constantes, de modo a não lhe permitir medrar com falsas justificativas.

O trabalho no bem incessante, a generosidade que se espraia, a área de simpatia que generaliza facultam a contribuição espiritual do enfermo em favor da glória e do triunfo pelo irmão de jornada, favorecendo com a consciência de que a Lei de Progresso é divina e está ao alcance de todos.

Disposto ao crescimento interior, as alegrias alheias devem constituir-lhe motivo de esforço, por considerar que também poderá fruí-la mediante a capacidade do querer.

Não te permitas em hipótese alguma que medre no jardim dos teus sentimentos esse parasita que tanto perturba os outros como aniquila emocionalmente aquele que lhe oferece nutrição.

Aprende a participar do júbilo daquele que é feliz, ampliando os horizontes do bem-estar entre as criaturas que convivem contigo.

O que te falta não te faz falta se não colocares nessa ausência a ideia de que a sua posse irá proporcionar-te alegria ou felicidade.

VERA
(M.q.) Verdade.

MEDRAR
Ato ou efeito de medrar; crescimento, desenvolvimento, medrança.

Exulta com as dádivas da vida e canta a glória de existir e amar.

EXULTAR
Experimentar muita alegria.

❖

A experiência carnal objetiva facultará a conquista do amor em forma de solidariedade com tudo e com todos, tornando a aridez dos caminhos por onde todos transitam uma estrada enflorescida de esperança e de plenitude.

A tua plenitude depende do equilíbrio que deve viger a tua volta de tal forma que as bênçãos da harmonia cantem louvores e gratidão à vida.

*Sê a manifestação do Bem e da paz
onde te encontres e estarás
em pleno Reino de Deus, que se origina
no coração jubiloso.*

Joanna de Ângelis/Divaldo Franco

CAPÍTULO 30

VIDA FELIZ

A conquista plena da felicidade ainda é uma aspiração humana que não se consegue na Terra, em razão de vários fatores, especialmente a organização fisiológica.

Assevera o Eclesiastes que a felicidade não é deste mundo, e posteriormente Jesus afirmou que o Seu "Reino não é deste mundo".

Em uma página histórica, Creso, rei da Lídia, centenas de anos antes de Cristo, no apogeu da glória, do poder e da fortuna, interrogou o filósofo Sólon, num banquete com que o homenageava, qual seria o homem mais feliz que ele havia conhecido durante as suas viagens. Após o sábio haver declarado que se tratava de dois jovens modestos que deram sua vida por Atenas, o rico insistiu, e ele adiu: "Somente se pode saber que um homem é feliz depois da sua morte, quando mais nada lhe pode acontecer".

Frustrado no seu orgulho de supor-se o mais feliz dos homens, mais tarde perdeu a guerra contra Ciro, rei da Pérsia, e terminou sendo levado pelo vencedor para ser o educador de Cambises, filho do vitorioso, após perder tudo e quase a existência.

Supõe-se, invariavelmente, que a felicidade é a posse de recursos amoedados e outros comuns na Terra, mas sempre transitórios, porque mudam de mãos.

Todo poder humano é sempre relativo, porque as inquietas criaturas estão sempre atormentadas pelas honrarias terrestres e o destaque, pressupondo-se superior às demais, como se a doença, os infortúnios e a morte dos seus amados e deles mesmos não os espreitassem em cada instante existencial.

Faz recordar a juventude e a beleza física em contínua transformação, apesar dos esforços ingentes para mantê-las, o que leva muitas vítimas iludidas a transtornos emocionais lamentáveis.

A felicidade começa no indivíduo quando ele adquire o discernimento sobre a realidade transitória da existência e dispõe-se a viver dentro dos padrões estatuídos pelas leis e que o disciplinam para as atitudes de equilíbrio e de contribuição social.

A consciência dos deveres e o cumprimento deles é um passo avançado para estabelecer balizas de harmonia interior que produzem o respeito pela vida e suas manifestações exteriores.

O fruto desse comportamento é a emoção saudável da felicidade, isto é, sentir-se harmonizado com a existência em qualquer circunstância.

Pensa-se erradamente que a felicidade é a ausência de qualquer tipo de preocupação, especialmente no que tange aos problemas existenciais. Ledo engano. Para que assim fosse, tornar-se-ia indispensável que a pessoa ficasse alienada de tudo e de todos, porquanto os pensamentos e sucessos alteram as emoções com muita facilidade.

Aquilo que, num momento, produz alegria e bem-estar, noutro se torna preocupação e inquietude. Mesmo na área da afetividade, há imensa variedade de ocorrências que a tornam abençoada conquista ou preocupante provação.

Deve-se envidar grandes esforços para bem entender o significado do existir e as soberanas imposições para ampliar o processo de estabilidade prazerosa em todos os momentos.

Não poucas vezes, as preocupações e os infortúnios eliminam a felicidade. Essas ocorrências fazem parte do processo para ser alcançada a plenitude.

❖

A felicidade depende da perfeição moral. Enquanto viger distonia em relação às Leis Soberanas, haverá tormento e aflição. No entanto, cada vez que se consiga superar uma ou mais imperfeições do caráter, mais próxima estará a felicidade.

Não cesses de lutar contra as tendências negativas que procedem de outras existências, quando malograste no programa evolutivo, preferindo a irresponsabilidade dourada aos severos compromissos libertadores. As alegrias fruídas de maneira irregular, não poucas vezes criminosa, ressurgem hoje com forte inclinação para as repetir.

Igualmente, durante a atual existência, muitos hábitos doentios que se fixam no comportamento dão lugar a inquietações, insatisfações que não permitem a paz da consciência, fator essencial para a conquista da felicidade.

Por essa razão, é importante a vigilância moral, especialmente numa época de licenças extravagantes e cínicas.

O conhecimento da reencarnação é essencial para a perfeita compreensão de uma conduta pautada nos princípios do Evangelho de Jesus, fonte inexaurível da água lustral da alegria de viver.

O aperfeiçoamento moral é a meta primeira e principal do processo evolutivo.

O Espírito é criado simples e ignorante.

Nele estão ínsitos os valores educativos e os objetivos essenciais da evolução, como sementes luminosas aguardando solo fecundo para a sua germinação.

A *imagem* de Deus nele se encontra aguardando as oportunidades, qual diamante bruto que espera a lapidação que o faz brilhar.

Nunca te arrependas de haver praticado o bem, mesmo quando tudo conspire contra a sua realização.

Jamais te arrependas de ter podido ajudar, mesmo aquele que posteriormente feriu os teus sentimentos.

Tudo quanto se faz transforma-se em posse transcendental, que reaparece no momento próprio da jornada humana.

Não te deixes iludir com o brilho mentiroso dos ouropéis, a que se dá muito valor e se luta ferozmente pela sua posse.

O que te está destinado chegará até ti por meios inimagináveis, porque está incurso na lei do mérito que te diz respeito.

De igual maneira, os sofrimentos te alcançarão, a fim de que tenhas a chance de alterar o comportamento e ressarcires o mal praticado.

Recorda-te de que o bem é de natureza eterna e o mal é somente a sua ausência.

Sacrifica-te com alegria, se necessário, para que conquistes os valiosos tesouros derivados da paz de consciência, onde *estão escritas as Leis de Deus.*

Ninguém consegue burlá-las, porque elas são a vida das vidas.

Treina simplicidade e aceitação, reunindo migalhas de justas alegrias que formarão o elenco da felicidade que um dia cantarão em teu mundo íntimo.

OUROPEL
(Fig.) Brilho falso; esplendor aparente.

❖

Numa sociedade vazia de idealismos nobilitantes, e rica de vacuidades e prazeres imediatos, que sempre têm o fel da amargura embutido, vale a pena a renúncia ao imediato para o engrandecimento interior logo depois.

Seja a tua uma vida feliz pelas elevadas oportunidades de servir e amar, fitando o futuro sem preocupações de culpas ou arrependimentos tardios.

Sê a manifestação do bem e da paz onde te encontres e estarás em pleno Reino de Deus, que se origina no coração jubiloso.

NOBILITANTE
Que nobilita; capaz de nobilitar; que dá foros de nobreza.

Notas

Notas

Notas

Notas

Este livro foi impresso na
LIS GRÁFICA E EDITORA LTDA.
Rua Felício Antônio Alves, 370 – Bonsucesso
CEP 07175-450 – Guarulhos – SP
Fone: (11) 3382-0777 – Fax: (11) 3382-0778
lisgrafica@lisgrafica.com.br – www.lisgrafica.com.br